过关斩将

股票交易中的量价线形

宁俊明 / 著

四川人民出版社

图书在版编目（CIP）数据

过关斩将：股票交易中的量价线形：典藏版/宁俊明著.
—3版.—成都：四川人民出版社，2017.10（2019.4重印）
（专家论股系列丛书）
ISBN 978-7-220-10426-8

Ⅰ.①过… Ⅱ.①宁… Ⅲ.①股票投资—基本知识
Ⅳ.①F830.91

中国版本图书馆CIP数据核字（2017）第245005号

GUOGUAN ZHANJIANG: GUPIAO JIAOYI ZHONG DE LIANGJIAXIANXING
过关斩将：股票交易中的量价线形
宁俊明　著

责任编辑	王定宇
封面设计	张　科
技术设计	戴雨虹
责任校对	梁　明
责任印制	王　俊
出版发行	四川人民出版社（成都市槐树街2号）
网　　址	http://www.scpph.com
E-mail	scrmcbs@sina.com
新浪微博	@四川人民出版社
微信公众号	四川人民出版社
发行部业务电话	（028）86259624　86259453
防盗版举报电话	（028）86259624
照　　排	四川胜翔数码印务设计有限公司
印　　刷	成都蜀通印务有限责任公司
成品尺寸	160mm×240mm
印　　张	15.375
字　　数	234千
版　　次	2017年10月第3版
印　　次	2019年4月第4次印刷
书　　号	ISBN 978-7-220-10426-8
定　　价	42.00元

■版权所有·侵权必究

本书若出现印装质量问题，请与我社发行部联系调换
电话：（028）86259453

再版前言　炒股是一个生意

不知你是否意识到,从你进入股市那天起,就已经开始与狼共舞了。我看到很多人已经被巨额亏损压得喘不过气来,他们的心灵已经被股市折腾得支离破碎,有的甚至连活下去的勇气都没有了。但我要告诉大家,这就是股市,这就是每个人在走向成功之前谁都不可逾越的经历。

面对危机四伏的股市,我们所能采取的对策就是:学习和改变。每当股市发生暴涨暴跌行情时,就预示着一批老的百万富翁在消失,同时也预示着一批新的百万富翁在诞生。只有那些"心随股走,及时跟变"的人,才能紧紧抓住机会,从此走向成功。而那些一年四季满仓运作的人,将会逐渐被股市淘汰。

资料显示:20世纪的股市赢家,他们从失败到成功需要经历3~5次大的失败。而21世纪的股市赢家,他们所经历的失败将达到8~10次以上。如果你真心喜欢炒股,并且愿意把它当成事业去做,就一定要做好充分吃苦和迎接失败的准备。所有获得大成功的人一定是经历大磨难的人。一个人最终能否在股市里立稳脚跟,取决于他的品格力量和意志力量。这是我一定要告诉未来的股市赢家们的一个事实。你选择了股市,就意味着你选择了一条与众不同的道路,就意味着你要忍受常人所不能忍受的磨难,接受常人所不敢接受的挑战!如果没有挑战,没有磨难,成功也就失去了意义。

股市里最难忘的是什么?我很小的时候就读到普希金的一首诗,诗中写道:"假如生活欺骗了你,不要悲伤,不要心急,抑郁的日子需要镇静,相信吧,那愉快的日子就会来临,心永远憧憬着未来。而现在却常是阴沉,一切都是瞬息,一切都会过去,而那过去了的,就会变成亲切的怀恋。"股市里最难忘记的，就是你经历的千难万险。

面对同一个市场，同一只股票，人们的看法是不一样的，正是因为这种不一样，股市里截然分出成功和失败两大阵营。为什么会出现这种情况？一个很重要的原因，就是人们的理念不同。理念不同，他们采取的行动方式就不同；行动方式不同，导致的结果也就不同。人和人之间没有多大的能力上的差别，他们的差别在于他们理念上的迥异。一个人能否在股市里获得成功，不取决于他的年龄和学历，更不取决于他今天所拥有财富的多少，主要取决于他的理念是否正确。残酷的现实告诉我：炒股的成功，不仅仅是技术上的提升，重要的是理念上的突破和行为上的节制。这不是真理，但却是事实，而事实往往比真理更具有说服力。

成功是一种选择，而不仅仅是一种努力。有限的资金，无限的股票，意味着我们必须做出选择。请仔细回想一下，从你进入股市那天起，从你买第一只股票起，到底是选择重要，还是努力重要？成功与失败实际上就是一种选择，这种选择是由你的理念来决定的。其实，在股市里获得的每一点利润都是严格执行指令的结果，绝对不是和主力拼抢来的意外收获。若想在股市里生存和发展，首先要改变的是自己的理念，并且让这种理念服从和受制于主力的调遣。只有"心随股走，及时跟变"，才能锁定利润，规避市场风险。

有人在股市折腾了五年、十年，亏也亏了，套也套了，但至今依然不知道股市是个什么东西，依然不知道主力是何许人也。他们抱着发财梦兴冲冲地来到股市，但股市却没有让他们富裕起来，而是把他们变得比过去更加贫穷。是他们不刻苦不努力吗？不是。是他们的理念出了问题，他们把股市当成了摇钱树，而股市却把他们当成了募捐机。

一个人要想变得富有，一定要提高对财富的认知能力。在没有做股票之前，我一直认为，每个月的工资就是我的价值体现。做股票以后，发现自己的价值远远不止这些。从我参加工作那天起，我数十年如一日兢兢业业，任劳任怨地工作，但除了一堆奖状和荣誉证书外，经济状况并没有从根本上得到改善。为什么我那样拼命地工作，也没弄个百万富翁当当？不是我没有能力成为百万富翁，而是压根儿就没有想过怎样才能成为百万富翁，这才是问题的实质。

但是，无论哪个行业，成功者总是少数，不成功的人永远占大多数。如果你选择成功，就意味着要走少数人的道路；选择成功，就意味着要比别人付出更多的代价。在未来的岁月里，那就要做好充分的吃苦和历经磨难的准备。

选择成功，就要有一个明确的目标，然后给它加上一个具体的数字和日期，然后就不断地去行动。坚持用几年的时间做一件事，没有什么障碍不能跨越，没有什么事情不能成功，关键是要永续地行动，行动是成功的最高法则。

成功需要计划。所有的股市赢家都有一个3~5年的投资计划。在人生的某个时期，他锁定了一个目标，然后找到了一个可以重复获利的方法，然后他不断地努力，不断地学习，不断地反省，不断地改变，不断地行动，然后他就成功了。这个时间大约需要3~5年。用几年时间解决困扰一生的财务问题，还是蛮划算的。

成为股市赢家的第一步是什么？第一步就是先学习。先对股市和相关知识有一个大概了解，了解这些东西大约1000块钱就够了。如果你看了这些书，发现炒股不适合你做，结果你没做，你亏了多少钱？亏了1000块钱。大错误！你赚了远不止1000块。因为这1000块钱让你避免了以后几万甚至几十万的损失；第二步就是要研究股市赢家，学习他们的投资理念和操盘模式；第三步就是要找到一个可以重复获利的方法，然后严格按交易系统给出的提示进行适当操作；第四步就是要坚持到底做下去，不要怕失败，不要怕挫折，失败和挫折都是有定数的，就像唐僧取经需要经历九九八十一难，差一难都不行，成功者一定要有等待成功的耐性。

有人说，他没时间学习，但是他有时间喝酒，有时间打麻将，有时间旅游。他把自己的大脑饿得像个猴脑似的，从来没想过为自己的大脑投资。有人说，他下岗了，根本没有心思去学习。果真如此，那就更该找找原因了。你之所以下岗，就是因为你不够努力，是到必须改变的时候了。从哪里开始改变，就从大脑开始。

还有人说，他的钱太少，成功的速度太慢。其实，资金不在大小，关键是每次都赢。资金一开始是一点点地增长，然后是倍增，最后是裂变。关键在于，你要先学会一天挣10元，再学会一天挣100元，然后再学会一

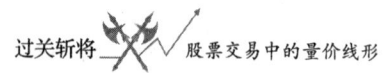

天挣1000元，一天挣1万元。所有的股市赢家都是先从挣小钱开始的，所有的股市赢家都是因为他坚持了正确的理念，然后又找到了一个可以重复获利的方法，然后他的命运就改变了。

在与股民的交流中，发现多数人都是在一种饥不择食、慌不择路的情况下到股市碰运气的。企业破产了，找工作年龄偏大，做生意没本钱，翻来覆去，认为炒股不需要太多的资金且不受年龄和学历的限制，他们把股市当成了下岗再就业的场所。这种人一开始就错了，因为他们把股市看得太简单了。股市是什么？股市是经济活动的最高表现形式之一，多少优秀的人致毕生精力也未必都能获得成功，而他们却想让股市给自己发失业保障金，现实吗？

让我来告诉你钱是怎么亏的。别人说这个股票不错，于是你欣然买进。可从你买进那一刻起，股价死活不涨了。知道东北那个套狼的绳子吗？那个绳子的一端系了一个扣，狼一旦钻进去就别想再出来，因为那绳子是活扣，狼越是挣扎，绳子就会越紧，直到把它勒死。股价开始下跌了，别人告诉你这是正常回调。可是，股价又下跌了一大截，回调依然没有结束。别人又告诉你，回调得差不多了，该补仓了。等你补进去后，股价不仅没有止跌的意思，反而有加速下挫之势。这时别人又告诉你，这是股价的最后一跌，于是，你又把东挪西凑的资金投了进去，准备狠抄一把主力的后路。谁知道你就这么倒霉，股价依旧"跌跌不休"，直到有一天跌得你实在吃不住劲的时候，原先对你发号施令的人已不见踪影。你在叫天天不应、叫地地不灵的情况下，十分悲壮地挥刀开斩。谁知道你的命就这么不好，刚刚抛出不大一会儿，股价一飞冲天，然后你用呆滞的目光看着它扬长而去。你说我不能受这个窝囊气。于是，就胡乱买了另一只股票，结果又受二茬罪。股价每循环一次，你的资金就瘦身一圈，直到有一天，资金连一手也不够买的时候，你开始服气了。然后恶狠狠地骂一句："这股市真坑人！"然后灰溜溜地离开了。然后又来了一个不服气的，钱输完了又服气地走了。股市每天都在喊着：下一个，下一个……

其实，投资的风险不是来自喜怒无常的股市，而是来自规则不明的操作。我们都知道炸药是危险品，但制造炸药的人为什么安然无恙？不是他们刀枪不入，而是他们掌握了炸药的特性和制造炸药的流程。

炒股是一门专业性很强的职业，它是形态与技巧的结合，是资本与知本的对接。多数人都是致毕生精力上下求索之后才获得成功的，而有人却以业余的心态去对待，所以成功也就离他越来越远了。

若想在股市长期持续稳定地获利，就必须找到一套可以重复获利的方法，这套方法就是你赖以生存的交易系统。熟悉系统是前提，尊重指令是原则，完善系统是本分，执行指令是职责。

丘吉尔说："人不是自己命运的囚徒，是你自己思想的囚徒。"人是可以创造奇迹的，因为每个人都有天赋和潜能。混迹股市这些年，你之所以被股市弄得遍体鳞伤，就是因为你不想改变。你总也突破不了自己原有的思维模式，是你自己把自己给逼到了绝路上。有人说，我现在已经高度套牢，已经没有资金东山再起了。假如有人借钱给你，你有能力把这笔资金解救出来吗？相信你不敢回答。因为你已经被瞬息万变的股市搞懵了，已经被上蹿下跳的股价吓傻了。其实，亏损也没有什么大不了的，最坏的结果就是比以前更穷一些罢了。人光溜溜地来到这个世界上，最后又光溜溜地离开这个世界，生不带来，死不带去，更何况你现在就已经光溜溜的，还能再亏到哪里去？你可以在心里大喊一声："我是散户我怕谁！"非常有意思，这时候，往往就是置之死地而后生的时候。

股市里5%的人拥有的财富比另外95%的人所拥有的财富总和还要多。现在，我们打破金融寡头对股市的垄断，然后对股市财富进行一次平均分配，所有股民，不分男女老幼，凡是在证券公司开户的每人100万，让大家重新回到同一起跑线上。我敢打赌，如果你没有一个正确的理念，没有一套可以重复获利的方法，没有一个严明的操作纪律，5年之内，过去那95%的人，他们那100万，会在5年当中再次流回到5%的人的口袋里。有人之所以还在亏损的泥潭里苦苦地挣扎，迟迟不能跻身股市赢家的行列，不是因为他缺少资金，而是因为他对金钱没有认知能力，不是他不能成为百万富翁，而是他从来就没有想过应该怎样才能成为百万富翁，没有想过成为百万富翁所应具备的条件！

为什么股市里5%的人占有的财富比95%的人占有的财富总额还要多？他们的根本不同在哪里？人们都说主力有钱，散户没钱。散户有一个共同的特点，那就是他们的眼睛始终是盯着涨幅榜，他们整天想的是涨停板，最好是自己手里的股票连续涨停，他们从不关注形态和位置，不从考虑主力是怎么想的，一心就是赚钱。主力的眼睛却是盯着市场的，他必须通过不断地营造形态去创造利润。一个是看市场的，一个是想自己的。而且散户根本不把主力放在眼里，处处和主力作对。其实主力就是一只股票里的老板，为什么我们不能把生活中看老板脸色行事的本领移植到股市里来呢？因为他们的思维方式出了问题。

人这一辈子最终是成功还是失败，贫穷还是富有，这都不重要，重要的是，当你离开这个世界的时候，你突然有一个感叹：我这一辈子从来就没有按着自己的意志去做过一件事，这才是一生中最大的悲哀。人这一辈子必须自己独立地去完成一件事，否则的话，这辈子真是活得太窝囊了。

不管做什么事，"为什么做"永远占到90%，"怎样做好"只占10%。"为什么做"是梦想，是态度，是你的原动力，"怎样做好"是技能和技巧。如果你一开始就知道为什么要炒股，并且非常清楚地知道炒股是为了改变自己的命运，改变整个家庭命运的时候，即使你现在一点技能和技巧都没有，只要你有一种责任感和使命感，你什么都可以学会。如果你不知道自己为什么要炒股，即使我把135战法的精髓全部传授给你，你还照样不按指令办事，照样和主力死磕。所以说，在选择炒股之前想通一个问题：就是要给自己一个不可更改的理由。

我不主张每个人都去炒股，因为不是人人都具备炒股的条件。如果你真的发自内心热爱这个事业，又具备了专业投资知识和良好的心理素质，你可以去闯，但是千万不要随波逐流。在股市里一定要找准自己的位置，要知道自己是谁。对于年轻人来说，我觉得最稳妥的办法，就是先找一份工作，在工作中去认识社会、提升自己。工作一段时间后，找到了你喜欢的东西，然后就全力以赴。

炒股有两种途径：第一种叫自创一个系统。就是根据股市股价运行规律建立一套符合自己的操盘风格的交易系统，但由于经验不足，或财力不济，或意志不坚，很多人往往系统还没有建立起来，自己却先倒了下去。只有极少数人能够建立起自己的交易系统。既然创建一个系统不容易，那就采取第二种方式，找到一个重复获利的交易方法，然后，严格按照交易系统给出的提示去做。炒股是一个钱生钱的生意，是一种快速致富的路径，关键是它适不适合你，这一点一定要搞清楚。

《过关斩将》是135战法系列丛书的第六部，书中的专业术语、技术参数、操作原则和使用方法，在四川人民出版社出版的《黑客点击》《胜者为王》《巅峰对决》《下一个百万富翁》和《实战大典》中有详尽阐述，请参阅。

2017 年 8 月修改于北戴河

目　录

概述　形态是买卖股票的唯一依据 ……………………………… (001)

第一章　量 …………………………………………………………… (006)

　　第一节　股价上涨要有量 ……………………………………… (007)
　　第二节　股价下跌不需量 ……………………………………… (011)
　　第三节　无量的结局 …………………………………………… (015)
　　第四节　十年磨一剑 …………………………………………… (027)

第二章　价 …………………………………………………………… (030)

　　第一节　一分价钱一分货，十分价钱买不错 ……………… (030)
　　第二节　半价的形态经常捅娄子 ……………………………… (033)
　　第三节　无价的形态成事不足 ………………………………… (053)
　　第四节　死等形态结果的"股市神甫" ……………………… (063)

第三章　线 …………………………………………………………… (065)

　　第一节　均　线 ………………………………………………… (065)
　　第二节　量　线 ………………………………………………… (091)
　　第三节　指标线 ………………………………………………… (100)
　　第四节　成功就是抱着希望慢慢熬 …………………………… (105)

第四章　形 ……………………………………………… (108)
　　第一节　完美的形态会上涨 ………………………… (109)
　　第二节　残缺的形态是暗疮 ………………………… (112)
　　第三节　变种的形态定遭殃 ………………………… (141)
　　第四节　进取心强的人更容易成功 ………………… (145)

第五章　位　置 ………………………………………… (148)
　　第一节　山脚下的形态是块宝 ……………………… (149)
　　第二节　半山腰的形态别吃饱 ……………………… (159)
　　第三节　山顶上的形态像根草 ……………………… (168)
　　第四节　人生总得"爆发"一回 …………………… (178)

第六章　答读者问 ……………………………………… (181)
　　怎样判断主力出货完毕 ……………………………… (181)
　　是不是获利 3‰就出 ………………………………… (183)
　　135 战法之浅见 ……………………………………… (184)
　　135 软件是否有用 …………………………………… (188)
　　135 战法名称术语太多 ……………………………… (189)
　　盲目操作让我找不到北 ……………………………… (190)
　　一定要在财富王国里找到您 ………………………… (191)
　　我的心情一下子到了冰点 …………………………… (195)
　　我想听听您的高见 …………………………………… (197)
　　我已经开始有所收益了 ……………………………… (199)
　　俺修行去了 …………………………………………… (200)
　　感恩 2008 ……………………………………………… (206)
　　离别感言 ……………………………………………… (209)
　　成功失败靠自己 ……………………………………… (210)
　　我能有幸成为你的弟子吗 …………………………… (212)
　　懊恼的我连杀自己的心都有 ………………………… (214)
　　指令是操作的唯一标准 ……………………………… (220)

致"输得很惨"先生 …………………………………………（222）
我力争成为股市中进步最快的人 ………………………（224）
我想缩短从失败到成功的距离 …………………………（226）

后语　想做事一定成 ………………………………………（228）

概　述　　形态是买卖股票的唯一依据

买卖股票的依据是什么？消息，还是题材？都不是。是形态。形态是决定买卖股票的唯一依据。因此，认识形态、了解形态、利用形态是做好股票的前提。

一、什么叫形态

形态是指股价的外部形状和内在构造。不同的形态有着不同的市场意义，相同的形态出现在不同的位置，其市场意义各有不同。

哲学理论认为，整体与部分的关系并非简单的相加相减，整体并不总是等于部分的总和，部分经过优化而组合成为整体，可以发挥出远远超过部分总和的力量，由量变引起质变。从春秋战国到秦朝的统一便是一个很好的例证。一个国家如此，一个形态也是如此。

同样的形态，为什么有的成功，有的不成功？问题究竟出在哪里？要把这个问题搞明白，首先要了解形态的内部构成，然后对其进行技术合成。

任何形态的失败，都是因为形态内部的结构发生了变化。结构，就是构成形态的相关要素（也叫细节），把各种要素完美地组合在一起才是形态。

重视细节的完美是成功操作的第一步，疏忽细节，将会招致不可估量的危害；抛弃细节，更会在实战中败下阵来。"差之毫厘，谬以千里"，细节是牵一发而动全身的东西，大意不得，凡想成为赢家必定要以此为鉴。

人们常常在形态的外形搜索上面认真仔细，而在细节的鉴别上则松懈麻痹。事实上，很多操作失误都是由细节引起的。所以，要在变幻莫测的市场上正确运用形态，就必须在技术合成上下功夫。什么叫技术合成？就是把形态的各种要素巧妙地融合在一起，然后组成一个完美的技术形态。它包括量、价、线、形、位置五个要素。

二、形态的构成

一个完美的形态，通常由五个要素构成，即量、价、线、形及位置。无论哪一个要素出了问题，都有可能导致形态的失败。有时候我们按某种形态切入，结果股价不涨反跌，不是你运气不好，而是形态的内部结构出了问题。完整准确地把握形态的内部结构，是正确运用形态的前提。

三、形态的种类

股价形态千姿百态，五花八门，常常把我们弄得眼花缭乱，无所适从。但任何股价形态都是有规律可循的。根据形态的不同的市场意义，我们把形态归纳为五大类，分别是：蓄势形态、转势形态、攻击形态、防御形态、下跌形态。只有把股价形态的性质弄清楚，才能正确地鉴别和使用形态。（详见四川人民出版社2017年第3版《实战大典》）

量：是指当天成交量的大小，表示资金的流向。一般讲，股价启动时必须有量的支持，量是股价上涨的动力。但量大，并不意味着都是主力资金进场，有时也是主力资金出逃的证据，判断量的性质，必须和股价目前所处的位置结合起来，必须和技术形态结合起来。

价：指股价当天的波动幅度。一般讲，凡是健康的上攻形态，股价不会低于昨天阳线的开盘价或阴线的开盘价。价通常与量结伴而行，量价齐升表明形态真实可信，有价无量或有量无价，表明主力在暗中捣鬼，说明股价的内部出现了问题，预示股价将会朝着相反的方向运行。

线：表示股价总的运行趋势。包括均线、量线、指标线三个部分。当三线的方向运行一致的时候，股价的上涨才是可期的，三线中的任何一条线出现了问题，形态的可靠性将会大打折扣。

形：指股价的外部形状。它是我们买卖股票的唯一依据，是135战法的重中之重。135战法已公布的55个形态，从不同角度揭示了股价的运行规律，正确认识和把握这些形态的不同特性，能极大地提高操作的成功率。

位置：指形态目前所处的具体位置。相同的形态出现在不同位置其市场意义是不一样的。考察形态不能脱离股价的位置，运用形态更应把位置放在第一位。从某种意义上讲，位置决定形态，再完美的形态，如果出现的位置不当，都将导致形态的失败，失去其原有的市场意义。

四、股价质变节点

什么叫股价质变的节点？就是股价上涨或下跌时出现的临界点，它是改变股价运行方向的关键。认识和把握股价质变的节点，有助于提高临盘实战能力，减少操作中的盲目性。

下面我们结合实战案例，具体分析质变节点和技术合成在实战中的重要作用。

青松建化（600425），这个股票为什么会涨？上涨之前都有什么迹象？这是认识股价运行规律之前所必须弄清的两个问题。我们先来分析这只股票为什么会涨。

【日月合璧】的出现表明股价已经进入底部区域，但股价能不能涨起来取决于后续量能的支持。随着成交量的温和放大，股价站上了13日均线，说明有增量资金在悄然吸纳，但成交量的变化并没有改变股价的筑底性质，而【红杏出墙】的出现，才表明股价的底部已被探明。其次，【揭竿而起】的出现，表明主力资金开始大规模入驻，股价的运行出现了质的变化，是股价大幅上扬的前奏。突然放大的成交量，起翘的13日均线、5日量线和指标线，封停的股价以及完美的形态，都预示着股价将会出现一波快速拉升。通过技术合成严格检测后，我们发现，这个质变节点是真实可信的。在股价质变的节点上采取行动，一般都能与主力保持同步。

股价质变节点具有很高的实战价值，因为它决定着股价的上涨与下跌，是买卖股票的重要依据。问题是，为什么有的攻击节点出现以后，股价并没有朝着预期的方向发展；这究竟是交易系统的问题，还是形态内部的结构问题？我们知道，一个完美的形态是由量、价、线、形、位置五个要素组成。任何一个攻击形态首先要有量能的支持，没有量的配合，再好的形态都有失败的可能。

从图一可以看到，这个攻击型【揭竿而起】简直太完美了。先看它的量，比昨日放大了将近5倍，说明有主力资金进场；再看它的价，以涨停板报收，说明主力非常强悍；再看它的线，13日均线翘头向上，量线翘头向上，指标线翘头向上，三线方向一致，表明股价上涨趋势已经确立。然后看它的形，经典的【揭竿而起】；最后看它的位置，股价第一次站上55日均线，未来的上涨空间不可低估。只有完美的形态才会给我们带来大段利润，大胆出击经典形态可以收到预期效果。从图表上我们可以看到，【揭竿而起】出现以后，股价开始加速上扬，然后走出一波轰轰烈烈的上涨行情。

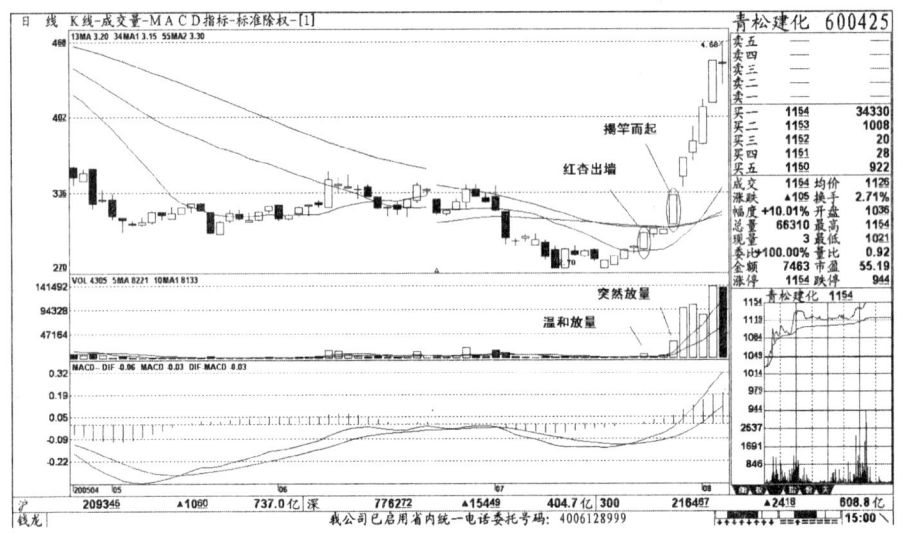

凡是经典的攻击形态，都经得起技术合成的严格检验（图一）

客观地讲，人和人之间没有多大的差别。但我们也承认，有的人不管他怎么努力和拼命，也不能从亏损大王一下变成股市赢家。这是让人最郁闷的事情。有的人天天起早摸黑，玩命地看书，拼命地听股评，死去活来地看盘，到头来还是亏。而有的人看的书并不多，也从不理睬股评，交易时间轻松地下个单，就能把利润牢牢锁定。我们不能因为一个人长期被套就说他笨，也许他的天赋并不在投资上，而在其他方面。即使天才，也不可能在所有领域都出类拔萃，真正的天才，只是在自己擅长的领域里闪亮发光。在认识股市之前先认识自己，这样，或许就能跟着主力玩转股市。

斯蒂芬·茨威格在《人类群星闪耀时》一书中说："一个人命中最大的幸运，莫过于在他的生命中，即年富力强时发现自己生活的使命。"每个人都曾经以为自己与众不同，但随着时间的流逝，最后发现自己和大多数人并没有什么两样，这其中的界限就在于是否坚持去做一件事情。知道自己一生中该做什么，然后把它做到底，就能创造生命的辉煌。

青松建化这只股票在上涨之前都有哪些迹象呢？其实，这个问题，在上面的表述中已经作了解答，股价上涨的第一个迹象是【日月合璧】，股价上涨的第二个迹象是【红杏出墙】，股价上涨的第三个迹象是【揭竿而起】。也就是说，股价在上涨之前给了我们三次进场的机会，如果该股是你的自选股，那么，我们就能及时地跟上股价的波动，获得稳定的收益。

过了识图、复盘和选股这三关之后，才表明你对股价的运行规律有了初步的认识，但要把这种认识付诸行动，还有一大段路要走。因为，前面的三个训练只是静态训练，从静态训练过渡到动态训练，还有很多工作要做，比如，怎样加强纪律性？如何提高执行力？

炒股虽然只是简单的一买一卖，但要真正把它做好并不是一件容易的事。就像盖房一样，图纸出来后并不意味着就能搬进去住，而是首先要从打地基开始，要准备大量的材料，合理地布局人力，把握工程进度，监理工程质量，大楼盖好后还需要工程检测部门的验收，等等。

第一章　量

> 量是股价上涨的动力，任何股价的上涨都离不开量能的支持，特别在股价质变的节点上，一定要有足够的量能做保障。量也表示资金的流向，但量大，并不意味着都是增量资金进场，有时也是主力资金出场。判断量的性质，必须和股价目前所处的位置相结合，必须和形态的市场含义相结合。

股价的发展变化总是先从量变开始的，这种数量上的变化在一定限度内不会引起股价性质的根本变化，但是当量变积累到一定的程度，突破了股价本身的数量界限时，就一定会引起质变，从而改变股价原来的性质。比如从【红杏出墙】到【动感地带】这一阶段的量变是最具关注价值的，因为没有【红杏出墙】的出现，股价就根本没有底部可言，那些在【红杏出墙】之前进场的，非但无利可图，而且多数人都会出现不同程度的亏损。只有【红杏出墙】以后，特别是股价走出【动感地带】之后，上涨行情才是可期的。

"飞流直下三千尺，疑是银河落九天"，这是唐代诗人李白对江西庐山瀑布的真实描写。这样大的瀑布是怎样形成的呢？谁如果登上瀑布的上头地带，探索它的起源，就会发现期间有多少只涓涓细流、潺潺小溪，从树林里、岩洞中，经过漫长的流程，汇聚起来，逐渐地越聚越大，越流越猛，终于凌空而下，成为异常壮观的飞瀑。"七十二溪成一瀑，合流飞落玉渊长"这个诗句形象地说明了量变引起质变的朴素原理。拿初学炒股的人来说，首先要过识图关，然后再过选股关，最后是执行关。过了这三关，一个专业高手才会应运而生。遗憾的是，有的人连最起码的识图关都没过，却幻想着大把大把地捞钱，尽管这很不现实，可偏偏有人这样去想。实现梦想需要能量的积累，获取财富需要技能的储蓄。

从普通散户到股市赢家，需要长时间的能量积累，包括知识的积累、技术的积累、经验的积累和失败的积累。股价从筑底到拉升也需要长时间的能量积累，包括时间的积累、技术的积累、资金的积累和利好条件的积累。人没有能量致不了富，股价没有能量上不了天。

哲学原理告诉我们：一切事物的发展都是从量变开始的，量变是质变的必要准备，质变是量变的必然结果，量变和质变相互转化。比如，股价从高位经过一波大的下跌之后，就会积累一定的做多能量，只要形态上出现"阳克阴"，股价一般都能止跌企稳，然后朝着与原来相反的方向发展。同样，股价经过一波大的拉升之后，获利盘和解套盘对股价的拉升造成巨大的抛压，当这种抛压超过一定限度时，股价就会掉头向下，形成【一枝独秀】【独上高楼】等见顶形态，当股价质变节点出现以后，股价也会朝着与原来相反的方向运行。

哲学上讲的量变就是指事物在数量上的变化，这是一种不显著的变化状态。质变就是指事物在根本性质上的变化，这是一种显著的变化状态。

第一节 股价上涨要有量

量变是质变的必要准备，没有量变就不会有质变，量变在一定范围内虽然不会改变事物的性质，但它实际上是在为质变做准备，是质变的前提和基础。滴水穿石，非朝夕之功；冰冻三尺，非一日之寒。任何事物的质变都不是偶然的、凭空发生的，而是通过量变的过程有规律地准备起来的。股市的发展变化是这样，人的发展变化也是这样。一言以蔽之，不管是谁，只要他想在股市获得成功，都不能忽视对量能的积累。

总的说来，量变为质变做准备，质变完成量变并为新的量变开辟新的航线。股价的发展变化，就是这样由量变到质变，又由质变到量变的不断循环往复，无限发展的过程。

量变为什么必然引起质变？质变又为什么伴随着新的量变？也就是说，它们互相转化的根本原因在哪里呢？在于多空双方内部的矛盾。任何一个形态的形成都是多空双方搏击的最终结果，如果多方力量强大，股价就会形成阳线，如果空方力量强大，股价就会形成阴线。

　　前几年全球金融危机使得很多老牌企业纷纷倒闭，世界上很多国家都受到了不同程度的冲击和影响。但对有的企业、有的国家来说却是千载难逢的发展机遇。金融危机时中国股市跌幅世界排名第二，但有的个股的涨幅却是世界排名第一。中国股市的大幅下跌，使得多数个股的市值严重缩水，但有的个股却创出了历史新高，有的个人账户比牛市的时候还牛。这说明了什么？说明了有能量的企业，有能量的人，在任何时候、任何情况下都有充分的回旋余地，而那些靠天吃饭的人和企业，统统被挤压在贫困线以下苟延残喘。人要生存和发展，必须注意能量的积累。一个国家要立于世界强国之林，同样需要长时间的能量积累。

　　任何股票的上涨，事先一般都会给出一个相应的形态，但这个形态必须是有量能支持的。没有量能支持的形态，十之八九要失败。有量能支持的形态，股价一般都能涨起来。

　　同样一只股票，有人买进，有人卖出，有人观望；行为方式不同，结果也就不同。

　　同样是炒股，有人闷声发大财，有人哭着抗争，有人默默承受，态度不同，结局也不一样。

　　人，性格不同，选择不同，命运就不同。金钱，花掉了才有价值，存银行就是数字。

　　炒股，用心，就是投资，不用心，就是消费。

● **隆平高科**（000998），之所以能够在大盘单边下跌的时候一枝独秀，就是因为它具备了上涨的条件，这个条件就是【海底捞月】加【一石二鸟】。见图一。

　　原则上讲，在大盘处于单边下跌状态下，一般都应空仓观望，但如果有完美形态出现，那也不能放过，只是在仓位控制上应有所节制。

　　在【海底捞月】出现之前，该股曾有过小幅拉升，拉升的临界点就是不规则的【破镜重圆】。股价走到前高点附近，用了一组【浪子回头】清

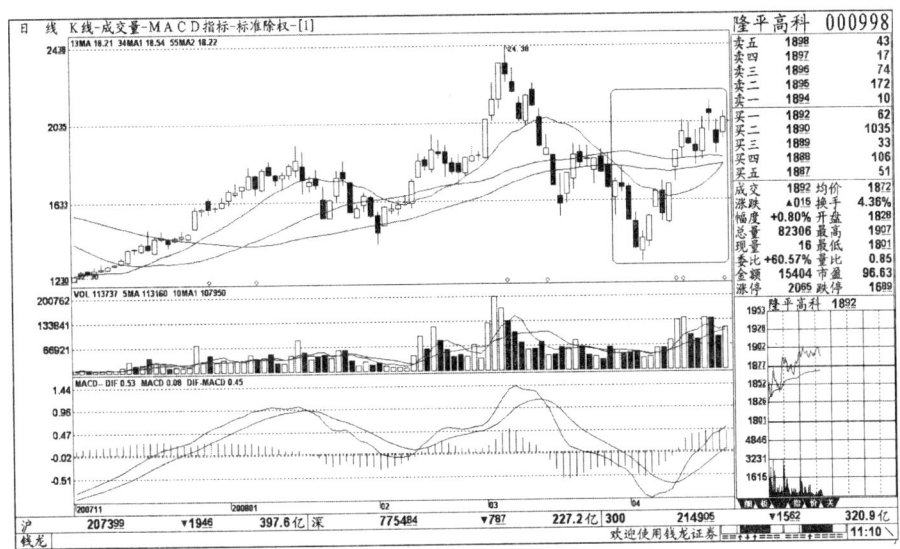

任何股价的上涨，事先都有形态，但这个形态必须有量能的支持（图一）

洗获利盘，在清洗的过程中，股价形成了【梅开二度】的技术走势，于是股价重拾升势。几天以后，图表上出现了【一剑封喉】，不管这个形态的性质是出货还是洗盘，这都不重要，重要的是它们都是出局信号，知道这一点就足够了。

【一剑封喉】出现以后，股价依次出现了三个低点，这就是波浪理论上讲的三浪下跌。通常情况下，一个股票在阶段性高点出现以后进行调整，股价一般会出现三个低点。当第三个调整低点出现时，如果有一个相应的见底形态来配合，比如【马失前蹄】，比如【一锤定音】，就可以轻仓试探。否则，股价还不是底。

股价从高位掉下来以后，我们见到了第三个新低。这时候，图表上正好出现了一个不规则的【一锤定音】，说明股价的探底过程行将结束。先前从【一剑封喉】处抛出的筹码可以根据不同形态的提示再陆续把筹码捡回来。从图表上我们看到，自从【一锤定音】出现以后，股价又相继出现了【红杏出墙】【揭竿而起】和两组【一石二鸟】及【海底捞月】。135战法不但告诉你主力在做什么，也告诉你该干什么。

隆平高科重新起涨的临界点是个复合型态：【海底捞月】上的【一石二鸟】，这个复合形态符不符合五要素的要求？我们通过技术合成后再做定夺。

量：当日阳量吞掉了昨日的阴量，量没问题。

价：当日阳线吃掉了昨日的阴线，价也没有问题。

线：13日均线、量线、指标线方向一致，线也没有问题。

形：【海底捞月】+【一石二鸟】，属于较为规范的复合形态。

位置：出现在前高点下方，是一个不规则"头肩底"的突破，位置较为适中。

形态的五要素全部达标，接下来该干什么？买啊！在完美形态面前缩手缩脚，会与财富失之交臂。

【海底捞月】和【一石二鸟】出现后的第二天，股价一举突破前期高点，然后秋风扫落叶似的一路长驱直入。这就是完美形态带给我们的炒股乐趣，这就是135战法馈赠给我们的见面礼。见图二。

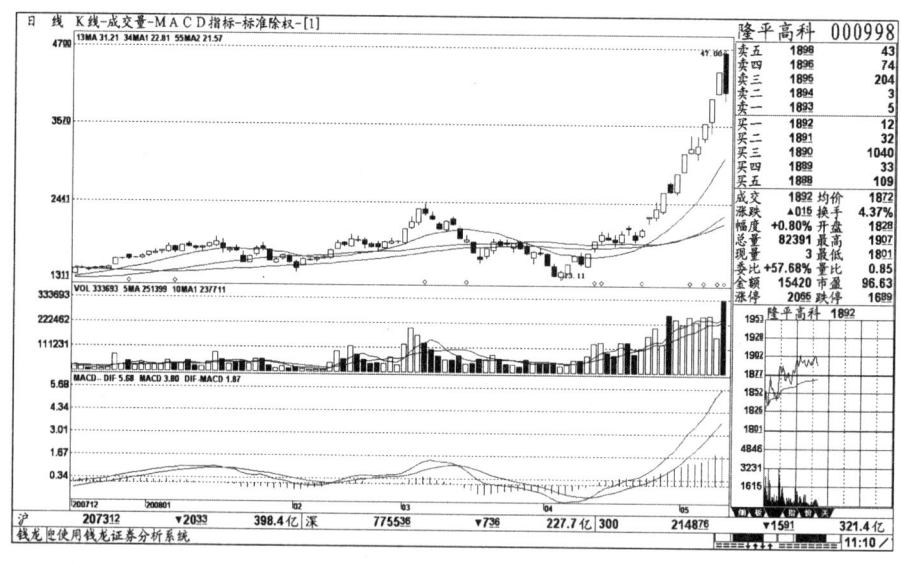

完美形态带给我们的惊喜超乎想象（图二）

股价绝大部分时间都处于量变过程中，当这种量变达到一定限度就会产生质变的节点。比如【红杏出墙】，比如【揭竿而起】，知道了这个原理后，在股价处于量变过程时，应采取袖手旁观的态度，捂紧口袋，静待股价质变节点的出现。什么是股价质变的节点？就是能够改变股价原来性质的技术形态。比如【一阳穿三线】就是质变的节点，它的市场意义是向上攻击；比如【一剑封喉】也是股价质变的节点，但它的市场意义是向下攻击。

"母鸡抱仔二十天"，在小鸡没有破壳而出之前，表面看去，鸡蛋静静地在那里待着，形状也没有什么变化。其实，鸡蛋本身已经开始发生了复杂的变化，不过这种变化是逐渐的，不明显的，数量上的变化达到了一定限度，就会发生一种显著的性质上的变化，小鸡就会破壳而出，一个鸡蛋变成了一只活蹦乱跳的小鸡。

第二节 股价下跌不需量

从下向上抛东西必须用力，从上向下抛东西无须用力。这是地球引力给我们的启示。现在我们就顺这个思路走下去，挣钱时费尽了九牛二虎之力，花钱时只需把货币轻轻一放就可以了。买股票时拿着白花花的银子兑换成英镑，卖股票时，不知怎么回事，英镑却在瞬间变成了越南盾。在股市挣钱需要足够的理由，亏钱则不需任何道理。去银行存款，即使你一次存100万，根本不需要事先打招呼；取钱时，哪怕只取20万，也要提前一天打招呼，而且密码输不对，别看是你自己的钱，你也照样拿不走。这说明了什么？说明花钱容易挣钱难，说明上山容易下山难。

现在我们转换一种思维方式，把买卖股票的程序倒过来。在买股票时给它设置五个条件，卖股票时只有一个条件，那情景又会怎么样呢？那你资金卡上的阳线一定会灿烂得多。

股价下跌时只要有一个下跌形态就够了，并不需要量的配合。道理很简单，从高空向下抛东西不需要力。下面我们结合具体案例进一步说明下跌不需要量的道理。

● 广东榕泰（600589），股价质变的节点是【节外生枝】。【节外生枝】出现以后，股价的运行方向发生了根本的变化，它并不需要量的配合，就由原来的上涨转变为下跌。漫漫无期的下跌不知摧毁了多少人的发财梦想。但人们除了叹息和绝望，并没有采取任何措施去阻止事态的蔓延。生活中如果我们买了一件伪劣产品，会异常气愤地找商家理论或者退货，在股市买了变质的股票，却吓得哆哆嗦嗦，股市里的愚蠢和股市外的精明简直判若两人。股票的下跌给人们心灵上造成的伤害是巨大的，但这种伤害并没有使所有人都变得清醒，有的甚至变得比以前更加麻木不仁了，炒股的最大悲哀莫过于此。

客观地说，很多的亏损，多数是因为不懂造成的。只知道股市能挣钱，但却不知道用什么方法去挣钱。买了股票就抱着，如果不涨死了也不卖。还有一种亏损是人为造成的，知道卖点出来后股价要下跌，由于挣得不多或者小亏，总认为目前股价的下跌是正常调整，坚信股价很快就会重拾升势，结果在幻想中失去了出局的机会。知道但做不到，这比什么都不知道更痛苦。

拿广东榕泰来说，自从【节外生枝】出现以后，成交量并不大，但股价还是踏上了遥遥无期的下跌之途，开始了新的量变过程，如果在股价的量变过程中耐不住寂寞而参与其中，即使是股市高手也很难获大利。我们应该明白一个道理，股价多数时间都处在量变过程中，质变只是短暂的一瞬。这就是"常捂资金短捂股，强做弱休常空仓"原则的由来。

一般讲，一只个股不管它跌多长时间，跌多大幅度，如果没有【红杏出墙】的出现，股价就没有底部可言。生命在于运动，炒股在于制动。

从图上可以看出，股价从 6.05 元跌至 2.72 元，依然没有出现【红杏出墙】，说明股价的底部尚未探明。在股价探底过程中贸然而入，无异于空中接刀。后来，随着【红杏出墙】的出现，成交量也开始温和放大起来。这时候才可以说，股价的底部探明了，可以小单跟进了。之所以小单跟进，因为【红杏出墙】这个买点的上涨空间有限，只有极个别强势股会长驱直入，绝大多数个股都会在 55 日均线附近调整一段时间。只有股价站稳 55 日均线以后，特别是第二个买点出来以后才可以适当加仓。见图三。

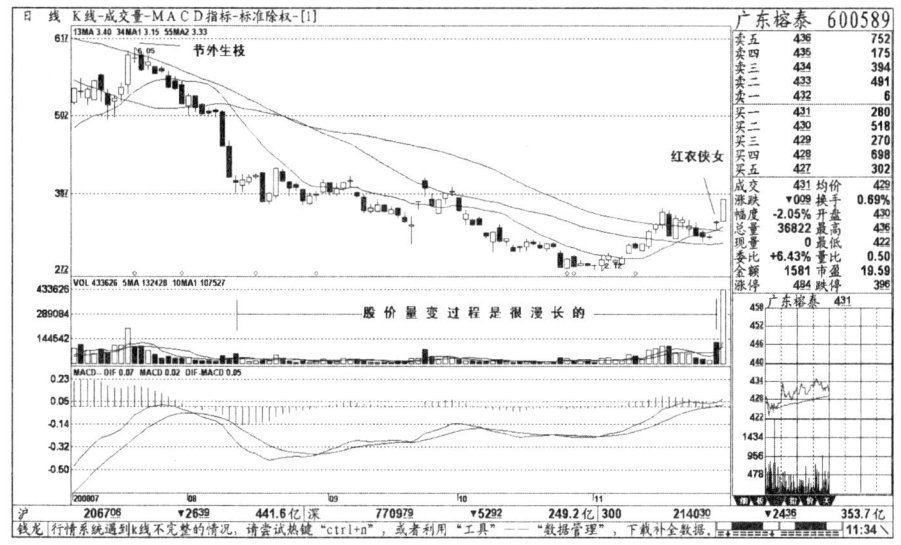

股价下跌时只要有一个形态就够了,并不需要量的配合(图三)

● 荣华实业(600311),这个【红衣侠女】,要量没量,要价没价,但它为什么能涨起来,而且涨得还很猛?要搞清这个问题,首先要确认这个起涨点叫什么?通过分析,我们把它定性为复合形态:【海底捞月】加淑女型【红衣侠女】,【海底捞月】做得还算规范,但【红衣侠女】则逊色多了。这个形态之所以能够成功,是因为【海底捞月】做得较为完美,均线较为流畅。【红衣侠女】在这里不过是个点缀。而且对于淑女型【红衣侠女】来说,我们对它的量、价没有做具体要求,只要在 13 日均线与 55 日均线的结点处收阳线就可以了。(详见四川人民出版社 2015 年版《黑客点击》)

凡是经典的攻击形态必须有量,只有量放出来,才能认定主力资金大规模进场,特别是经过长期整理后的股价第一次攻击必须放出巨量来。在拉升途中,对量的要求不是很高,因为对于主力高度控盘的个股来说,完全可以做到无量上涨,因此对于上升途中的个股重点把握它的总体趋势和具体形态。起动看量,拉升看形,因为形态说明一切。见图四。

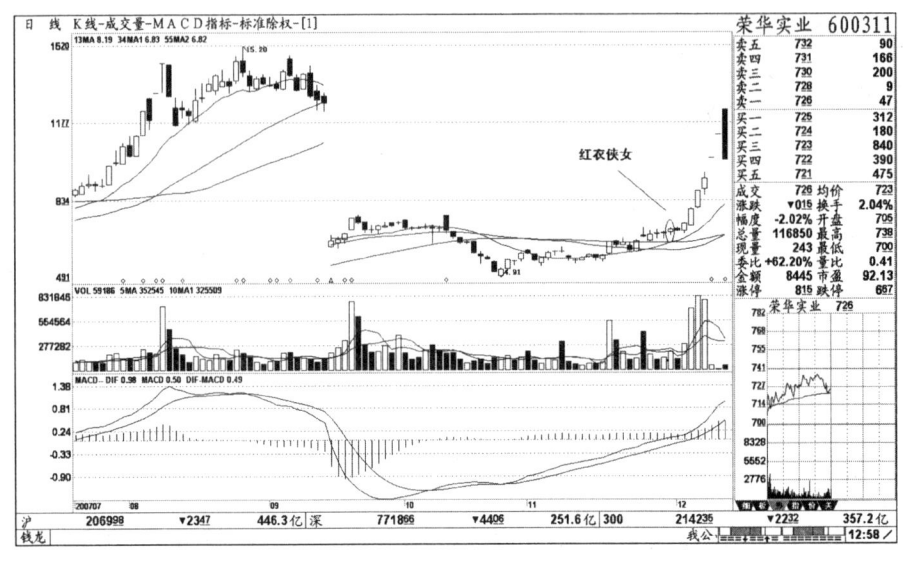

淑女型【红衣侠女】有形即可,不需要量的配合(图四)

有人学了135战法,几次交易失败后,就开始怀疑这个交易系统的可靠性和准确性。客观地说,任何一个交易系统都不能保证每次交易都能获得成功。这中间自然有交易系统本身的缺陷,但更多的是交易人自身的失误。交易系统会不断地发出各种各样的交易信号,但信号有真有假,需要人去鉴别与判定。我们讲,一个完美的形态由量、价、线、形、位置五个要素构成,而你可能只是关注了其中一个或两个,所以形态的失败就是难免的。严格地说,构成形态的五个要素只要其中一个有缺陷,形态就很难成功。

对于操作中的失败,我们要有一个正确的认识,重要的是要找到失败的原因,而不是一味地去咀嚼失败留给我们的痛苦。

应该怎样看待操作中的失败呢?美国的罗伯·舒勒博士给了我们一个非常地道的忠告,他这样写道:

失败并不表示你是一位失败者,失败只表示你尚未成功;

失败并不表示你一无所获,失败表示你得到了经验;

失败并不表示你是一个不知变通的愚人,失败表示你有坚定的信仰;

失败并不表示你必须一直受气,失败表示你乐意尝试;

失败并不表示你不可能成功,失败表示你也许要改换方式;

失败并不表示你不如别人，失败只是表示你尚有瑕疵；

失败并不表示你浪费了时间、生命，失败表示你有理由从头开始；

失败并不表示你必须放弃，失败表示你还要更加努力；

失败并不表示你永远无法成功，失败表示你要花好些时间；

失败并不表示命运弃你不顾，失败表示上帝另有更佳旨意。

舒勒博士讲了失败带来的这诸多好处，相信没人愿意去接受它，但是，在实战中，失败总是难免的。在失败的时候，读读舒勒博士的这些文字，不但能让你的心灵得到一次净化，而且也能给你一种从头再来的勇气。

客观情况是，我们在实战中的每一次进步，都是与失败相伴的。如果有一天失败真的降临了，我们要勇敢地去面对它。把它当成对自己的磨炼，通过改变对失败的态度，从中吸取教训，找到战胜它的方法。如果失败了，不去总结，那么下一次遇到同样的情况，可能还会犯同样的错误。失败本身并不是成功之母，有总结的失败才是成功之母。"每一种逆境都蕴涵着等量价值的种子，一切苦难都在为未来铺路。"

第三节　无量的结局

成交量是股价上涨的发动机，没有成交量的配合，股价的质变节点就会大打折扣。从某种意义上说，成交量的大小决定着形态的成败和股价以后的行进速度。特别是底部攻击形态必须有量，当日量一般应是昨日量的1～3倍，起码不应小于昨日的成交量。

从理论上讲，股价的上涨需要增量资金的不断涌入，尤其是上涨初期。尽管证券市场的结构出现了一些新的变化，但资金推动的特点始终没有改变。股价的上涨犹如爬山，爬山必须用力，否则就爬不到山顶。又如，去商场买东西，必须有充足的货币，没有货币，即使你再喜欢某一物品，售货员也不会让你拿走。

阴与阳，涨与跌，盈与亏，乐与悲，本来就是对立统一的，没有对立也就没有统一。所谓亏损，本来就是相对于盈利而出现的，有盈利必然会有亏损。对于一个渴望成功的人来说,要经得起挫折,要受得住冤屈,这样才能保持心态的平静。低迷反能盈满,凋敝反得新生;少取反而多得,贪多反而痴迷。想在股市生存下去的人们,可要明白这个理儿。

● 申达股份 (600626),图表上这个形态是【一石二鸟】,均线系统以多头排列列示,股价吞掉了昨日的阴线,形态的位置也不算太高,谁见到这个形态心里都会发痒,但痒归痒,却不允许动手去挠。理由很简单,成交量没有跟上来,它的阳量没有把昨天的阴量吃掉。就因为这一点,形态就有失败的可能。实战中谁能把每个细节都顾及呢?顾及不到,说明你的识图能力还不过关;顾及不到,就要承担相应的操作风险。见图五。

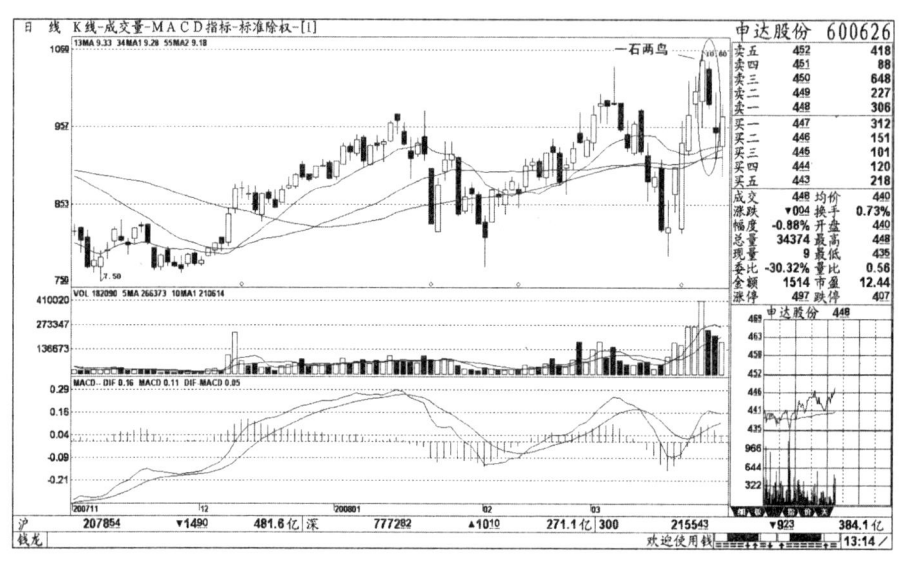

严格用技术合成审核形态,就可以拒绝诱惑(图五)

一定有人会问,有的个股并没吞掉昨日的阴量,股价不是照样涨上去了?确实有这种情况,只是这种情况不具有普遍性,而不具有普遍性的东西,使用的时候就应该格外小心。我们之所以给形态设限,就是为了防止吃骗线。一般讲,任何一个具备量、价、线、形、位置五个要素的形态,其成功率远远高于有缺陷的形态。为了提高操盘质量,我们没有理由放纵自己,更没必要去委曲求全。

我们接着看下图。【一石二鸟】出现以后,第二天股价低开低走,如果盘中不及时采取措施，主力就会大发淫威，资金就要缩水20%以上。如果实战中不幸误入主力的圈套，正确的做法是：不惜一切代价突出重围，绝对不能逆来顺受，束手就擒。遗憾的是，多数人会认为，我还没赚钱，怎么就走啊？人们买进股票以后，很少想到第二天就卖掉的，他在想，我还亏着呢，怎能说走就走呢？于是，先是拼命抵抗，然后是苦苦挣扎，最后是爱咋咋地。一副死猪不怕开水烫的模样。

我们始终坚持，不管按什么形态买进的股票，只要股价第二天没有朝着预期的方向发展，都应该考虑退出，对那些明显失败的形态更是不能含糊。

无数事实表明：凡是被套的，十之八九都是因为切入点不当。因此，严把买进关应该成为我们今后的一个努力方向和修炼重点。见图六。

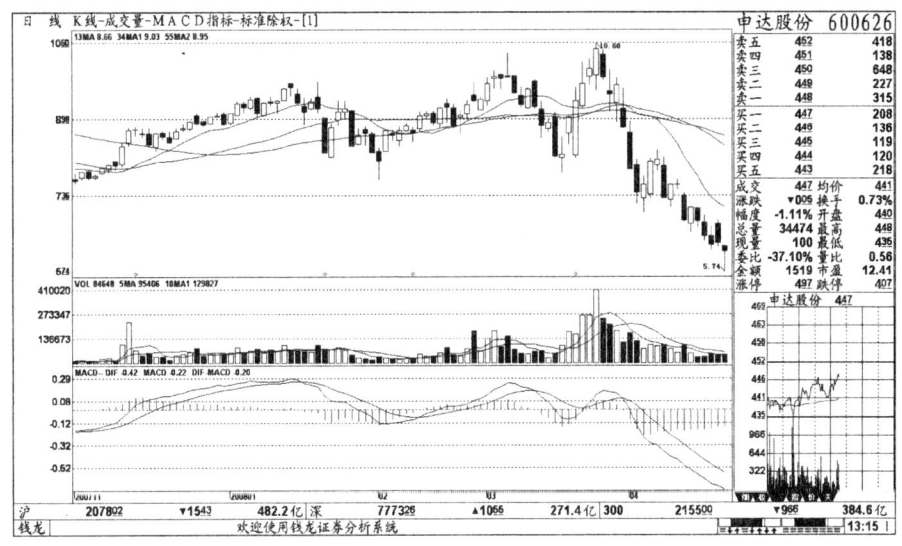

中了埋伏要奋力突围，不要等待事情的自行改善（图六）

造物主创造了人类，创造的每一个人都各不相同，我们每个人的身体状况、智能结构、心理特点甚至是同一个人的左右半脑的发达程度，都不完全相同。正如河滩上没有两块完全相同的石头一样，世界上也没有两个完全相同的人。所以，正确认识自己是做好股票的前提。

我们都知道雕鹰是"飞行之王"，但又有几人知道那壮丽飞翔的背后蕴藏着怎样滴血的悲壮呢？

一只小鹰出生后，没过几天舒服的日子，就要经受母鹰近乎残酷的训练。在母鹰的帮助下，幼鹰没多久就能自行飞翔了，但这只是第一步，因为这种飞翔只比爬行好一点。幼鹰需要成百上千次的训练，否则，就不能得到母鹰口中的食物。

第二步，母鹰把幼鹰带到高处或是房上，然后把它们摔下来，有的幼鹰因为胆怯而被活活摔死。但母鹰不会因此而停止对它们的训练，因为不经过这样残酷的训练，幼鹰就不能飞上蓝天，即使能，也会因难以捕捉到食物而被饿死。

第三步则充满着残酷和恐怖，那些被母鹰推下悬崖而能胜利飞翔的幼鹰将面临最艰难的一次考验，因为它们正在成长的翅膀会被母鹰残忍地折断大部分骨骼，然后再次从高处推下，很多幼鹰会成为飞翔的祭品，但母鹰同样不会停止这血淋淋的训练。

有个猎人动了恻隐之心，偷偷地把一些还没有来得及被母鹰折断翅膀的幼鹰带回家喂养。但喂养大的雕鹰至多能飞到房顶上，那两米长的翅膀已成为累赘。

原来母鹰残忍地折断幼鹰的翅膀中的大部分骨骼，是决定幼鹰未来能否在广阔的天空中自由翱翔的关键所在。雕鹰翅膀骨骼的再生能力很强，只要在被折断后仍能忍受痛苦，并不停地振翅飞翔，就能使翅膀不断地充血，不久便能痊愈，痊愈后的翅膀就会像神话中的凤凰一样死后重生，长得更加强健有力。

知道了鹰的成长过程，你还为被套揪心，还为亏损痛苦吗？被套与亏损是每个人必须经历的路程，为了缩短这段路程，建议你适当增加一些不流血的训练，比如识图训练，比如复盘训练，比如模拟训练，这些训练越扎实，实战中被套和亏损的可能性就越小。可是人们都一门心思想着赚钱了，谁愿意拿出专门的时间去做练习呢？但不补上这一课，亏损的补丁就会越来越大。

鹰是世界上寿命最长的鸟之一，年龄可达70岁左右。但在它生命中期必须做出困难却重要的决定。当老鹰40岁的时候，它的利爪开始老化，无法有效地紧抓猎物，它的喙变得又长又弯，几乎触到胸膛；翅膀也变得十分沉重，加上厚实的羽毛，飞翔起来十分吃力。这时候，鹰只有两种选择：第一种，等死；第二种，经过一番痛苦的自新过程。

如果它选择后者，就会孤独地飞到一座山顶上，精心地选择一个悬崖峭壁的高处筑巢。先用自己的喙拼命地打击岩石，让又长又弯的喙完全脱落，然后，静静地等待新的喙长出来。随后，再把老化的指甲一根一根地拔掉。当新的指甲长出来后，再把自己的老羽毛全部连根拔掉。5个月后，脱胎换骨的老鹰又能获得30年的新生。

很多人亏损以后，只是一味地痛苦或抱怨，很少想过亏损的原因。凡是亏损的肯定是操作不当，问题就出在自己身上，却偏偏去别处找原因。一个缺乏自省意识，一个不敢严厉剖析自己的人是很难成功的。

亏损只说明你原来的操作方法不当，并不意味着你就是天生的倒霉蛋。改变一下操作思路，变换一种新的操作方法，或许就能解决沉积多年的问题。还有一种方法也很见效，就是反着做。你不是一买就套吗？那么当你想买的时候干脆把手里的股票卖掉，手里没股票的索性就不买了；你不是一卖就涨吗？当你想卖的时候干脆加码买进。这种方法只是开阔一下思路，没有操作依据，所以不提倡。

战胜挫折的最好方法就是坚强地面对。失败并不可怕，可怕的是没有承受失败的能力。"刀靠石磨，人要事磨。"只要耐得住"事磨"与"心磨"的人，才能理解"心随股走，及时跟变"的炒股真谛。

● 长江投资（600119），这个形态是【梅开二度】，能不能买？不能。因为没量。【梅开二度】出现前一天那根阳线实际上是根假阳线，它虽然以阳线的面目出现，但股价却比前天低，所以还应按阴线来处理。这就是看盘的细节，细节决定成败。谁看盘不仔细，谁经不起主力的诱惑，谁就要付出相应的代价。

如果把【梅开二度】出现前一天的阳线当阴线来处理，那么第二天的这根小阳线就是个复合形态，【一石二鸟】加【梅开二度】。尽管是个复合形态，由于成交量没吞没昨日的小阴线，所以复合形态不成立。

第二天，股价高开低走，并且穿透了黏合在一起的13日均线和55日均线，【过河拆桥】宣布了复合形态的失败。这时候，不管你有多少想法，不管你多么委屈，都应该"见山是山"，接受现实。然后采取断然措施突出重围。如果心情郁闷，等收完盘再去发泄，现在必须打碎牙往肚里吞，先走人。

女为悦己者容，男为悦己者穷。每一个经典形态都是在为悦己者容，就看你识不识货。股市里的失意者无时无刻不在向主力们展示自己的财力，虽说人有了钱和谁都有缘，但关键是和谁结缘？如果结得不对，就会让你一夜回到解放前。有人说，钱可以解决的问题都不是问题。我告诉他，钱不是问题，问题是你没钱。见图七。

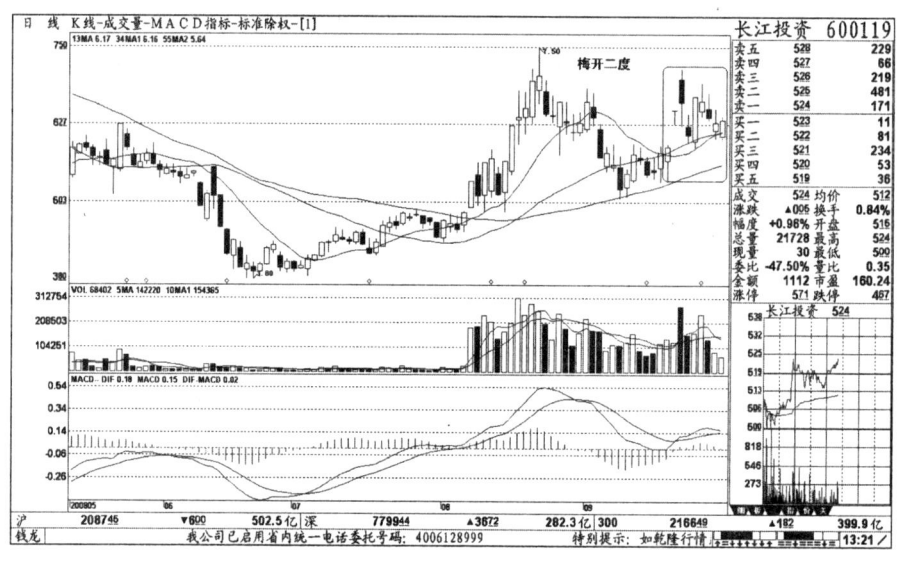

任何一个攻击形态，如果没有量的确认都视为不成立（图七）

这就是看盘不仔细所应付出的代价。如果在【过河拆桥】处依然对主力抱有幻想，更大的灾难还在后边等着你。在【过河拆桥】处走人，大约亏7个点左右，不会伤元气，如果死捂不动，半壁江山就会拱手让人。见图八。

如果你有兴趣，不妨翻翻历史走势，你会发现，在【梅开二度】和【一石二鸟】出现当天，5日量线已经下叉10日量线，说明主力资金已经在悄悄离场。没有量能支持的形态都是不靠谱的。特别是攻击节点，必须有量，没有量的形态就说明主力只是虚晃一枪。吃点亏不要紧，关键是吃了亏以后要长记性，千万不要把自己弄得像头猪，"记吃不记打"。

有个伐木工人在一家木材厂找到了工作，报酬不错，工作条件也好，他很珍惜，下决心好好干。

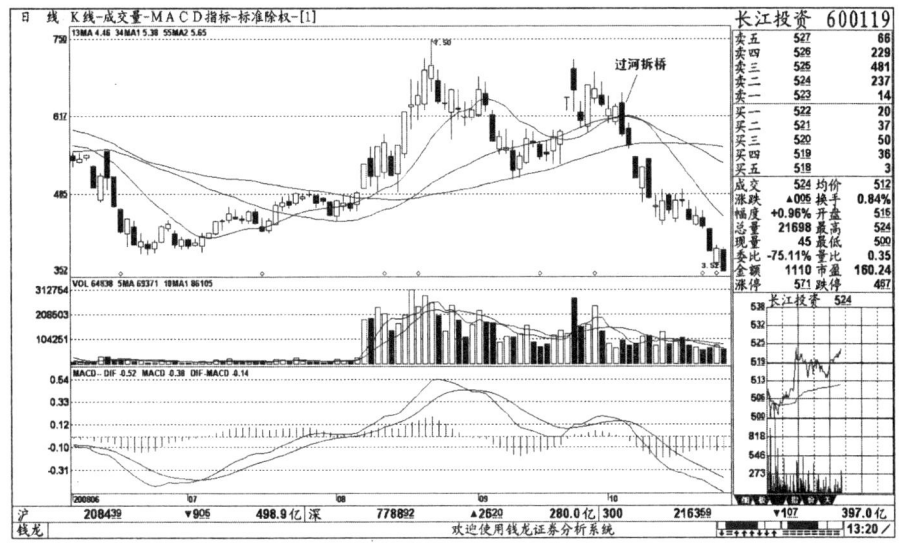

误入主力圈套要舍得丢卒保车，不要拖，拖不起（图八）

第一天，老板给他一把利斧，并给他划定了伐木范围。这一天，工人砍了18棵树，老板说："干得不错！"工人有点沾沾自喜。第二天，他干得更加起劲，但是只砍了15棵树；第三天，他加倍努力，可是只砍了10棵。

工人觉得很惭愧，跑到老板那道歉，说自己也不知道怎么回事，好像力气越来越小了。

老板问："你上一次磨斧子是什么时候？"

"磨斧子？"工人诧异地说："我天天忙着砍树，哪里有工夫磨斧子！"

俗话说，磨刀不误砍柴工。在亏损或被套的时候，想想我们做过多少基本功的训练？想想自己凭什么在股市混饭吃？

1956年7月，毛泽东决定坐飞机去广州，这是新中国成立后毛泽东第一次坐飞机。空军司令刘亚楼对第一任专机团团长胡萍说，原来考虑让主席乘坐苏联顾问团的飞机，但主席不同意。如果说是由于毛泽东对外国飞机不放心，也不对。1945年在重庆谈判时，毛泽东坐的就是美国人的飞机。20世纪50年代，毛泽东应苏联邀请参加十月革命节纪念，坐的是苏联人的飞机。

再者，那时候坐飞机也不安全。1955年4月，周总理到印度尼西亚出席万隆会议，借租印度的"克什米尔公主号"。台湾特务在飞机上安放了定时炸弹，导致机毁人亡。周总理因临时换乘另一架印度飞机才逃过一劫。这个血的教训就发生在一年前，毛泽东为什么还要坐飞机？为什么不坐火车？

还是毛主席自己说出了缘由："我们有自己的飞行员，为什么要坐外国人的飞机？外国人的飞机我不坐，我一定要坐中国人自己驾驶的飞机。"原来毛主席是在以自己的行动支持年轻的中国空军。

学了135战法，就要严格按交易系统给出的提示进出，以实际行动捍卫指令的威严。如果连这点自信都没有，什么方法都不能救你出火坑。

新中国成立前到处是外国人，改革开放以后到处是外国车。当然，偶尔也能看到中国的"红旗"，在如潮的铁流里忽闪一下。但我相信，星星之火，可以燎原。一个人必须要有一点属于自己的东西，没有自己的东西就会被别人牵着鼻子走，没有自己的东西就永无出头之日。一个国家是这样，一个人也是这样。

当然，股市也不是绝对公平，只是相对公平。放在一个天平上，你得到的越多，也必须比别人承受更多。撑不住的时候，可以对自己说声"我好累"，但永远不要在心里承认"我不行"。

● 西宁特钢（600117），从图表上看，这个形态既可以把它视为【黑客点击】，也可以把它视为【暗度陈仓】，单从"形"上讲，都没错。但从形态的内部结构来分析，这个形态有着严重的缺陷。说它是【黑客点击】，量太大；说它是【暗度陈仓】，量也太大。见图九。

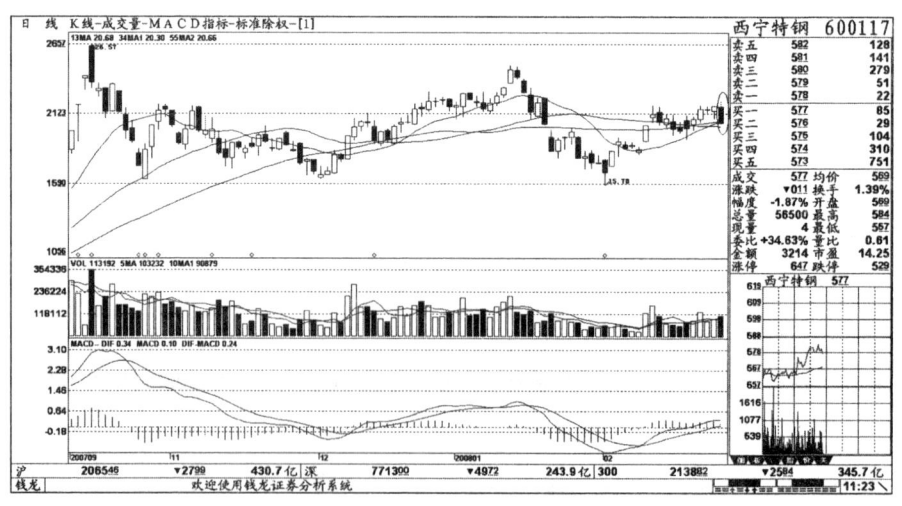

攻击形态需要放量，调整形态需要缩量（图九）

我们知道,【黑客点击】是股价调整行将结束的信号,但股价必须落在13日均线与55日均线的结点上,而且关键是要缩量。这个形态明显不具备这个条件。不具备这个条件,【黑客点击】就不成立,形态就有失败的可能。(详见四川人民出版社2015年版《黑客点击》)

【暗度陈仓】也同样需要缩量,而且最好是跌停板(详见四川人民出版社2015年版《胜者为王》)。这个【暗度陈仓】既没有跌停,也没有缩量。所以,我们也不能按【暗度陈仓】去对待。

量,是一把双刃剑,该放量时缩量,该缩量时放量,都是不祥之兆。这一点务必多加注意,谨防被剑伤着。

凡是按【黑客点击】买进,第二天又不舍得止损出局的,主力就会把你的资金拦腰斩断。主力撒起野来六亲不认,最好不要招惹他。其实和主力搞好关系也容易,一切让主力说了算,一切按主力的意思办。即使自己吃点亏,也要高高兴兴地顺从主力,因为不顺从主力,主力就会把你置于死地。见图十。

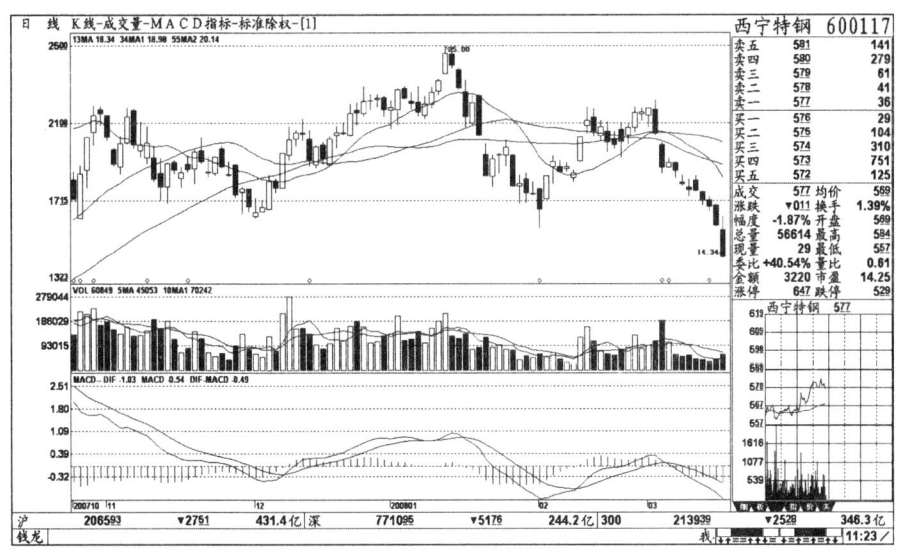

在运用形态时,一定要注意形态的内在结构,马虎不得(图十)

著名投资大师巴鲁克说:"我遭受过多少次失败,犯过多少次错误,以及我个人生活中做过多少次的蠢事,都是由于我没有先思考就行动的结果。"他认真检点和反省,彻底改正自己的错误,最终成为华尔街的风云人物。

股市是复杂的，处于急功近利漩涡中的人也是复杂的。赚钱的想赚得更多，亏钱的急于翻本。总之，都是以自我为中心，凡是以自我为中心的最终都成了孤家寡人。

只有坚持"进退有据"，才能减少盲目性，增加针对性，获得预期效果。我曾为"进退失据"埋过单，朋友们只要坚持按指令操作，就不需要再去支付巨额的试验费。

输赢是每个股人的常态，但赢家知道如何让盈利成为主旋律。一个真正的赢家应该具有三个条件：正确的理念，严格的纪律，永不间断的反省。有了正确的理念，就能自觉地按规律办事，这样就能加快成功的步伐。有了纪律观念，就知道该做什么，不该做什么，什么时间做，做到什么程度，出现问题怎么处理。一个从不停止自我反省的人是不会在股市里消亡的。比如说，当操作失利，如何尽快地从失败的阴影中走出来，转而进行深刻的分析和研究，这次失利究竟是无法抗拒的原因，还是自己随心所欲的结果。当你亏损甚至对股市感到绝望的时候，请扪心自问，自己究竟具备几个条件？如果连一个都不具备，那你又凭什么在股市里生存，又有什么资格去指责股市、去抱怨主力呢？

● ST中房（现名中房股份）（600890），这个【一石二鸟】的阳线没有量，股价为什么也会涨？第一，这根阳线无量涨停，说明筹码大部分集中在主力的手里，涨停的阳线不需要量；第二，这个股票是ST，T类股票只要有形态即可，不需要量。因为T类股票拉个涨停只需几分钟的时间，跟风盘还没反应过来，主力就把他们挡在了大门之外。见图十一。

通常情况下，操作ST股票，只要它的均线系统处于多头排列，有买进形态就可以跟进，然后根据形态的不同位置采取不同的资金布局就可以了，对股价质变的量要求不是很高。要求不高，并非不需要量。对于激进型的形态来说，有量的配合成功率会高一些。在实战中应具体问题具体分析，不能一概而论。

对于涨停的形态来说，无量说明市场抛压不重，说明绝大部分筹码已被主力锁定，另一方面，主力早早地就把股价封在了涨停板上，别人想买也买不进去。

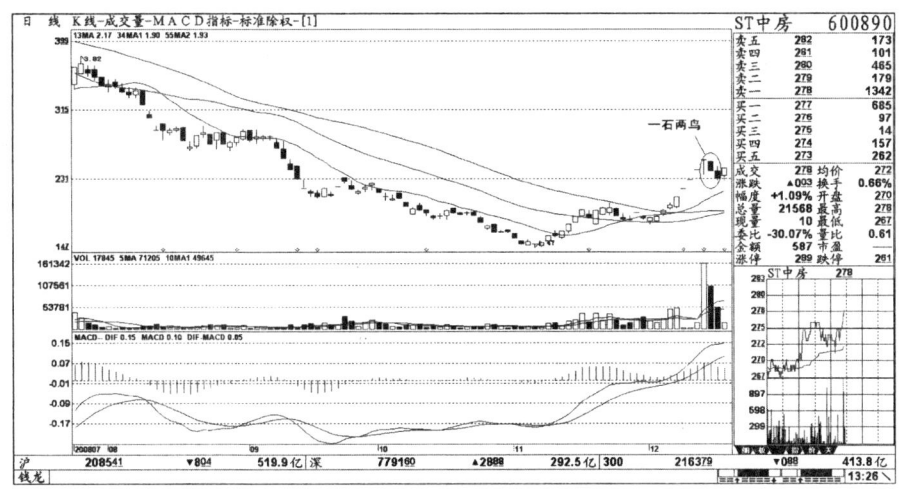

操作T类股票,只要有形态就可以了,不需要量的配合,应区别对待(图十一)

ST股票有一个特点,要么涨停,要么跌停,而且都是在瞬间完成。所以操作ST股票必须快,不管是买还是卖,动作必须干净利落。

● 紫光国芯 (002049),图表上的这组K线组合,一般人都会把它视为【浪子回头】,单从形态上讲没有错,但用形态的五要素进行严格审核,破绽就出来了,主要问题就是"有价无量"。实战中宁肯出高价买在第二根阳线上,也绝不贪小便宜买所谓的低价。量是股价上涨的主要动力源,特别是股价质变的节点必须有量的支持。图十二。

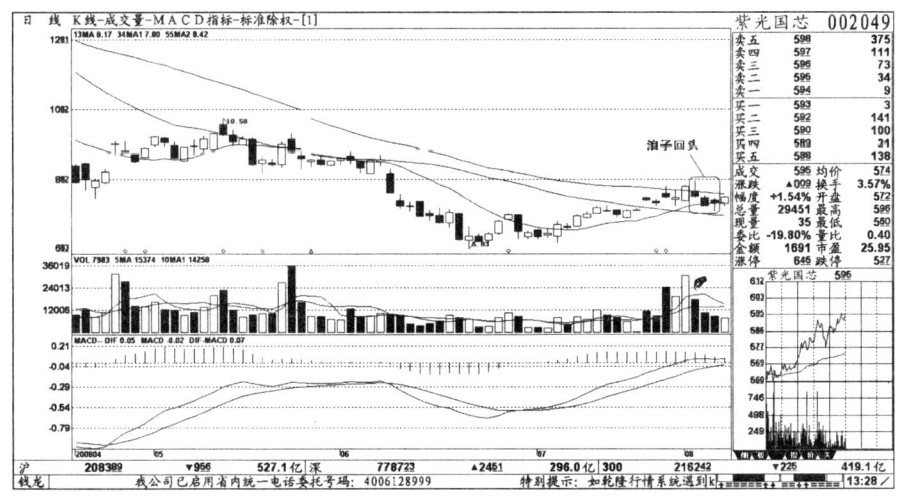

没有量能支持的质变节点,十之八九会以失败而告终(图十二)

除了量能不够以外，它的均线系统尚处于错位状态，即34日均线依然在55日均线下方，这就是说，股价即使上涨，空间也很有限。盘中或复盘时遇到这样的情况，要一停二看三通过，切不可埋头往里冲。

有人说，越懂事的人，越没有人心疼，即使你付出再多，也没有人懂你。主力说，只要你一切行动听指挥，最大限度地迁就我，我不会让你吃亏。见图十三。

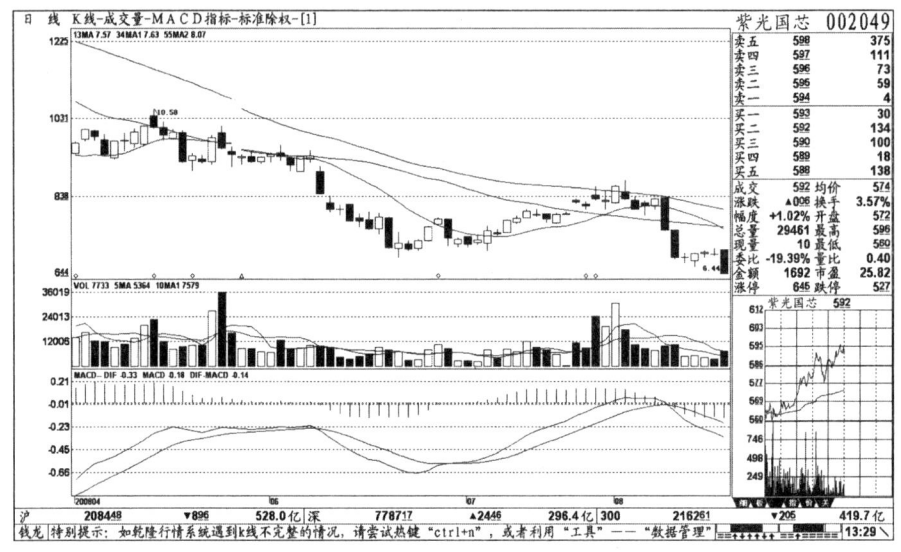

识图有误会吃亏，知错不改吃的亏更大（图十三）

【浪子回头】的第二天，股价高开低走，说明主力还要继续向下探底。如果不及时采取措施，就会跟着主力到跌停板上走一趟。【浪子回头】的第三天，股价平开低走，如果依然对主力抱有幻想，主力就会毫不留情地再给你当头一棒，直到把你揍蒙打傻为止。

很多人把自己的精力用在寻找成功的方法上面去了，而很少去从自己的失败中寻找原因。人性上的这种弱点，才是导致人们迟迟不能成功的原因。其实，成功的方法很简单，找到失败的原因，然后拿出战胜失败的方法，你也就成功了。

第四节 十年磨一剑

我认识一位石刻家,他早已是千万富翁,他的成功也许能给大家一些启示。

一次,我和一位朋友去看望这位石刻家,面对那一件件雕刻精美的艺术品,朋友赞叹不已。他随手指着一个最小的石刻作品问石刻家花了多长时间雕成的,石刻家轻描淡写地告诉他:"10年。"

"啊,10年?"朋友惊诧地张大嘴巴,感觉实在太不可思议了。

石刻家没有解释,拿起一块绘好图案的花岗岩,旁若无人地镂刻起来。在那坚硬如钢的石头上运刀如笔,其难度叫人看着吃惊,因为他手上丝毫的颤动,都直接影响着镂刻的最终结果。

石刻家全神贯注地盯着手中的石块,一点点地挪动着刻刀,认真得像一个神圣的眼科医生。

半个小时后,石刻家放下刻刀,和朋友寒暄了几句,朋友问石刻家:"这个花岗岩石刻能卖多少钱?""不知道,也许能卖10块钱,也许能卖10万元。"石刻家很淡然。

"那你在雕刻时,心里想着它能卖多少钱?"朋友追问道。

"我从来没考虑过这个问题,我的眼睛只能盯着手上的石头,只能把全部的心思都放在上面。至于它最终的商业价值,那就不是我一个人能决定的了。既然我做石刻,就必须做好它,这才是最重要的。"石刻家不紧不慢的话语中透着玄机。

朋友没再说话,转身向石刻家深深地鞠了一躬。

现在股市里有一种急功近利的流行病,刚进股市就想挣大钱,一旦不能如愿,就牢骚满腹,怨气冲天。我们想一想,一个人从小学到大学毕业,需要16年的时间,而且毕业后不一定能找到一份满意的工作,可有些人却幻想在股市一夜暴富,这有点不切实际。严格说来,在方法正确的前提下,没有3~5年的打拼,在股市很难形成稳定的专业操盘能力。人人都有梦想,然而梦想只有在脚踏实地的苦干中才能得以实现。大文豪雨果说过这样一段话："在梦中播下再多种子，也得不到一丝丰收的喜讯；在田野上哪怕只播下一粒种子，也会有收获的希望。"很多人抱着发财梦来到股市，由于缺乏必备的知识和足够的耐性，最终还是被股市无情地淘汰了，然而他们却把这一切归结于命运。

失败的人经常抱怨：引导牛顿发现地球引力的那个苹果为什么没有掉在我的头上？那只藏着珍珠的巨贝为什么偏偏在巴拉旺，而不是在我经常经过的路上？拿破仑为什么偏偏能碰上约瑟芬，而路上那么多的美女为什么都懒得看上我一眼？

其实，上帝在你必经的路上也不偏不倚地掉下一个苹果，可你没有像牛顿一样思考苹果落地的原因，而是把它捡起来吃了。上帝也曾把一颗巨大的珍珠放在你去股市的路上，并且将你绊倒，而你却怒气冲冲地一脚将它踢进路边的阴沟。最后上帝干脆在你身上重现拿破仑的经历，先将你抓进监狱，撤销军职，然后将身无分文的你抛到塞纳河边，就在上帝催促约瑟芬驾着马车匆匆赶到河边时，远远地听到"扑通"一声，你投河自尽了。

一个记者问我："宁老师，你能有今天的成就，用了多长时间？"我告诉他："10年，每天工作都在16个小时以上。"

一个年轻人托了好多人要拜我为师学股票，简单询问后，我给他列出一张日程表：早晨6点起床写东西，9点准时赶到公司做操盘准备，9：30～11：30看盘，下单，指导学员操作；午饭一律是工作餐，盒饭或面条。然后小憩一会。13：00～15：00重复上午的工作；收盘后闭目养神10分钟，把全天的操作像看电影似的过一遍，然后客观地写出操盘日记；然后开始复盘，把两市所有股票扫描一遍，将符合形态的股票挑出来，然后再从中挑选五只放到股票池里，然后再从中选出一两只股票列入明天的操作计划；然后对学员选出的股票进行点评；下午6点，去父亲家里，给卧病在床的父亲擦澡或洗脚；晚8点回到自己家里吃晚饭，有好电视就看一会，晚9点开始给函授学员批改作业；11点开始看书，或写作至12点。一年四季没有礼拜天和节假日。

日程表之长让年轻人难以想象，也让我自己难以想象。我没想到一个人的潜力会有这么大！一心想着发财的年轻人发现炒股并不像自己想象的那样轻松，就退缩了。但我知道，投入整个自我的结果，除了一路的汗水，还有一个饱满的人生。

写这段文字的时候，父亲刚刚离我而去。送父亲走的那天，我跪在父亲的灵堂前，没有给父亲烧冥纸，而是把我这些年用血与泪铸就的135战法手稿，一页一页地撕给父亲看。我对父亲说：您活着，我生活在您心内，您的身躯，是我人生的路碑；您走了，您埋葬在我心内，我的身躯，是您正直的墓碑。

过去的10年，股市让我遭遇了太多的磨难，然而磨难让我成长，催我成熟，也让我拥有了淡然如水的心境。在这10年里，我的生活单调得就只有看盘、析盘，整天围着阴阳线翩翩起舞。K线已变成我生命的音符，它不但使我的生活充满了阳光，也给了我一脸平静的微笑和一颗奔流逐海的心。

第二章　价

> 价是确认形态的重要因素之一。凡是健康的上攻形态，股价不会低于昨天阳线的开盘价或阴线的开盘价。价通常与量结伴而行，量价齐升表明形态真实可信，有价无量或有量无价，说明形态内部出现了问题，预示股价将会朝着相反的方向运行。

第一节　一分价钱一分货，十分价钱买不错

衡量一只股票的好坏，最终还要以它的价来决定。一只股票从3元拉升到30元，我们就把它称为好股，一只股票从60元拉升到80元，虽然涨幅超过30％，但依然不能把它列入好股之列，因为它的总体涨幅没有前面的那只大。一个形态无论它的外形多么诱人，如果没有价的提携，股价的升幅很有限。所谓有价，从宏观讲，就是涨幅足够大；从微观上讲，就是当天的股价必须吃掉昨日阴线的开盘价。只有吃掉昨日阴线，股价才有上涨的可能，才有可能引发一波大的行情。否则形态的成功率就会大大降低。量价齐升、位置适中、均线流畅的形态才是好形态。

衡量一个人的价值，除了外在形象，还有内在素质。这个内在素质就是一个人的综合修养；衡量一个形态的价值，除了它的外形，还有其他四个要素的和谐共振。外塑形象，内强素质，无论是人还是形态都是必需的。

● 悦心健康（002162），这是一个近乎完美的【红衣侠女】，形态五要素简直无懈可击。在完美形态面前的优柔寡断，反映了一个人执行能力的低下。如果不能尽快改变，就真的没救了。见图一。

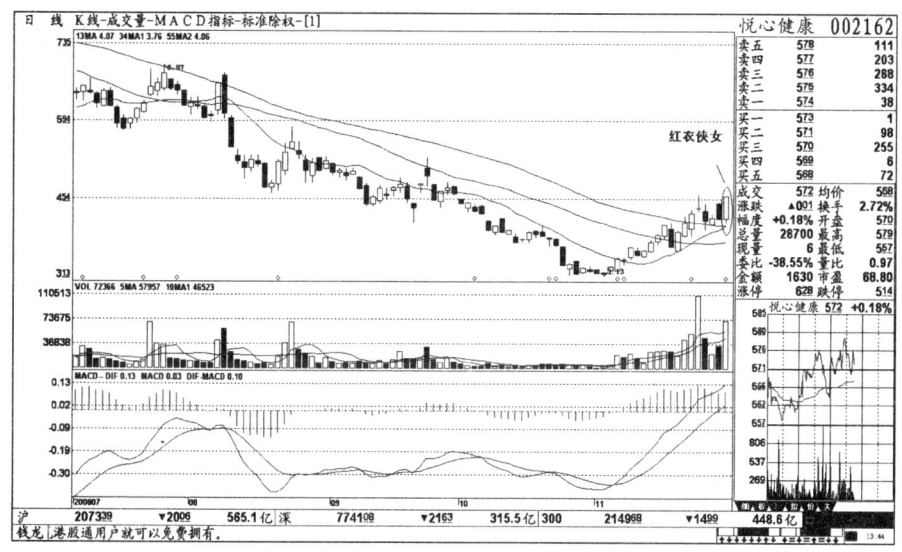

完美形态犹如亭亭玉立的美女（图一）

很多人发现美女以后，都会表现出一种异常的兴奋，但让他真正接近美女时，却又表现出一种从未有过的恐惧。股市里这种人还真是不少。在完美形态面前他们总是前怕狼后怕虎，买进去怕被套，不买又怕踏空。一次又一次地与财富失之交臂，他们虽然也痛心疾首，却始终没有让自己变得硬朗起来。

这个【红衣侠女】出现以后，之所以能够一路大力追杀，就是因为形态的五要素无懈可击。为了提高识图能力和鉴别能力，我们一起对这个形态的五要素逐项进行分析，从而加深对完美形态的鉴别和记忆。

量：当天阳量不仅吞掉了昨日的阴量，而且比昨天的成交量放大了一倍。

价：当天股价不仅吃掉了昨天的阴线，而且差点封停。

线：13日均线翘头向上，5日量线翘头向上，指标线翘头向上。

形：股价正好落在13日均线与55日均线的结点之上，量价齐升，财富撞钟，经典的【红衣侠女】。

位置：次新股，上市后一路下跌。见底后出现的第一个攻击形态，位置绝对不高。

经过技术合成的严格审核，我们找不出形态的丝毫毛病，这时候纵然有一大堆想法，也要先买进去再说，这就叫严格执行指令。但严格执行是有条件的，这个条件就是形态的五要素。或者说，执行买进指令是有条件的，执行卖出指令是无条件的。见图二。

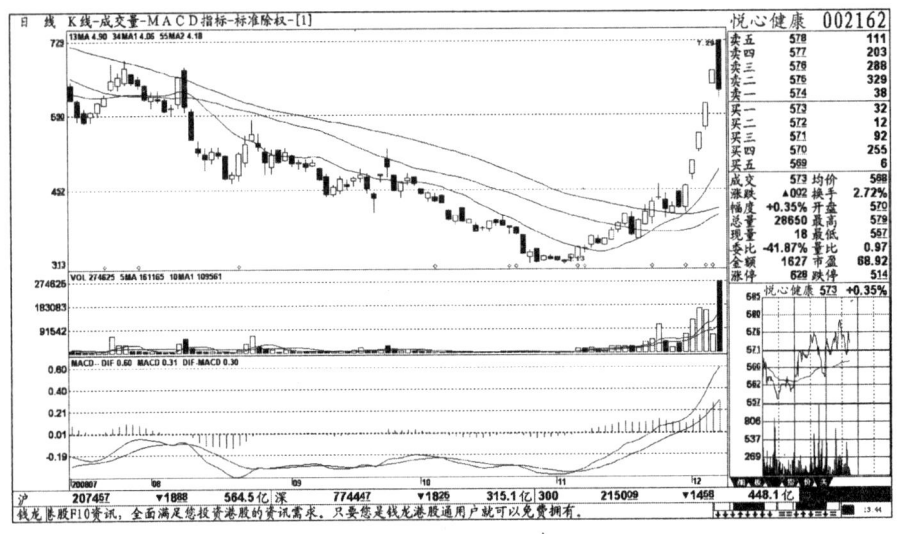

只有严把买进关财富才会堆积如山（图二）

【红衣侠女】出现以后，股价连拉4个涨停，【独上高楼】出来了，说明股价的阶段性顶部已经形成，再看好它，也要先离开它。135战法最讲究"进退有据"，最信奉"只认指令"，最看重"及时跟变"。但严把买进关是前提，这一关出了问题，以后的路将会变得异常艰难。

一个股票之所以能够涨起来，离不开量、价、线、形和位置在内的每一个条件的紧密配合。在一个完美的形态中，每一个条件都不会孤立地存在。孤立地使用一个条件，最终就会把自己弄成光杆司令。

面对亏损，谁的心情都不会好受，但对于亏损的态度却截然不同。有的人从亏损中看到了自己的不足，有的人则从亏损中看到了彻底的绝望。所以亏损以后，人分三种：

第一种，愚者多怨。把被骗的憾、恨、怒、怨化为逢人便说的故事，若有雷同，绝对共鸣。琐琐碎碎，窝窝囊囊，百说不厌，弄得人人退避三舍，自己竟浑然不觉，依然唠唠叨叨，争取早已流产的同情。其实，亏损和正在亏损的人是没有资格向他人倾吐苦水的。

第二种，仁者不言。一个巴掌拍不响，导致亏损不纯粹是因为主力的阴险与狡诈，更多的还是我们自己的过错。比如，不该买的时候买了，不该卖的时候卖了，自以为是，排斥主力。仁者意识到这一点，开始自我反省、及时改错。这既是尊重主力的表现，也是摆脱亏损的开始。

第三种，智者不记。把买进时的狂喜化成披着丧衣的白蝴蝶，让它在记忆里翻飞远去，唯有淡忘，才能在大悲大喜之后炼成牵动人心的平和；唯有遗忘，才能在绚烂至极后炼出处变不惊的恬然。

亏损究竟是痛苦还是财富？丘吉尔在他的自传中这样写道："当你战胜了苦难时，它就是你的财富；当苦难战胜你时，它就是你的屈辱。"战胜苦难，实际上就是战胜自己。一个完全战胜了自己的人是能躲避很多苦难的，这种躲避就是智慧。

股市里的每一个机会都需要寻找与等待。即使上苍给了你一片贫瘠的土地，只要有雨水、阳光，你就没有理由不长出拥抱蓝天的苍劲傲骨！即使你的前途被黑暗笼罩，只要前方还有一丝光亮，你就没有理由给自己一个借口，用沮丧浇灭奋斗的火种。

第二节　半价的形态经常捅娄子

商场打对折的商品，要么是适销不对路的积压货，要么是以次充好的伪劣产品。有品质的商品，其价格稳中有升的多，轻易降价的少。比如五粮液酒，比如中华香烟。

一个完美的形态离不开价的认可，没有价的形态一定是不完美的。所谓有价，是指一个形态出现以后，其当天股价起码要吃掉昨日阴线的开盘价。否则，这个形态就是有缺陷的。如果当天股价只是深入昨日阴线的一半或一半以上，表明主力做多欲望不强，股价还会有反复。一个做多欲望异常坚决的主力，也一定是一个营造形态的高手。只有完美的形态才会充

分展示主力的实力与操盘技艺，只有完美的形态才会吸引大量跟风盘。一个健康的形态，既要有价也要有量，有量无价或有价无量，表明形态内部存有隐患，要格外小心。

也有这样一种现象，有些形态虽然无价，但股价还是慢慢地升了起来，遇上这种情况可引起关注，但暂时不要切入。也许主力是在一步分为两步走，可能在第二步才吃掉前面的阴线，但在主力尚未迈出第二步之前，先不要去展望未来，更不去捷足先登。那些既无量又无价的形态，就像一个既无背景又无能力的人一样，是很难成气候的。所以，那些有缺陷的形态，不是我们的帮扶对象。

事实胜于雄辩，这一点在股市里表现得尤为充分。再精彩的理论，如果不能用来指导实践，不能用来指导实盘操作，那么，这种理论不要也罢。坚持以事实为依据比坚持以理论为依据要可靠得多。所以，我们在使用一个形态时，应让其他四个要素都各抒己见，绝对不能让"形"自己搞一言堂。

快乐与傻子有何区别？快乐不是肆无忌惮地自我放纵，而是创造生命的辉煌。傻子是等待事情的自行改善，阿Q的快乐永远带着悲剧和滑稽的色彩。在炒股过程中，谁都希望自己少走弯路，少些磨难，但现实告诉我们，不被蜜蜂叮咬的花不可能开出美丽的花朵。成功不能简单地定义为财富的增多，更多的是指心智的成熟。成功是一个不断改变的过程，而改变必然要经历痛苦。

痛苦，在投资过程中有着深刻的含义。对态度积极的人来说，痛苦是一种财富；对态度消极的人来说，痛苦则是一种灾难。痛苦代表着吃苦耐劳的品质，面对困难不妥协的毅力和敢于挑战自我的勇气。纵观人类的发展，哪个成功者不是经历了无数的苦难，在痛苦中得到了生命的升华？贝多芬说："我们这些具有无限精神的有限的人，就是为了痛苦和欢乐而生的，几乎可以这样说，最优秀的人物通过磨难才得到快乐。"假如贝多芬一生平坦，耳朵没有失聪，也不曾品尝孤独的煎熬，就不可能创造出伟大的《命运交响曲》！

● 山煤国际（600546），图表上的这根小阳线是个不规则的复合形态，之所以说它不规则，是因为无论把它归结为哪类形态，都无法满足形态五要素的要求，说它是【三剑客】，形态有量无价；说它是【浪子回头】，形态还是有量无价；说它是【红杏出墙】，均线系统不是典型的空头排列。其实这个形态的主要缺陷，还是有量无价。见图三。

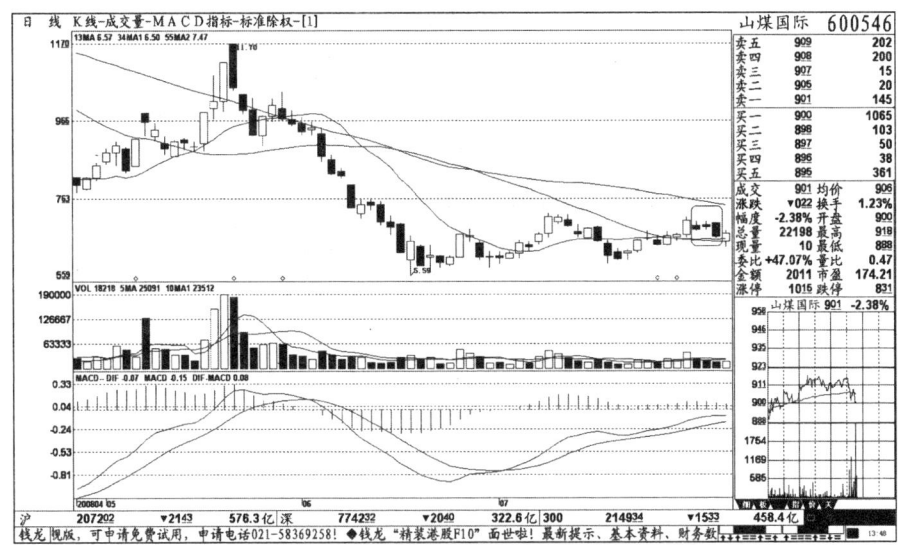

有价无量或有量无价都是形态的致命内伤（图三）

第二天，股价低开低走，直到第五天，股价依然在一个狭小的区间里窄幅波动，说明股价正在选择突破方向，到底是向上突破？还是向下突破？除了主力谁也不清楚。遇上这种情况，无筹的暂时不进，有筹的先行抛出。根据经验，若明若暗的横盘整理，股价一般都会选择向下突破。只有【串阳】或【串阴】才会选择向上突破。

第六天，横盘五天的股价终于选择了向下突破，如果我们处理不及时或者按兵不动，资金就会遭受重创。误入主力的圈套并不可怕，割点小肉出局就是了。可怕的是，明知道中了主力的暗算，还傻不拉几地不知道去逃命。这种"要钱不要命"的顽强抵抗，只会加速消耗自己的有生力量，对于扭转战局没有任何实际意义。

所谓规范形态，就是全部满足五要素的形态。只有规范的形态，才能准确地反映主力的操盘意图，才能正确诠释市场的本义。因此，辨认和运用规范形态是提高操盘质量的前提。见图四。

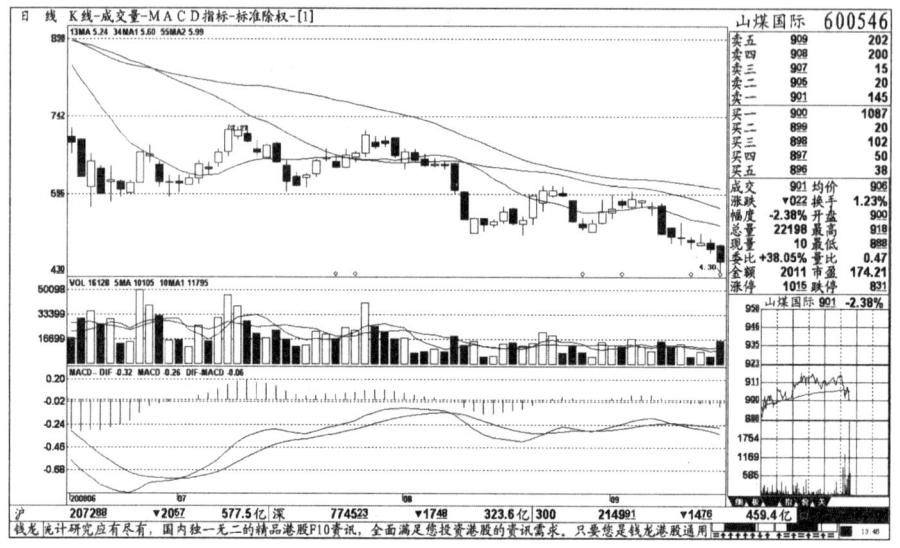

只有那些完全满足形态五要素的形态，才具有实战价值（图四）

炒股分四步走：第一，上难度。把每个买卖点的形态特征和市场意义记死记牢，坚持复盘训练，把符合形态的个股一个不漏地挑出来。第二，上质量。从每天复出来的个股中挑选五只放进股票池，不管大盘处于什么状态，这五只个股中间必须有一个涨幅在3%以上的，五只股票的平均涨幅必须跑赢大盘。第三，求稳定。坚持做三个月的模拟盘，成功率达到80%以上方可转入实战盘，在这三个月中成绩不能忽上忽下，切实做到稳中有升。第四，趋成熟。在135战法所有买卖点中间，必须有一个是自己最拿手的，能够准确踏上股价的波动节奏，不管在任何个股里面都能获利。只有达到这个标准，才能说明你已经进入了专业状态。

● **金杯汽车**（600609），一般情况下，人们都会把这根K线当成【一阳穿三线】，单从形态看，还真能达到以假乱真的效果。只要认真分析，就会发现这个【一阳穿三线】存在着四个明显的缺陷：一是形态不规范。规范的【一阳穿三线】基本都是光头光脚的大阳线，成交量不一定是近期最大，但K线不应出现上、下影线，而这个【一阳穿三线】却是两头冒尖。如果说下影线是底部承接有力，那么上影线则表明上攻受阻，预示股价还有调整的要求。二是股价涨幅不够。规范的【一阳穿三线】一般都以涨停板报收，即使不封涨停，涨幅起码不应小于7%，而且不会留有上影线。三是均线间歇大。间歇大说明市场平均持股成本不一致,只有市场平均持股成本高于主力的持仓成本时,股价才有上涨之可能。四是均线错位。我们知道,只有当均线系统处于多头排列时,市场的盈利效应才能显现出来,跟风盘才会逐渐增加。而这个【一阳穿三线】出现时,13日均线和34日均线都没有出现在它应在的位置。什么是应在的位置?均线系统按参数大小各就各位。正确的排列是,13日均线在最上面,34日均线在中间,55日均线在最下方。而它的13日均线在55日均线之下,仅凭这一点,就可以判定,股价的上涨幅度有限,别看它眼下上涨的速度快,将来的下跌速度也是不慢的。34日均线倒是在13日均线和55日均线的中间,可惜摆错了位置。它应在多头排列的中间,而不是空头排列的中间,一字之差,市场意义就完全变了样。见图五。

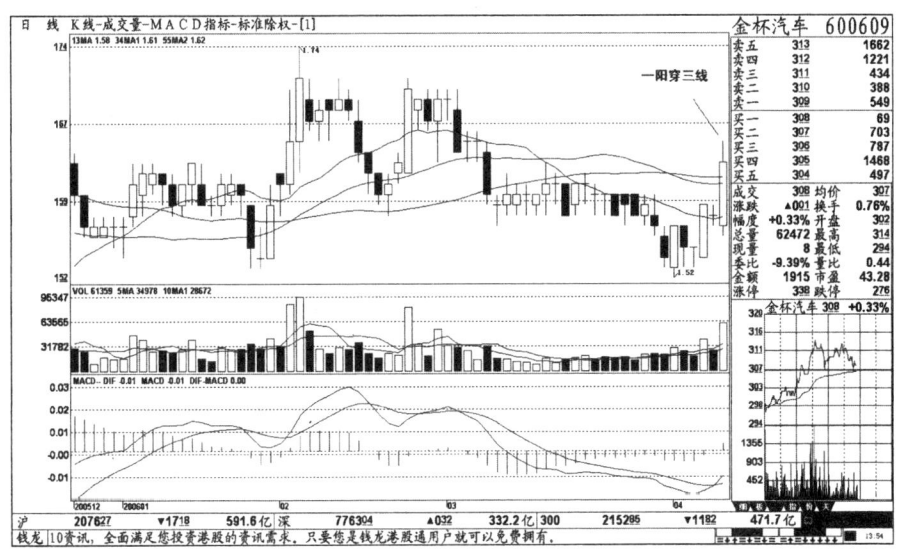

经典的【一阳穿三线】必须有价,没有价,则形态不成立(图五)

基于以上分析,我们用两句话对这个【一阳穿三线】进行定性。第一句,形态不规范,上涨空间有限。第二句,股价还有调整要求,暂不介入。我们依据135理论做出的这个判断,究竟对不对呢?还是让市场去做评判。

【一阳穿三线】的第二天,股价形态是【笑里藏刀】,由于出现的位置低,只能把它看作调整形态,而不能定性为出货形态。第三天,股价拉出一根中阳线,成交量比昨日略有放大,但股价仅仅涨了1.22%。一般讲,凡是攻击中阳线，股价涨幅不会低于3%，低于3%，说明主力在虚张声势。如果你的识图不过关，第四天的【一阴破三线】就会让你付出代价。

作为一个专业投资人，必须具备两个条件：冷静与冷酷。面对上蹿下跳的股价应保持足够的冷静，不冷静就不能正确判断股价的趋势和形态的真伪。冷酷是指不能有任何杂念，坚决地、无条件地执行交易指令。要做到这一点必须控制自己的欲望，承认自己的无知，一切让市场说了算。

客观地说，我的面授学员在技术上已不是问题，交易系统已经建立，买卖信号也认得清楚，可为什么还是有人亏损？原因只有一个，不能异常坚决地执行交易指令。"只认指令，不管输赢"在实战中早已忘得一干二净。这条纪律就是8个字，人人都会说，但在实战中却不是人人都会做。

很多操作失利不是因为交易系统发出了错误的指令，而是操作者自身执迷不悟。形态明明有缺陷，可他就是不管不顾地往里闯，闯进去发现中了主力的埋伏，不是立即突出重围，而是死打乱缠，拼命抵抗，结果越套越深，最后连走的勇气都没有了。多数人都栽在不执行操作纪律上。

135战法的最大特点就是简单，买点就是买点，卖点就是卖点。有买点就进场，出卖点就走人，炒股就这么简单，为什么就是有人做不到？因为他们把自己的利益看得太重了。

下面这封来信，是一个面授学员写给我的。读罢信，心情异常沉重。丑媳妇不怕见公婆，在这里把它晒一晒，旨在告诉大家：不管是函授的，面授的，还是一般读者，只要不恪守"只认指令，不管输赢"的操盘纪律，谁都会输。

尊敬的宁老师：

　　多灾多难的2008年终于过去，崭新的2009年总算来临，在此辞旧迎新之际，祝老师身体健康，万事如意。

　　也许老师会觉得奇怪，现在都信息时代了，有网络，有电话，为什么还要选择写信这种原始的方式呢？因为，我无颜在网络上诉说自己的痛苦，而电话里三言两语又说不清楚，只有写信这种方式最能清楚表明我内心的真实感受。本来，我是没有勇气给您写这封信的，因为我这个学生太笨了，无论怎么努力都一事无成，辜负了老师的栽培。元旦前，我和同学郝明通了电话，他说："你可以把你的苦恼告诉老师，老师一定能帮你。"这才终于鼓起了勇气给您写信。

过去的2008年，对我来说，就像是一场噩梦。汶川大地震震垮了我们的家园，惨烈的熊市又把我的心灵撕扯得支离破碎。我对生活已经丧失了信心。我的理想就是成为一个股市大赢家。可是，我的资金从2007年8月4日的108万，锐减到2008年12月31日的4.5万，一年半的时间被股市吞掉了100多万。我知道，导致今天这种令人忧心的局面，既有天灾，也有人祸，但重要的还是人祸。我也知道自己错了，但却没有能力去改正。我该怎么办？

我认为自己是一个认真执着、脚踏实地的人。在2007年春节后，我运用135战法操作三次，均大获成功，这使我信心大增，由于我每次都按指令行事，短短的四个月的时间，我的股票市值翻了一倍。因此，我一直相信135战法的有效性。由于当时比较谨慎，在2007年5月29日大盘涨势如虹的时候，我就卖掉了所有股票，然后买了车，又买了房（可惜买房办的按揭，早知今日，当时就该全额买下。现在，月供都有困难，虽然现在房价是低谷，过完年以后也只有把刚买的按揭房卖掉了）。这样做的目的就是锁定利润，规避风险。我知道，当时赚的几十万，一半是大势好，一半是运气成分，并不代表炒股水平高超。当时越是赚了，越是想着要多学本领，靠实力赚钱，而不是靠运气赚钱。于是，我积极地参加了135战法的培训，而且很快由函授转为面授。当时学习热情高涨，老师的书至少看了三遍，55个买卖点也熟记于心，每天复盘时选出的股票都有形态，好不兴奋，这就是老师说的炒股三重境界的第一境界吧："看山是山，看水是水。"

但这是表象，不是本质，离开老师自己操作时，就进入了炒股的第二阶段"看山不是山，看水不是水"。从此，就进入了怪圈，但一直认为自己按老师的理念和方法在操作，却总是不得要领，不买就涨，买了就跌。而且，以为135战法是一套追涨的战法，如果掌握得不好，反而受伤更深，这是一柄双刃剑。我想，任何新东西都有消化吸收的过程，亏损没什么，可这个时间太漫长了，到现在还没有真正走出来。

期间，我一直在思索，是135战法有缺陷，还是自己没有真正理解战法的精髓？偶尔与同学聊天，发现他们对135战法的理解比我得要领，因此，我暗自要求自己，做事要一心一意，不能三心二意。现在亏损是自己的功夫还没有修炼到家。但是，我现在确实还没有悟出其中的奥妙，请老师指点。自我反省：

(1) 选股不准确。对形态的细节把握不准确，导致经常吃骗线。有时等股价回调时买进，但买进去又不涨了。

(2) 卖股不坚决。因为切入点不好，股价涨幅不大，等下跌时就抱有侥幸心理，舍不得走，结果股价破位，割肉。没有"心随股走，及时跟变"。

(3) 指令当儿戏。由于操作接连失利，有时就是看见完美的形态，也不敢买了。没有从根本上对"只认指令，不管输赢"的操作纪律引起重视。

最后，我想对老师说，虽然亏了这么多，但依然没有对未来丧失信心，不然就不会给老师写这封信了。请老师度我。

随信附上我的主要操作记录，请老师给我把把脉，看病因究竟出在哪里？

让你添堵的学生：张云天

2009年1月4日

附表如下：

序号	股票名称	股票代码	买入时间	卖出时间
1	广深铁路	601333	2007.09.12	2007.09.25
2	招商轮船	601872	2007.10.12	2007.10.19
3	紫光股份	000938	2007.12.03	2007.12.05
4	汉商集团	600774	2007.12.06	2007.12.13
5	山河智能	002097	2007.12.24	2008.01.22
6	纳思达	002180	2008.03.02	2008.04.01
7	晋亿实业	601002	2008.03.11	2008.03.18

续表

序号	股票名称	股票代码	买入时间	卖出时间
8	东方锆业	002167	2008.03.19	2008.03.24
9	晋亿实业	601002	2008.06.18	2008.06.27
10	国新能源	600617	2008.08.08	2008.08.21
11	楚江新材	002171	2008.08.21	2008.08.28
12	大连控股	600747	2008.12.08	2008.12.25

（1）广深铁路（601333）操作时间：2007年9月12~25日

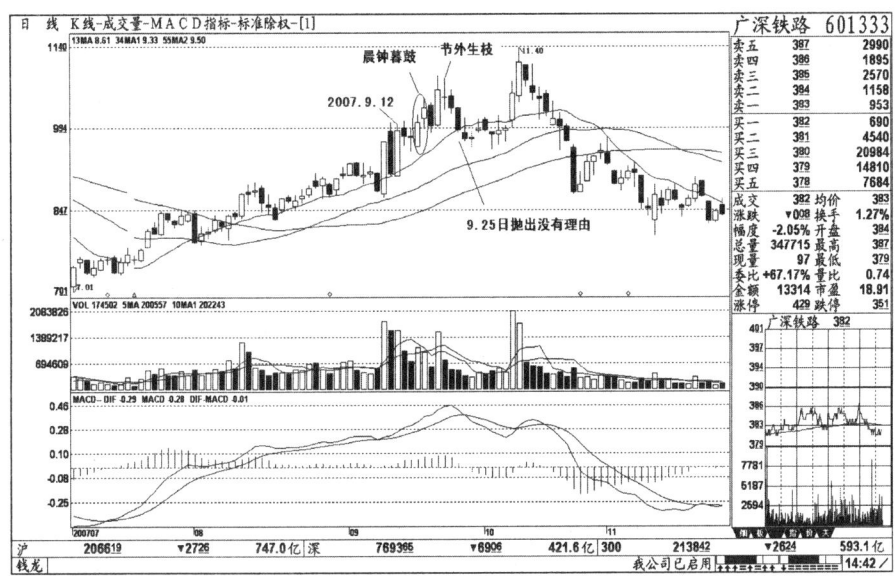

分析：2007年9月12日的切入点正确。正确的卖出时机有两次：一是2007年9月18日的【晨钟暮鼓】；二是2007年9月21日的【节外生枝】。2007年9月25日的卖出看不出有什么理由。

点评：能按指令买进，不能按指令卖出。顾此失彼，利润失去。

建议：战场上违背军令是要判刑的，股市里无视指令是会变穷的。

（2）招商轮船（601872）操作时间：2007年10月12~19日

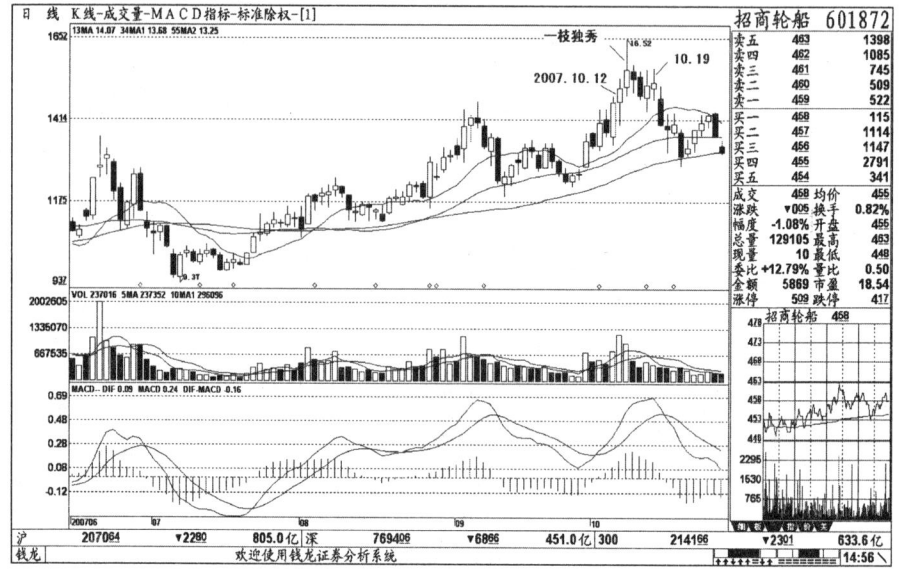

分析：2007年10月12日的切点慢了半拍，错过了最佳切入时机，对第二天的【一枝独秀】熟视无睹，抱有幻想。2007年10月19日的抛出也算是亡羊补牢。多一份执行指令的坚定，少一些优柔寡断的习气。

点评：操作节奏紊乱。进场晚了一天，出场晚了三天。

建议：丢掉幻想，无条件地执行指令。

（3）紫光股份（000938）操作时间：2007年12月3~5日

分析：2007年12月3日的切入点不当。一是股价第一次触摸55日均线时，理应采取被动式卖出，起码要进行减仓操作，但它绝对不是买点；二是五根阳线之后会形成【蚂蚁上树】，通常情况下，【蚂蚁上树】出现以后，股价接下就是进行回踩，而你却买在了【蚂蚁上树】的最后一根阳线上，岂有不套之理？2007年12月5日的抛点不当：一是在【投石问路】上卖股票没有道理；二是在【蚂蚁上树】确认后卖出也没有道理。

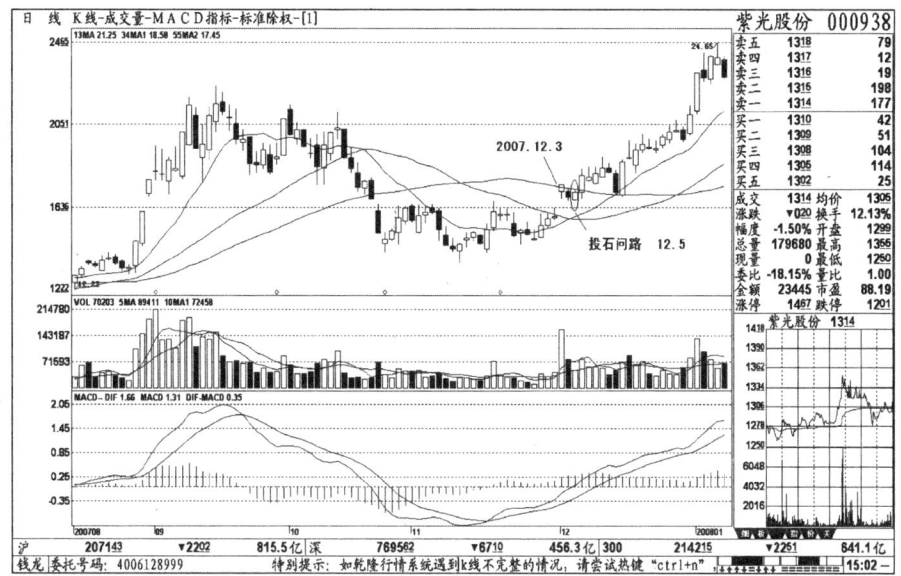

点评：在高速路上逆向行驶会出人命，在股市里逆势操作要亏大钱。

建议：什么时候把主力当神看了，盈利就有保障了。学会尊重主力，任何时候都不要把主力当冤大头。

（4）汉商集团（600774）操作时间：2007年12月6～13日

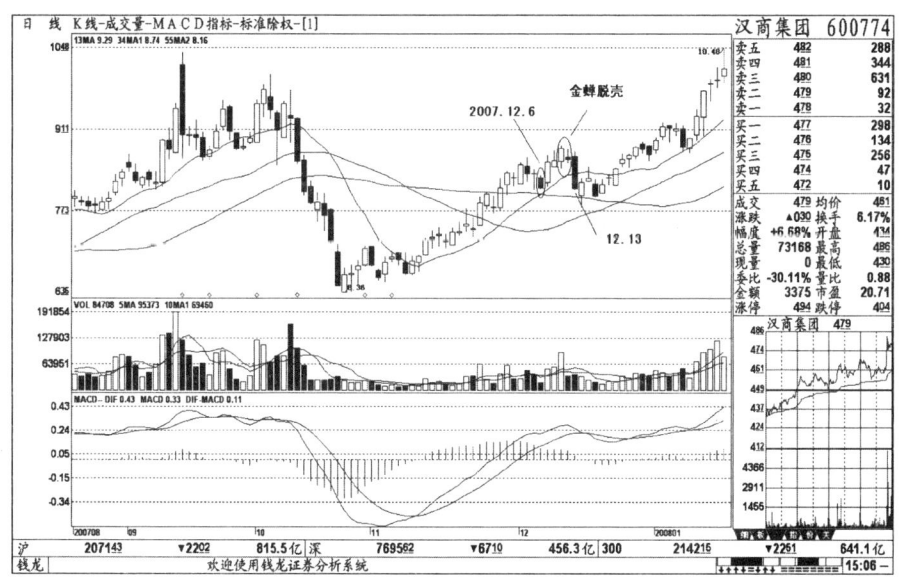

分析：2007年12月6日的切入点正确。2007年12月11日的"三

阳"就该走，2007年12月12日的【金蝉脱壳】也该走，起码应减仓，卖出时机整整晚了两天。

点评： 旧病复发，操作抓瞎。

建议： 只有坚持了"只认指令，不管输赢"的原则，才能在实战中真正做到雷厉风行，令行禁止。

（5）山河智能（002097）操作时间：2007年12月24日至2008年1月22日

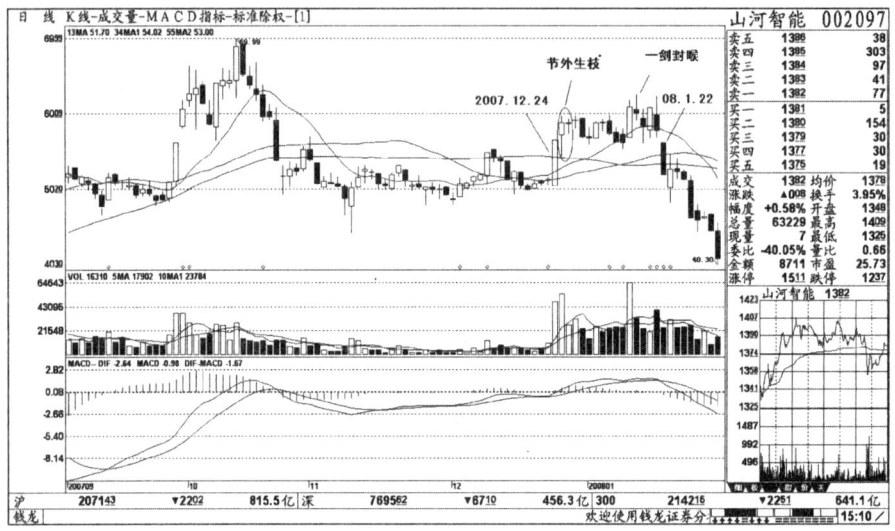

分析： 2007年12月24日的切入点基本正确。正确的抛点是2007年12月26日的【节外生枝】和2008年1月16日的【一剑封喉】。

点评： 能按指令进场却不能按指令出场，折射出的是严重的想赢怕输心理。这个心理障碍突不破，就会回到以前的老路上去。

建议： 忘掉自己，捍卫指令。

（6）纳思达（002180）操作时间：2008年3月2日至4月1日

分析： 2008年3月2日的切入点不当。因为这个【红杏出墙】离55日均线太近，因此上升空间有限。2008年4月1日的抛点没有任何理由，完全是恐惧造成的。正确的抛点有两个：一个是2008年3月12日变形的【独上高楼】，一个是2008年3月21日的【一剑封喉】。

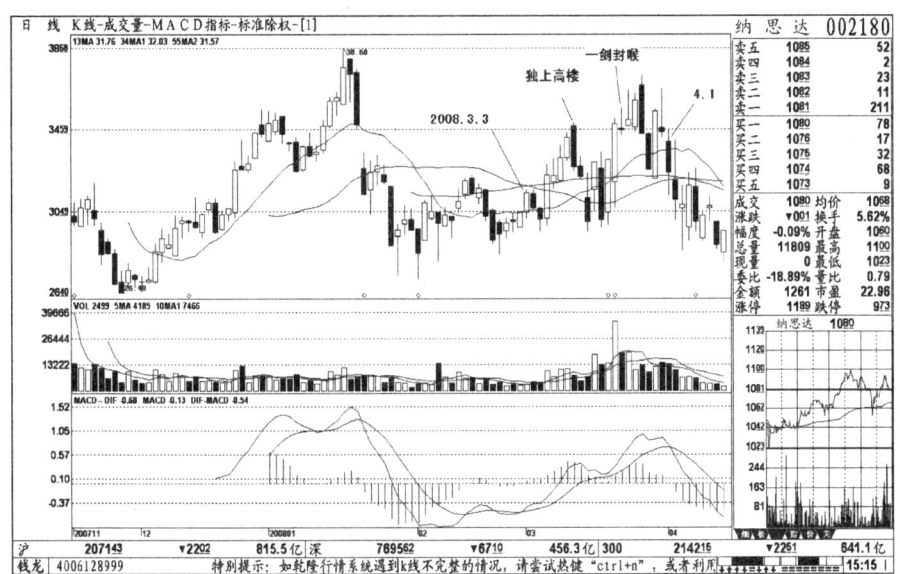

点评： 买得勉强，卖得犹豫。

建议： 只有无条件地执行指令，才能最大限度地锁定利润，规避风险。

（7）晋亿实业（601002）操作时间：2008年3月11~18日

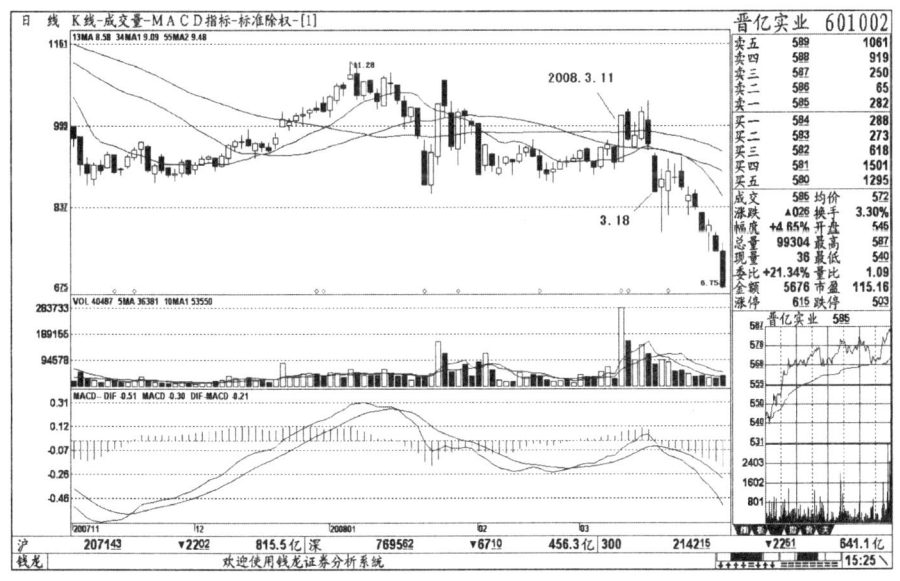

分析： 2008年3月11日的【一阳穿三线】，一是出现的位置不当，

形态离前高点的距离太近；二是均线系统错位，且间距大；三是形态出现的时机不当，大盘处于单边下跌状态，个股很难独善其身。把【一阳穿三线】的定义再看一下，力争从本质上去把握。

点评： 注意了形态，却忽略了位置，形态失败后没有及时采取措施，而是死等形态的结果。把"心随股走，及时跟变"当成了摆设，只会说，不会做，言行不一，难出正果。

建议： 买时不要抢，卖时不要拖。

（8）东方锆业（002167）操作时间：2008年3月19～24日

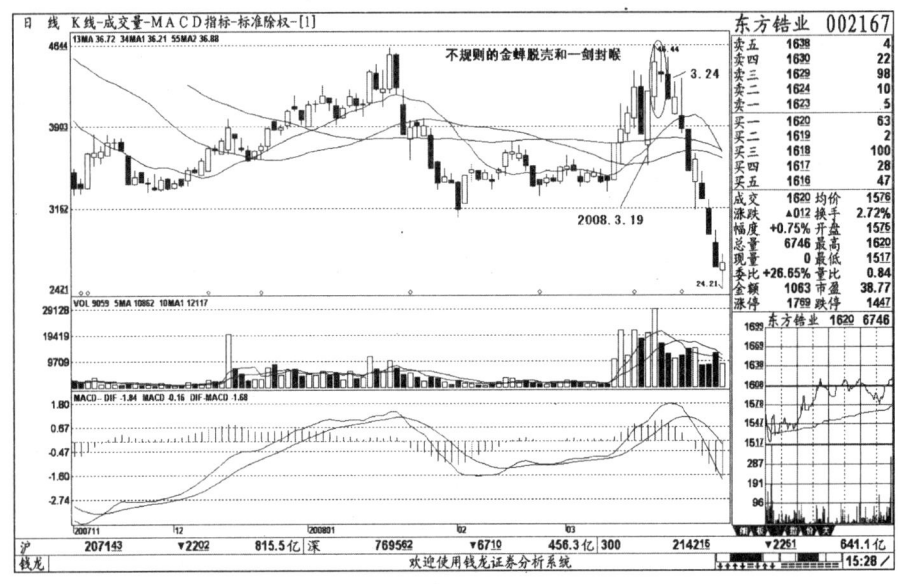

分析： 2008年3月19日的切入点有些勉强。因为【揭竿而起】的前面不能有障碍物。2008年3月24日的卖出晚了一个交易日。正确的抛点应是2008年3月21日的不规则的【金蝉脱壳】和【一剑封喉】。

点评： 为什么总是不能按指令出场？把买进的果断变成卖出时的果断，操盘质量就会出现质的飞跃。没事练练退着走，先把这个劲别过来。

建议： 买卖指令要一视同仁，不能厚此薄彼。

（9）晋亿实业（601002）操作时间：2008年6月18～27日

分析： 2008年6月18日的切入点不当。一是形态没有形成双覆盖；二是55日均线没走平。2008年6月27日的抛点不对。这根阴线是对变形的【蚂蚁上树】的回踩，是切点而不是抛点。正确的抛点是 2008 年 7 月 9 日的【笑里藏刀】。

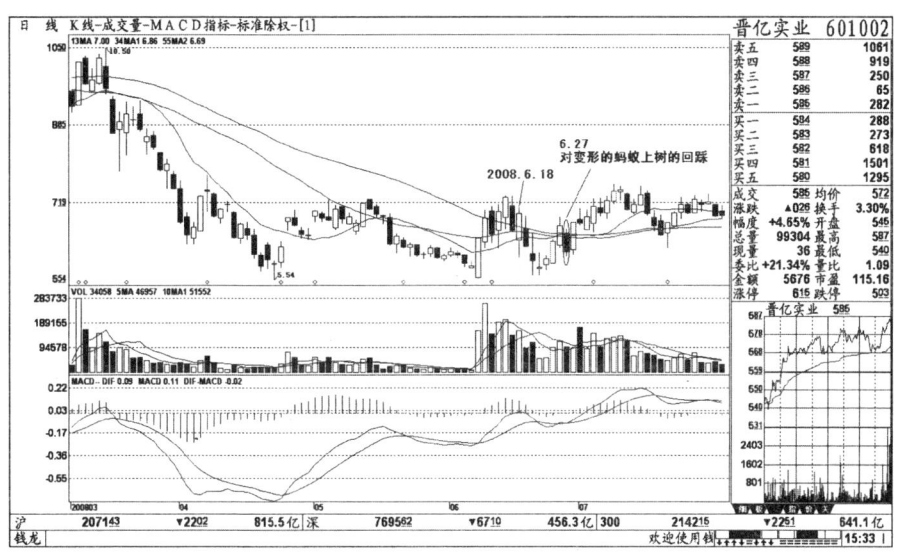

点评： 识图有误加违纪操作。

建议： 只认指令，不管输赢。

（10）国新能源（600617）操作时间：2008 年 8 月 8～21 日

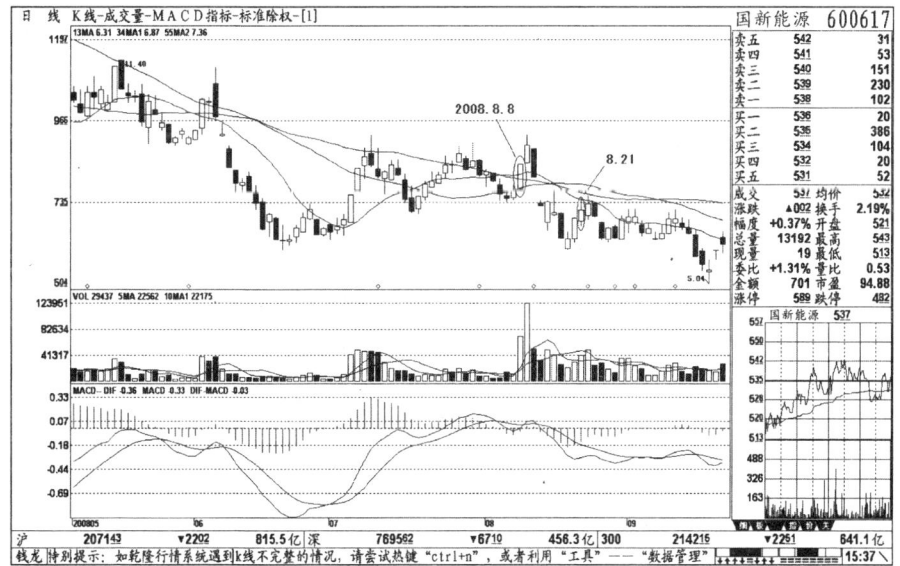

分析： 2008年8月8日的切入点不当。注意了形态，却忽略了均线的方向，而且形态的细节没把握好。2008年8月21日的抛出只是为了减亏，没有任何卖出依据。买进讲条件，卖出时也要有理由。

点评： 跟卖出指令仿佛有仇似的，你不尊重它，它就惩罚你。

建议： 主力是一只股票的老大，向来说一不二；指令是至高无上的，蔑视它的一律格杀勿论。

（11）楚江新材（002171）操作时间：2008年8月21～28日

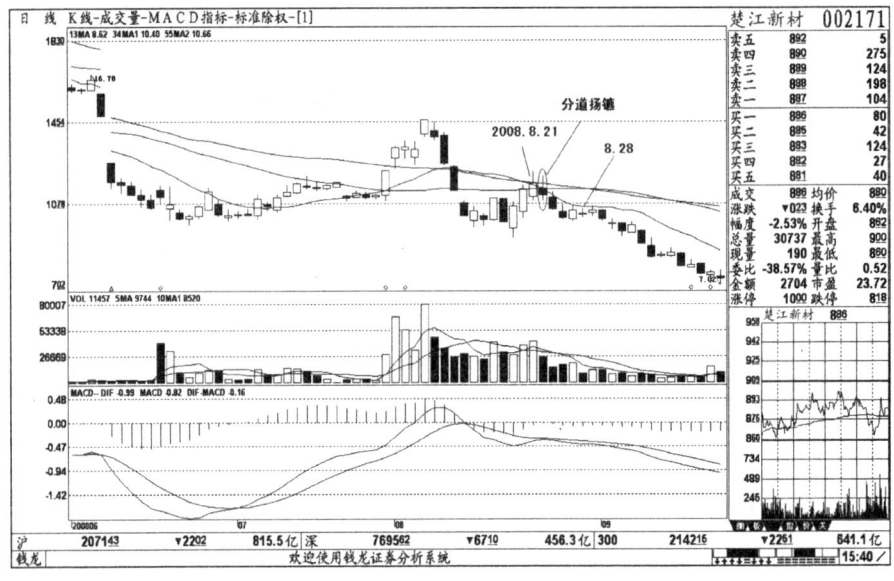

分析： 2008年8月21日的切入点不当。买在了"三阳"上就等于犯了方向上的错误。正确的抛点应是2008年8月22日的【分道扬镳】。

点评： 不管按什么形态切入，如果股价第二天没有朝着预期的方向发展或形态失败，应立即止损出局，不要拖。

建议： 注意把握形态的细节，注意形态出现的位置。

（12）大连控股（600747）操作时间：2008年12月8～25日

分析： 2008年12月8日的切点没有理由。如果愣要找个理由出来，那就是【晨钟暮鼓】，但这个理由是卖出而不是买进，该卖时却买进了，这是严重的方向性错误，所以只能承担因自己行为不当所导致的后果。2008年12月25日的抛点纯属侥幸。

点评：理念问题不解决，再好的技术也没用，因为技术是靠人来使用的。
建议：任何时候都要讲究进退有据，切不可进退失据。

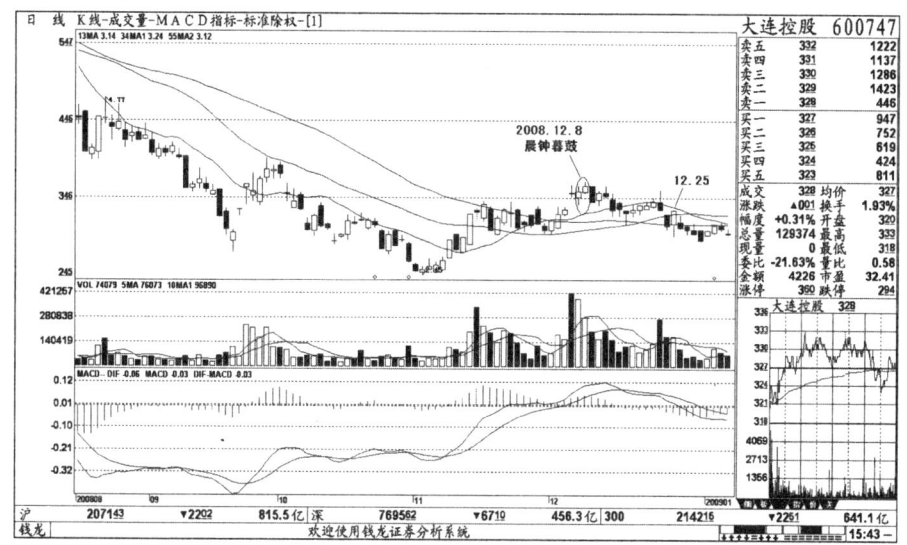

对他操作的 12 只股票进行点评后，随手写了下面这段话：

> 云天，虽然成功的路上需要付出代价，然而你付出的代价也太大了。关键是你付出的这些代价毫无价值。你的问题不是出在技术上，而是出在不执行纪律上。这个问题在卖出指令上表现得尤为严重。"只认指令，不管输赢"不是口号，是行动准则；"心随股走，及时跟变"是 135 战法的灵魂，不管是思维方式还是行为模式都不能亵渎它。谁亵渎它，主力就会把谁打入十八层地狱。"炒股的成功，不仅仅是技术上的提升，重要的是理念上的突破和行为上的节制。"希望你认真地去悟一悟这句话。我不认为这话是真理，但却是我的实战总结，所以我格外珍视它。如果你以后不想再受伤害，就把这句话根植到你的骨髓里去。

操作的 12 只股票，多数都能按指令进场，少数属于细节把握不好。但卖出时基本都没按指令出局。特别是最后的两笔操作，充分暴露出心态的紊乱，这个问题很严重。这中间究竟是什么东西在制约着你？是对指令的漠视。

形态说明一切，纪律决定输赢，这是从宏观上讲；从微观上说，操作有计划，买卖有指令。先停止一段操作，把思路理一理。在股市里亏的钱终归还要从股市里找回来。怎么找？坚持每周三个点的操作计划，坚持进退有据的操作原则。做到了这两点，用不了两年时间，你又是一个百万富翁。

1月5日

在掌握一套交易方法后，我们的身份就是一个执行者。在股市永远都不要把自己放在决策者的位置上，你聪明，主力比你更聪明，千万别拿主力不当回事。在熟悉操作流程之后，我们的任务就是千方百计地提高自己的执行力。提高执行力最有效的办法就是把自己当傻子，对主力唯命是从。

炒股很简单，人心太复杂。在均线成多头排列的情况下，阳克阴买进，阴克阳卖出，这就足够了。可我们总想弄个顶级软件，总想寻个绝招，如果软件能挣钱就没人卖软件了。如果找到绝招了，那招也就不绝了。成功有两个关键词：一是正确地认识规律；二是正确地使用规律。不要把希望总是寄托在别人身上，因为你并不比别人差。见图六。

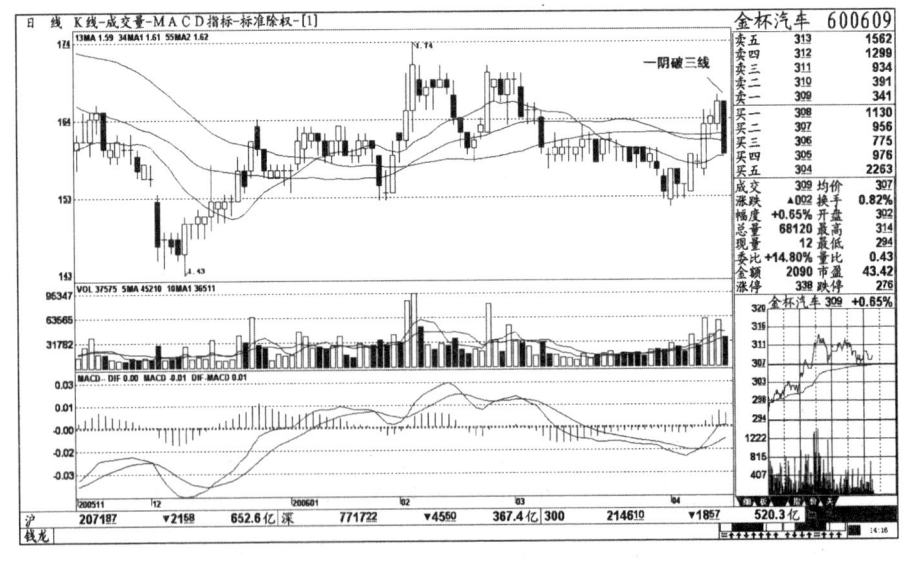

在【一阴破三线】出现时无动于衷，那一定是脑子里进了水（图六）

如果你买在了第三根阳线上，第二天的【一阴破三线】就会给你当头一棒，主力还会骂你一句"笨猪"。一般来讲，如果没有在第一根阳线上买进去，就不要再勉强跟进了，买在第三根阳线上通常是凶多吉少。但这时候你考虑的不是减仓或者赶紧清仓，而是瞎琢磨，【一阳穿三线】都出来了，股价该涨啊，为什么偏偏下跌了呢？郁闷中你又想，什么狗屁135战法，所有的书都是骗人的。于是，你在愤愤不平中苦苦地挣扎着，但股价没有因为你的刻意坚持而手下留情。主力持续拉出5根阴线之后依然没有止跌的迹象，反而有加速下跌之势，于是，你开始恐惧了。恐惧中你想到了走，你对自己说，再不走，后果就不堪设想了。这时候你也不知道哪里来的勇气，"咔嚓"一刀，把股票剁了，可这一刀下去你却实实在在地亏了15%。见图七。

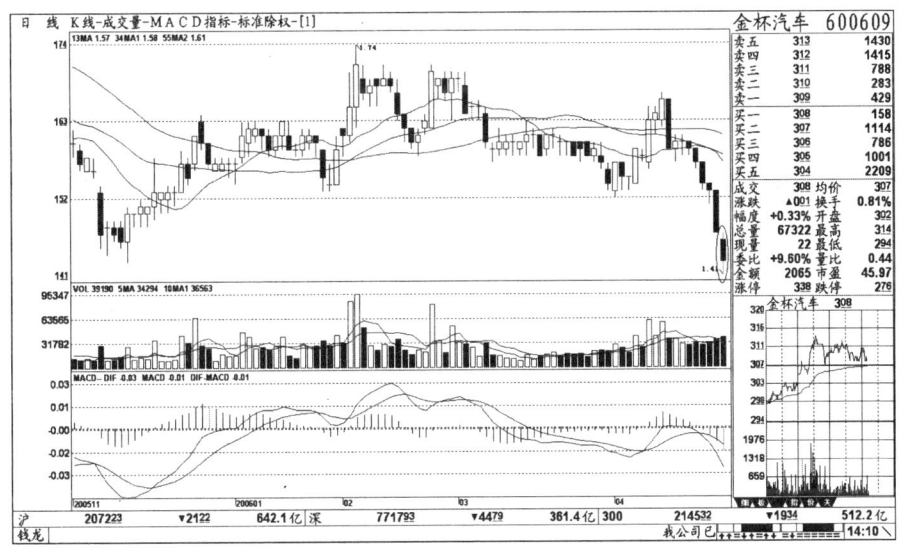

在【马失前蹄】和【一锤定音】处斩仓，脑袋一定是被驴踢了（图七）

回到家喝点闷酒，醉意朦胧的你又开始胡思乱想，是继续寻找炒股绝招呢？还是买个会员当当？结果是越想越乱，越乱越想，不过你最后还是把心一横，反正我不能亏着钱出去，让别人知道了，这多没面子！哪怕把本金捞回来不干呢，反正现在不能认输，对，不能认输。在不能认输的自言自语中，你越喝越兴奋，越兴奋越喝，于是，你飘飘欲仙了。

一觉醒来，脑袋依然有些发疼，不行，我得到股市赚钱去。

打开金杯汽车一看，喂，股价怎么不跌了？而且还以涨停板报收，这个主力怎么成心和我过不去呢？股市里高估自己的人太多太多啦，所以亏损的人才不计其数。仔细想想，主力为什么要跟你过不去，他认识你是谁呀？是我们自己有眼不识泰山，是我们自己太自以为是了。

吃根骗线就认为主力跟自己过不去，这未免太狭隘了。主力是一只股票里的老大，我们总不能让主力吃我们的骗线吧？从来不把指令当回事，才是亏损的主要原因。【马失前蹄】和【一锤定音】都是股价的最后一跌，而【日月合璧】则是股价的见底形态。由于你还没有从空头思维中解脱出来，所以看见见底形态也就不敢下手了。

股价在成交量的配合下节节上攻，然后在55日均线附近【揭竿而起】，你也知道这是主力资金大规模进场的标志，但由于吃了【一阳穿三线】的亏，所以至今依然心有余悸，哪里还有勇气再跟进。于是，眼睁睁地看着一匹黑马与自己擦肩而过，你说他倒霉不倒霉？不倒霉。为什么？因为他把自己看得太重要了，他无视股价的运行规律，无视主力的存在，无视指令的威严，让主力教训教训也许能长点记性。见图八。

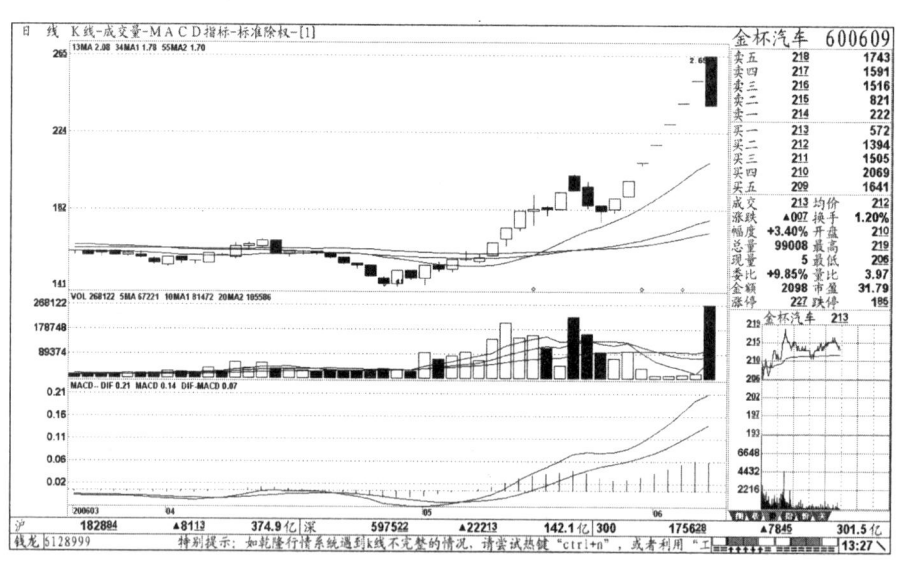

【独上高楼】是出局信号，不管亏盈都要出局（图八）

几乎每个人在操作失利之后都会为自己寻找借口，每一个人在找到借口之后都会心安理得地认为，不是我无能，是主力太狡猾了。

哲学家早就说过：要认识自己。但很多人都对它曲解了，甚至把自己贬得一无是处，如果仅仅看到自己的缺点和不足，就会陷入消极的泥潭，使自己变得毫无价值。

在找到自己的缺点并加以改正的同时，还应看到自身的优点，不管你现在的实际能力到底怎样，都不要以为自己比别人差。只要你奋力追赶，后来居上者也许就是你。

一个股市赢家的优秀，在于他不仅仅牢记各种形态特征和市场意义，而且善于在指令发出以后无条件地执行。正是这种令行禁止的操盘风格，使他们一次又一次出色地完成任务。

该股除权后又形成【三线推进】走势，股价也从除权时的1.62元升至9.17元，升幅达466%。在实战中我们除了坚持进退有据的原则，更要注意形态内部结构。

照着你劝别人的话去做，就一定能够成功。生活中你是否遇到过这样的现象，自己遇到困难时变得一筹莫展，帮别人出谋划策时却妙计迭出。即使是最不成功的人，面对别人的困境也会提出一套完整的解决方案。至于自己为什么总是不成功，往往找不到一个确切的答案。我在想，如果把你劝别人的话录下来，然后照你自己所说的去做，被动局面马上就会得以改观。

第三节　无价的形态成事不足

价是确认形态的重要因素之一。一只股票的好坏最终要由它的价格来体现，价和量是一对孪生姐妹，应该形影不离，而不是时离时聚。因此，在考察量的时候，必须关注价的表现，价是形态的外在表现，量是形态的内在动力。

● 黄山旅游（600054），这个形态是【一阳穿三线】，但它存在着明显的缺陷，最根本的缺陷就是价不够。规范的【一阳穿三线】基本都以涨停板报收，而且很少出现上下影线。见图九。

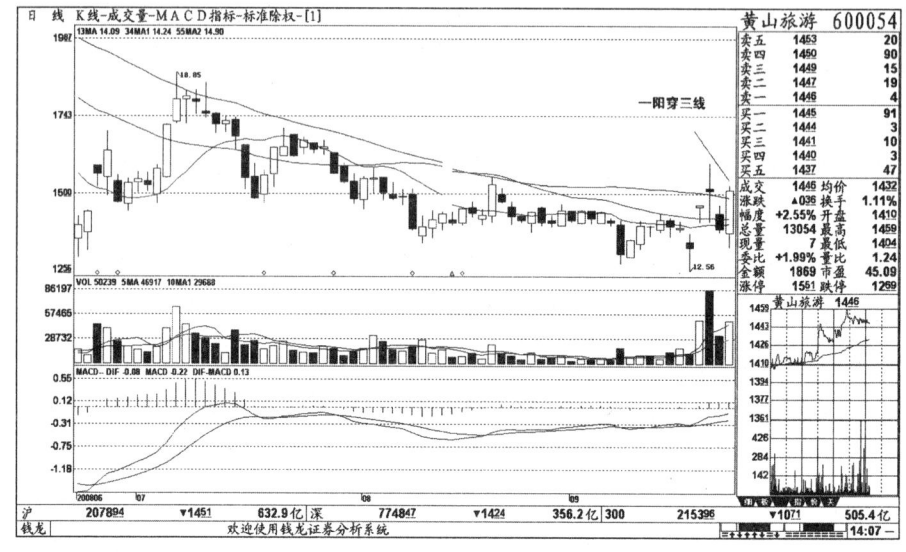

经典的【一阳穿三线】通常以涨停板报收,带有上下影线的很少(图九)

我们一起回忆一下【一阳穿三线】的定义:股价经过长期下跌和充分整理以后,均线系统的下跌斜率开始趋缓并逐渐向一起靠拢。股价波幅日益收窄,某一天,股价突然放量穿越所有均线,这是主力展开大反攻的突出标志。(详见四川人民出版社 2015 年版《胜者为王》)。

从图表上我们可以明显地发现,55 日均线尚未走平,说明股价还有调整之要求,规范的【一阳穿三线】出现以后,股价第二天的回调概率很低,一般都是高举高打,马不停蹄地向上展开攻击。

不规范的形态不是说股价不会涨,而是表明回调的概率比较高。所以我们要尽量多选择那些形态规范的。安全是第一位的,有了安全意识,实战中才知道如何去保护自己。

股市的复杂多变,总是在平静中潜伏着不为人知的暗流,可能不经意的一个想法便会促成一笔莫名其妙的交易。炒股就是一个不断选择的过程,每一次买卖都是一种选择。从小处讲,是赚还是赔;从大处讲,是送自己上天堂还是送自己下地狱。每个选择的结果都将必然影响以后的命运。这些看上去很平常的一个个选择,实际上是每个人思维方式和行为模式的表露。见图十。

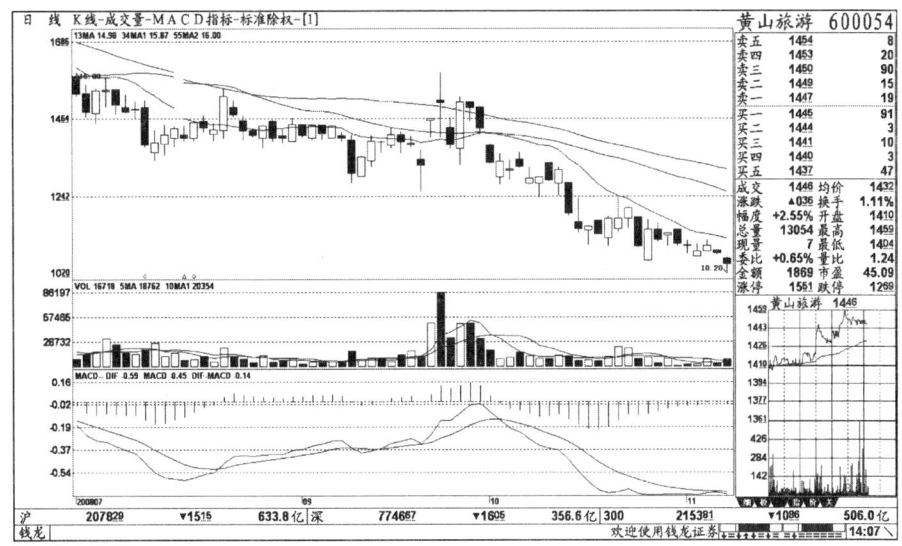

不管按什么形态进场，一旦发现形态失败，立即止损出局（图十）

● 中运海发（601866），这个【揭竿而起】为什么会失败？就一条，价不够。一般情况下，【揭竿而起】通常都以涨停板的面目出现，这个【揭竿而起】盘中曾触及涨停板，但晚节不保，收盘前十几分钟又被主力一脚踹开了。别小看这微不足道的两分钱，这里面的名堂可大了去了。主力一路把股价拽上来，也曾把股价推上涨停板，但涨停板被打开以后却封不住了，不是市场抛压太重，而是主力懒得封停。任何一只股票如果没有主力的参与，股价都封不住涨停；任何一只股票，如果没有主力的参与，股价也同样跌不停。成也萧何，败也萧何。一言以蔽之，没有主力主导的股票，股价就会变成死水一潭。

该股的涨停与被打开都是主力所为，那么，主力为什么先封停后又打开呢？具体情况我们不清楚，也不可能说清楚。但我们知道，股价该涨停却没有涨停，形态的性质就要发生变化，当务之急是减仓或出局，而不是死等【揭竿而起】的结果。

很多人只知道买了股票等着涨，却不知道形态失败后应该卖。这种一手硬一手软的状况，如果不能从根本上加以改变，轻者锁不定利润，重者则是血本无归。

"只认指令，不管输赢"是我们奉行的操盘原则，为了更好地贯彻执行这个原则，关键在于严把买进关，因为切入点不当，以后就很难找到合适的出局价位。

如果切入点高，在以后的上涨过程中，由于获利不大，或者浅套，所以总希望它再涨一涨，放松了警惕，在股价见顶回落时，错过了最佳离场时机，结果不盈反亏。见图十一。

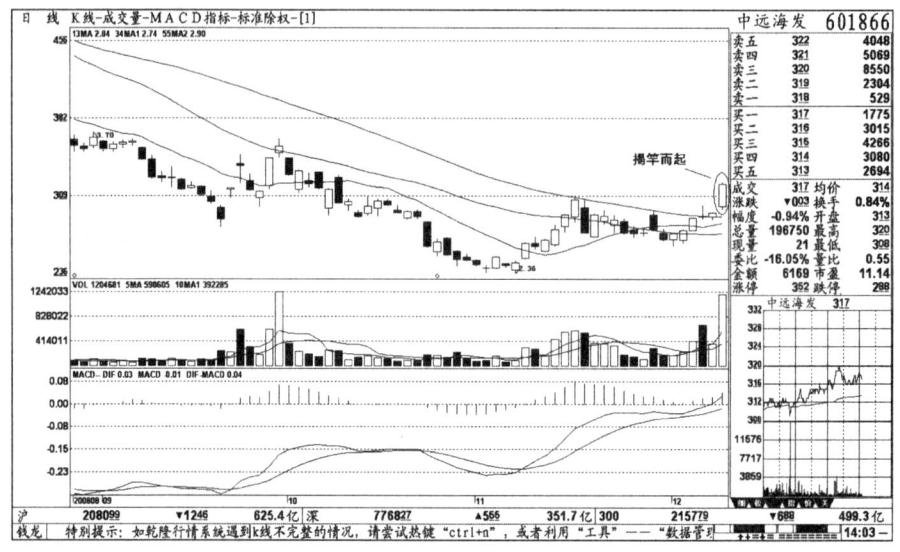

该涨停不涨停，意味着股价行将调整，先减仓，出局也不过分（图十一）

这个形态是【揭竿而起】，但由于股价差两分钱，也就是说价不够，所以形态失败的可能性就增大了，在这种情况下，有股票的要先抛出一部分，以获得操作上的主动权，没股票的暂时不进，以观后效。其实，操盘的成败全在于对细节的把握，忽略细节，就等于给未来的实战埋下了祸根，这一点，应该引起我们足够的注意。既然我们知道，一个完美的形态由量、价、线、形、位置五个要素构成，那么，我们在分析和使用形态时，就不能只顾及其中的一个或两个。在分析形态时，最好有一股傻劲，一个要素一个要素地去抠。这样虽然会失去一些机会，但不会错抓机会。不错抓机会，操盘质量就能相应提高。

如果忽略形态的其他要素，仅仅按【揭竿而起】切入，就会导致资金短期被套，沉淀的资金如同积压的物品一样，一旦被闲置，就会变成一堆废品。资金的流动方向应该是始终向上的，在做空机制没有推出来以前，资金的流动方向只能向上,不能向下,资金流动一旦转向,短期内是很难改变的。

任何一个形态都是人为因素造成的,所以不能精确计算。用形态去预测未来,更是不靠谱的事。一个人若想把股票做好,重要的不是预测股价未来的走势,而是专注于股价当天的走势,只要能专注今天的事,把今天的事处理好,一切都会OK。明天究竟会发生什么,谁也不知道。我始终坚信,只要把今天的事情处理好,明天也坏不到哪里去。见图十二。

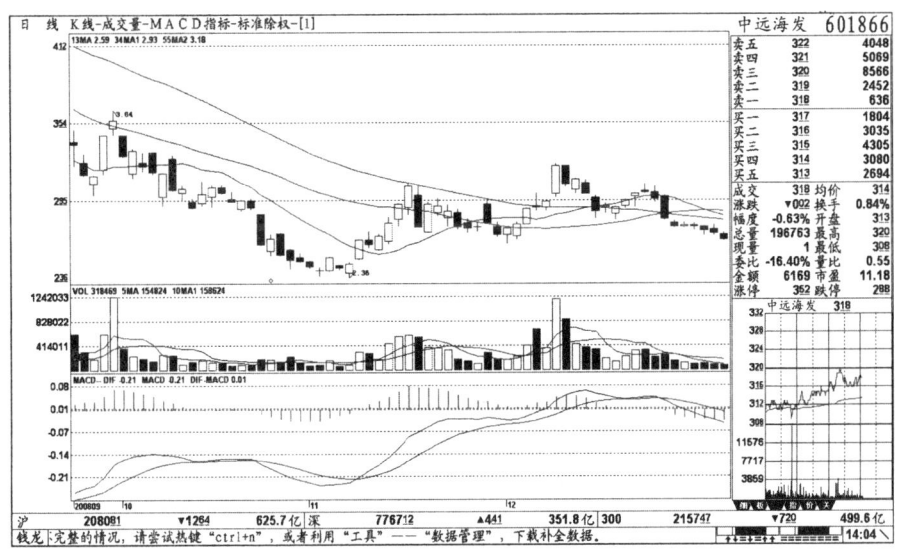

大度是一个人的美德,但该计较时不计较就是愚昧(图十二)

很多人都把主力当成了敌人,这是不对的。主力是我们永远的朋友。因为我们和主力的利益是一致的。严格地说,主力赚不到钱,我们就很难获利。当主力拥有美好未来的时候,我们才会有美好的明天,对主力我们应该有一颗感恩的心。

● **冠豪高新** (600433),这个【一阳穿三线】之所以没有成功,也是因为价的缘故。

形态"有形无价"也有失败之可能。形态如同人的五官,该有的必须有,而且不能摆错位置。

【一阳穿三线】和【揭竿而起】一样,都需要以涨停来报收,只有股价封住涨停,才能表明主力的实力和决心。见图十三。

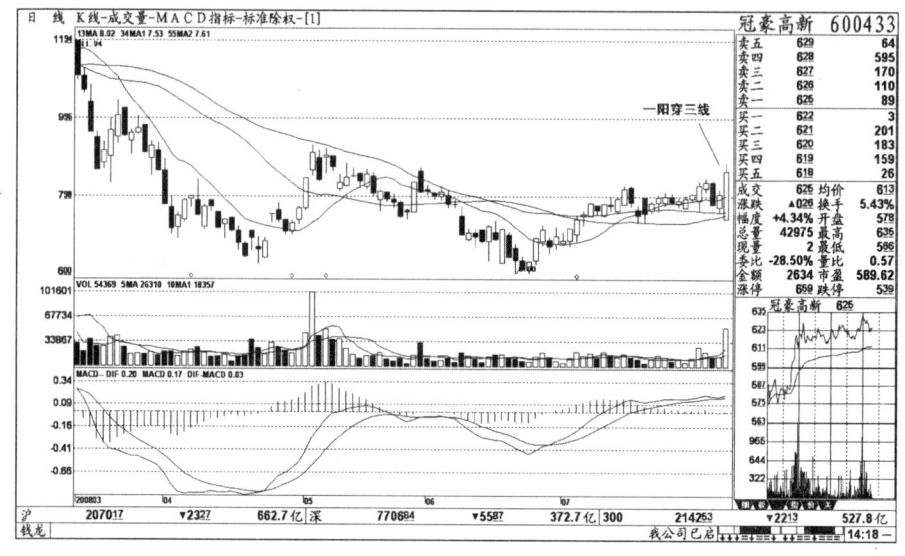

形态的五要素犹如人的五官，缺一个都不行（图十三）

如果谁按【一阳穿三线】进场，第二天的缩量阴线，就会被视为【立竿见影】，第三天的缩量阴线又会被视为【一石二鸟】，第四天的缩量阴线还会视为【浪子回头】，第五天的带量阴线先是被打懵，然后是愤怒。什么狗屁【一阳穿三线】，简直是谋财害命的骗线。

于是，以后看到再完美的【一阳穿三线】也不敢动了。

于是，又去寻找什么新的炒股绝招去了。

这种人在股市里为数不少，他也知道学习，只是没有学精学透，归根结底还是没有学到真正有用的东西。一本经念到底的人往往更容易出类拔萃。

其实，任何一套战法都有它的可取之处，若能把握其中之精髓，哪个方法都能赚钱。股市里的"半瓶子醋"亏钱最多，拿着鸡毛当令箭的人死得最惨。

虽然股市里的消费者越来越多，但人们却乐此不疲，而消协又偏偏不管这档子事。所以有冤无处诉，有气无处消，天底下最能忍气吞声、最能忍辱负重的是中国股民。而上市公司只管圈钱，从来不理会股民的死活。如今，政府已经开始关注"三股"——股市、股票、股民。但中国股民依然必需自己动手、丰衣足食。见图十四。

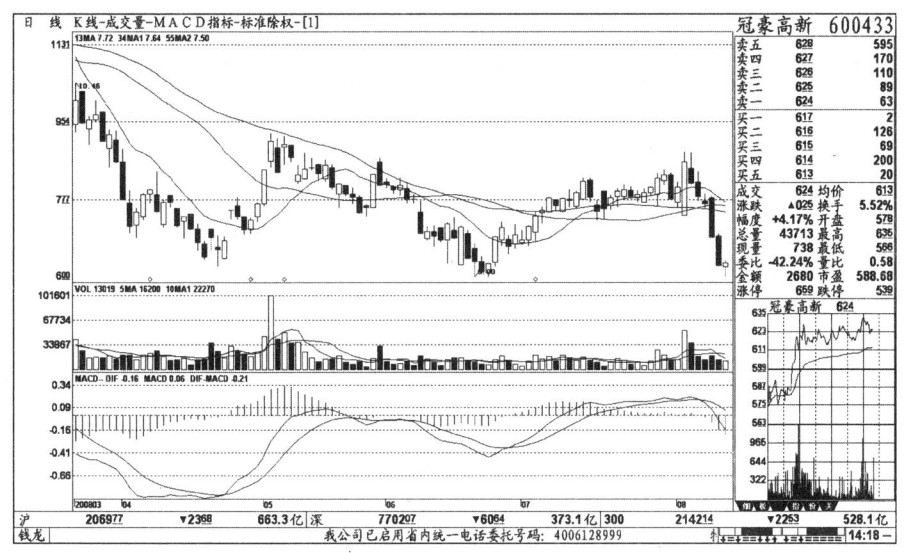

眼见为实不去猜，才能把今天的事情做好（图十四）

● 广东榕泰（600589），图表上这组K线组合，是不是【一石二鸟】？不考虑形态五要素的会把它视为【一石二鸟】，考虑形态五要素的不会这么简单地去处理。因为，在形态五要素里面，这个【一石二鸟】有4个要素都不成立。

先说它的量，【一石二鸟】当天的成交量没有吞掉昨天的阴量，说明主力出工不出力，只是点到为止。

再说它的价，确认【一石二鸟】的股价没有吃掉昨天的阴线，说明主力只是虚晃一枪，并没有动真格的。

接着说它的线，【一石二鸟】出现当天，55日均线尚未走平，说明股价还有调整之要求，观望才是上策。

最后再说它的形，【一石二鸟】出现当天，形态没有覆盖昨日阴线，说明这个【一石二鸟】还有待进一步确认。

综上所述，形态五要素中就形态的位置尚可，其他4个要素全不具备，因此我们断言，这个【一石二鸟】注定是要失败的。

尽管我们的买卖依据是形态，但仅仅依据形态是不够的。因为决定形态成功的是五要素的完美统一，缺少任何一个要素，形态就是有缺陷的。生活中，我们买商品时，都知道货比三家，同样的商品，也知道挑一挑、拣一拣。如果把这个精明和认真劲用在对形态的分析判断上，相信一定会少吃好多骗线。买股票时不要急，瞅仔细了再下手。顶多是股价稍高一些，但安全系数也会相应提高；卖股票时不要拖，不管信号是真是假，只要是卖出形态，先走掉再说。见图十五。

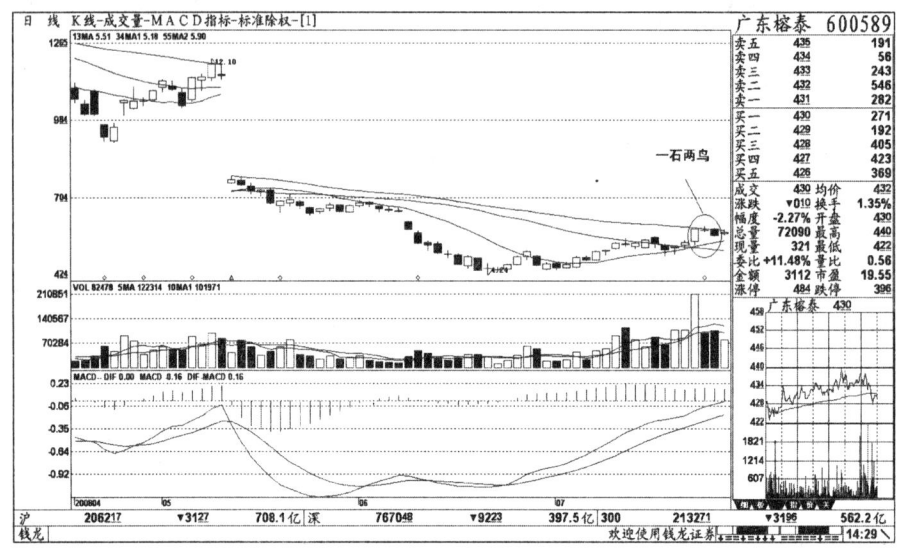

再重复一遍：只有满足五要素的形态才具有操作价值（图十五）

如果按【一石二鸟】误入，第二天又没采取相应措施的，资金就会缩水一半。买错了要赶紧止损，千万不要等反弹出局。因为，反弹高点通常不会高于你当时止损的低点。错了就是错了，及时纠错就能使大错变小错，如果知错不改，死扛硬拖，只会加大亏损的额度。见图十六。

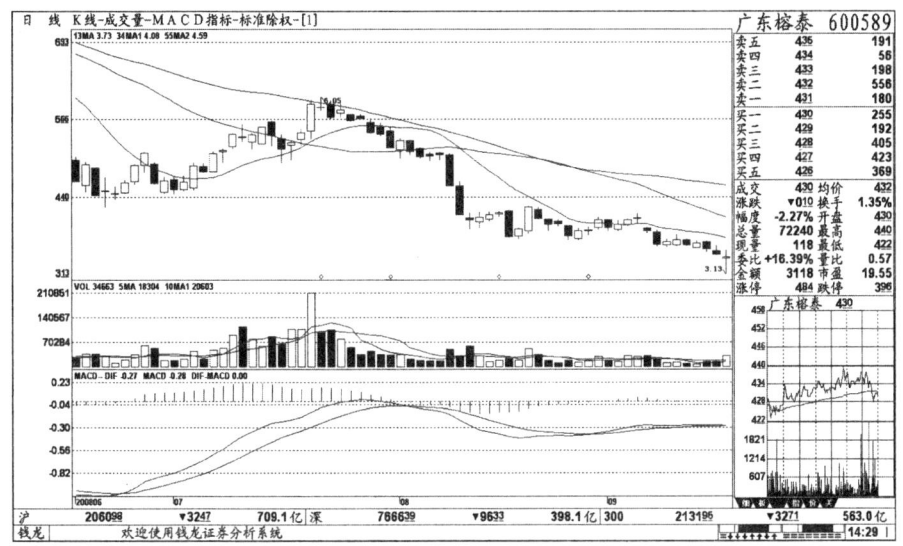

买时不急,五个要素看仔细;卖时不拖,有形态就出局(图十六)

● 东方能源(000958),这个【一石二鸟】为什么会失败?没量,没价,没形,关键是没有价。如果看盘不仔细,按【一石二鸟】跟进,就会吃骗线。见图十七。

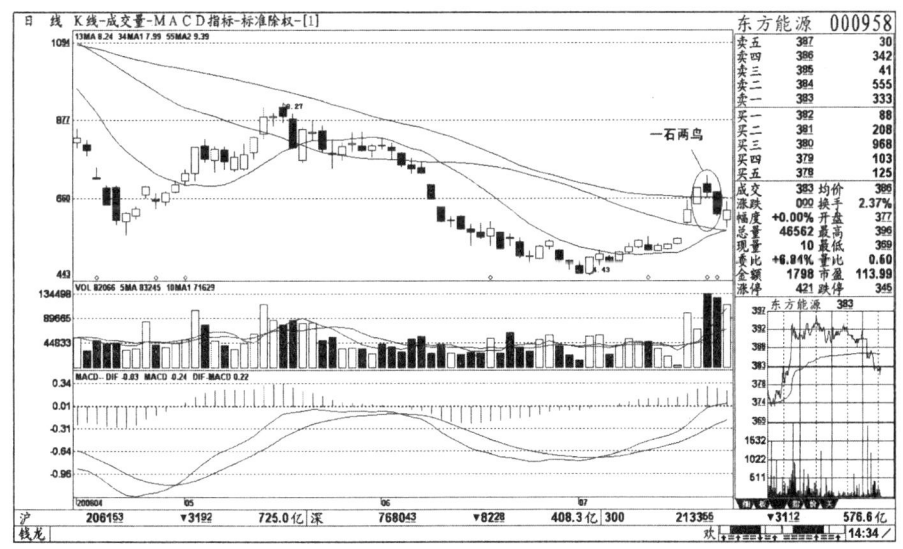

该有量的要有量,该有价的要有价,这个该字就是形态的标准(图十七)

如果我们再严格些,就会发现:这个【一石二鸟】既有着先天不足,

061

又有着后天的营养不良。我们知道：规范的【一石二鸟】，它的两根阴线是一根有量，另一根缩量，而且不破前一根阳线的开盘价，破了阳线的开盘价，意味着股价的调整时间要延长。（详见四川人民出版社 2017 年版《胜者为王》）见图十八。

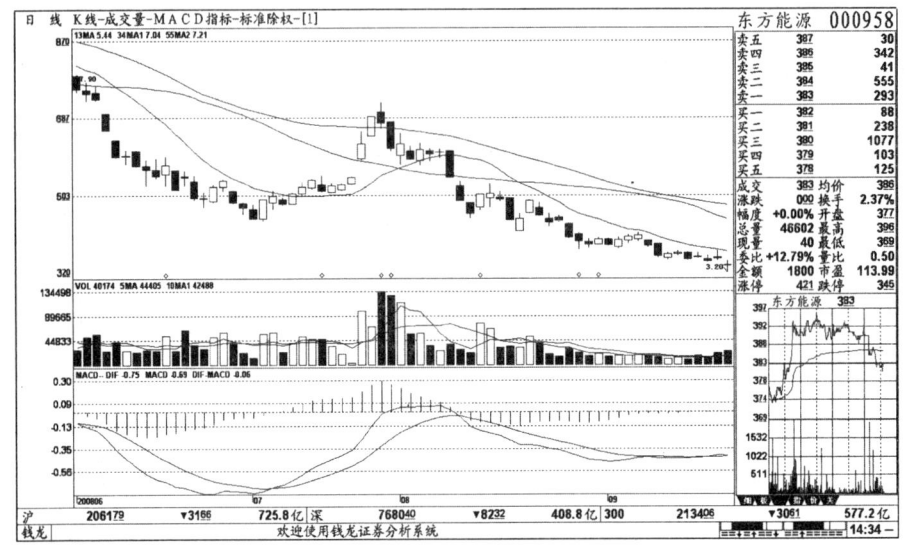

知错认错的人不死，有错必纠的人不亡（图十八）

从图表上我们看到，这个【一石二鸟】的阴量大大超过阳线的阳量，表明原来的震仓已经演变成出货了，震仓主要是恐吓，价跌量不增，而出货则是给钱就卖，量不减。

我们知道，不管股价调整多长时间，不管股价的跌幅有多大，只要股价不吃掉最后一根阴线，股价就没有上涨的可能。这个【一石二鸟】既没有量也没有价，因此断定，这个形态的失败基本上是板上钉钉的事。

【一石二鸟】的第二天，股价缩量下跌，横盘几天后，选择了破位下行。

误吃了骗线，又不知道该怎样突出重围，就只有死路一条。为了不把自己逼到死路上去，第一，要找规范的形态去做，没有就不要强做；第二，发现形态失败后，要立即止损出局，不要拖。常割小肉的人会增强操盘的底气。

第四节 死等形态结果的"股市神甫"

一场大雨过后,洪水冲向了一座城市,人们纷纷逃离到安全地方。这时,有人发现教堂里一个神甫正在祈祷,于是冲进去对他说:"神甫,洪水马上就要来了,快点跟我们一起撤离吧。"

神甫摇摇头说:"不必了,我从出生就虔诚地信仰上帝,我相信上帝一定会派使者来救我!"那人长叹一口气走了。

洪水很快进入了市区,教堂里也开始进水了,而且已淹到神甫的腰,神甫只好爬到窗户上。一个救生员驾着小艇过来了,他焦急地对神甫说:"神甫,快上来,不然洪水会把你淹死的。"

神甫固执地说:"不用了,上帝一定会派使者来救我的!"

洪水越涨越高,神甫只好爬到了房顶上,这时候,一个警察开着气垫船过来对神甫说:"神甫快上来,不然洪水会把你淹死的!"

神甫依然坚持:"不!我要守着我的殿堂!我深信上帝会来救我的!"

不大工夫,洪水就把教堂淹没了,神甫只好抓着教堂顶端的十字架。一架直升机缓缓飞来,丢下绳梯之后,飞行员大叫:"神甫!抓住绳子快上来!不然洪水会把你淹死的!"

尽管神甫已经面色苍白,瑟瑟发抖,但他还是意志坚定地说:"不!我深信上帝会来救我的!"洪水终于漫过教堂,神甫终于被淹死了。

神甫到了天堂后,十分生气地问上帝:"你是怎么搞的呀?我信奉了你一辈子,你竟然见死不救,这以后谁还敢信你啊。"

上帝也生气了:"你到底想怎么样?我先是派一个人去警告你,后来又派小艇和直升机去救你,难道你非要我亲自开着航空母舰去接你吗?"

神甫由于相信上帝会拯救他,错过了一次又一次逃生机会,实际上那些去救他的人都是上帝派去的,只不过采取的方式和神甫想象的不一样。

股市里,像神甫一样的人也不少。【独上高楼】出来了,他不走;【过河拆桥】出来了,他也不走;【分道扬镳】出来了,他也不走;【一箭穿心】出来了,他还是不走。最后只能被股市的洪水所淹没。

有个股民给我发了一个邮件：说按【海底捞月】买进以后，获利最高时市值接近翻倍，可是后来股价下来了，最后竟然不盈反亏。问我是不是135战法不管用了？

我打开他说的那只股票的 K 线图一看，极度无语。主力给了他五次出场机会，而他却一直按兵不动。然后我给他回信说，请严格按指令行事，如果你用135战法还挣不了钱，就是上帝也救不了你。

对多数人来说，炒股的真正目的是为挣钱，为了满足自己的各种欲望，这都没有错，但事实告诉我们，为了盈利去做一件事情也许可以获得动力和成功，但很难持久。只有把炒股当成事业去做，才会获得永久的动力支持。

第三章　线

> 线是管方向的，实战意义重大。线包括均线、量线和指标线。当这三条线都翘头向上时，不但股价质变节点的准确性高，行情也往往走得较远。关注线的运行方向，是提高操盘质量的关键。

第一节　均　线

均线的作用有两个：一是反映某个时间段的市场平均持股成本；二是反映股价总的运行趋势。均线是利用统计学原理，通过平均数概念，计算某一时间段的市场平均持股成本。135战法的三条均线完全采用费波纳奇的神奇数字，参数分别是13、34、55，这个均线系统除了更加贴近市场以外，比传统的5、10、20更具稳定性。

一般讲，在55日均线走平和13日均线翘头向上的情况下出现的形态，成功率较高。如果在一个形态里只是13日均线翘头向上，55日均线继续下掉，那么，这个形态的可靠性将会大打折扣，而且行情也不会走得太远。因此，实战中应密切关注均线的运行方向，然后把它与其他要素放在一起进行综合考量。

● 中国铝业（601600），这是一个经典的攻击形态，是135战法"拼命三郎"中的老大，名字叫【揭竿而起】。【揭竿而起】是主力资金大规模进场的标志，是股价质变的节点，在这里适当跟进，一般都能买在行情的起涨点上，而且让人失望的时候很少。但关键看它出现在什么位置。

【揭竿而起】在爆发前，如同潜伏在平静海面下的漩涡，一旦从55日均线上跳将起来，有雷霆万钧之力，骇人心魄。

凡是经典的攻击形态，它的细节构成也近乎是完美的。为了加深对形态五要素的了解，我们一起对这个【揭竿而起】的细节进行一次大检阅。

量：这是股价自高位下跌以来的第一次放量，说明有增量资金已开始大规模入驻。股价携量突破55日均线的反压并稳稳地站在55日均线上，说明主力实力不俗。

价：股价以排山倒海之势，以气吞山河之勇直奔涨停板，主力实力强悍至极。

线：55日均线走平，13日均线、量线、指标线全部翘头向上，三线步调一致是形态成功的关键。

形：135战法中的经典攻击形态，外表上找不出任何破绽。

位置：持续下跌16个月之后的第一个攻击形态，绝对的底部区域。

通过对形态五要素的考察，我们找不出【揭竿而起】的一点瑕疵，这样一来，就可以大大增强我们的买入信心。见图一。

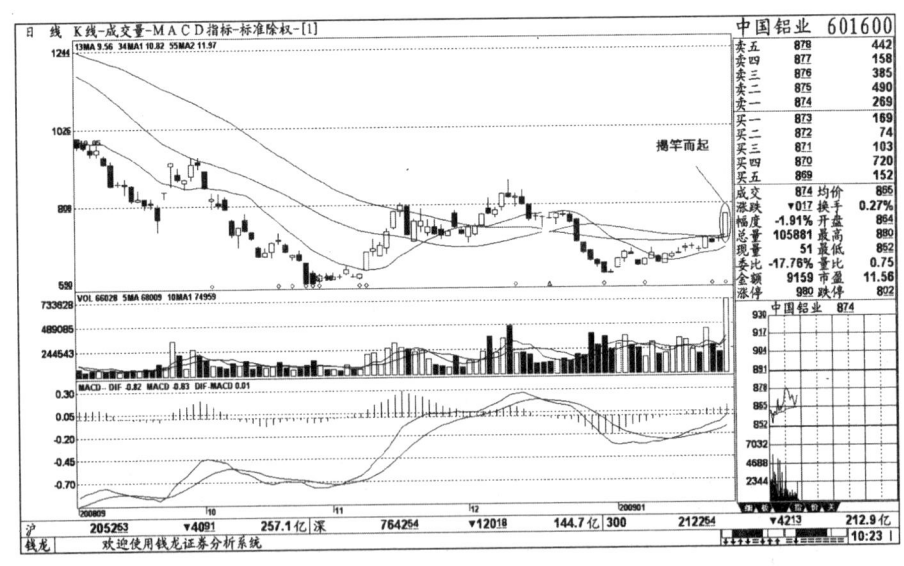

只有经典的，才是完美的；只有完美的，才是安全的（图一）

第二天，股价放量滞涨，第三天又缩量滞涨，图表上留下一幅不甚完美的【双飞燕】。之所以说它不完美，是因为它出现的位置不对。【双飞燕】一般出现在一波行情的尾声，是行情即将终结的信号。但这个【双飞燕】出现在相对低位的涨停板之后，这显然不是行情结束之前的预警，所以它的市场意义就由原来的行情即将结束演变成纯粹的震仓蓄势。相同的形态出现在不同的位置，其市场意义是不一样的。对相似的形态，绝对不可一概论之，这一点很重要。

实战中，除了几个重要的支撑和阻力位可以主动预埋单以外，每笔交易都要按形态进出。而均线的方向，股价的位置，指标线的现状等，是绝对不能淡然视之的。

第四天，股价突破整理格局。但面临前期高点的反压，我们不知主力采取何种手段消化前方筹码。但这根阳线肯定不是出货形态，因为位置太低，所以持股观望应是最佳选择。明天股价是涨是调，主力没有通知我们，因此，我们只能拭目以待，视情况而定。

第五天，股价高开高走，然后一举突破近期的两个高点，说明主力采取的是收编而不是抖落，同时也充分暴露了主力坚决做多的决心。

第六天，股价依然高开高走，但斗志远远不如昨日旺盛，先是在均价线附近窄幅整理，然后又随大盘一起回落，图表上留下一根阴线十字星。这个十字星是【一剑封喉】，还是【星星点灯】？我们应该怎样来判定？从股价的升幅看，应视为【一剑封喉】；从股价的外形看，应视为【星星点灯】。而【星星点灯】一般都出现在第一个涨停板之后，把它视为【星星点灯】，位置显然不对。

遇到这种情况该如何处置？仓位重的先减掉一半或三分之二，仓位轻的先扔掉，把利润锁定再说。如果第二天股价没有继续回调，而是吃掉昨天的阴线实体后继续上攻，那就把昨日抛出的筹码再如数接回。这就叫"心随股走，及时跟变"，这就叫"只认指令，不管输赢"。见图二。

股价的任何波动都是有原因的，但这种原因也许我们几天后才会知道，甚至永远都不会知道。所以，研究股价波动的原因基本上都是徒劳的。因为它和你现在的买与卖没有任何关系。我们与主力的关系是盟军关系，但我们与股价的关系却是即时关系，而不是明天或后天的关系。即时关系就是现在的关系。股价的涨跌原因你可去寻找，但在交易指令发出后必须先执行。

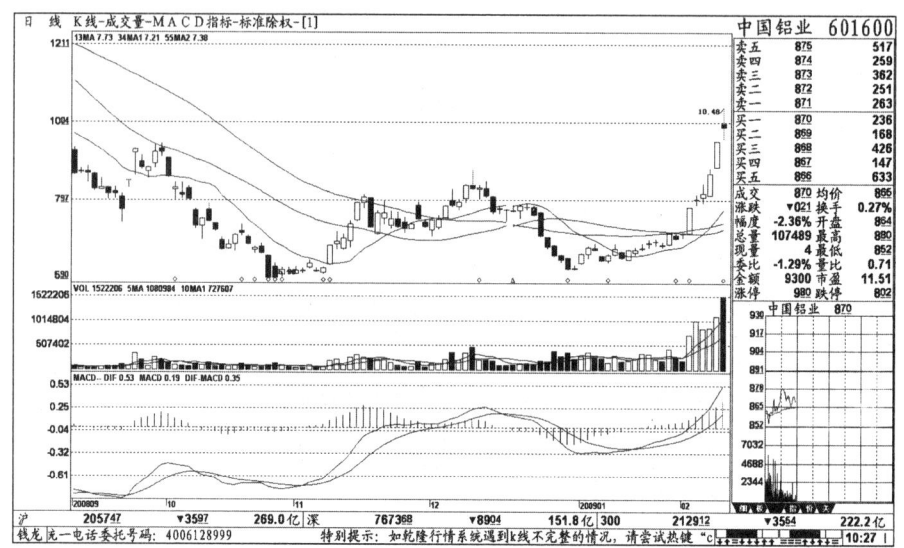

只要是见顶形态，不管真假，都应主动先回避，起码要减仓（图二）

按交易系统给出的提示进行买卖，说明你在操作一种交易系统，而不是操作一只你喜欢的股票。支持你买进或卖出的理由是交易系统发出的每一个指令，与你的持仓成本没有任何关系。

在交易指令面前，什么都不要想，坚决果断地执行指令，这就是股市不倒翁的生存诀窍，这就是大盈小亏的全部秘诀。用行动去执行主力的指令，而不是用判断来证明自己的正确。

空山禅师是位道行高深的云水僧，在他"放迹碧江苍梧，踏遍名山大川"的僧侣生涯之前，他曾经投奔许多高僧，也曾去许多著名寺院探研学修，希望达到顿悟彻悟的境界，可总是不得要领。

有一天，他找到妙云禅师，把自己好学多问、多处求学的经历说给妙云禅师听，并再次向自己敬重的高僧吐露心底的迷津和块垒。

妙云禅师听得哈欠连天，对他说："不如沉沉地睡上一觉。"

空山没料到自己敬重的高僧竟然如此懒惰，大失所望。

妙云禅师看出他的心思，淡淡地道："我有所领悟时，都是在睡醒那刻。什么禅学不禅学，与其周游寻找，不如叩问内心。"

妙云言下，空山豁然开悟。他终于找到了自我，发现了禅修的真正圣地——自己的内心深处。

请大家思考两个问题：第一，为什么知道做不到？第二，为什么自己的手总是不听心的使唤？找到答案后再去做有针对性的修炼，盲目轻信很容易使自己走火入魔。

● 新力金融（600318），这个【红杏出墙】，要量有量，要价有价，可它为什么没有涨起来？原因很简单，13日均线没有走平。【红杏出墙】当天，13日均线的数值是4.33元，而【红杏出墙】前一天的数值是4.34元，股价大涨了9点多，13日均线的数值反而往下掉了一分钱，千万不要小看这一分钱，因为这一分之差，说明股价还会有反复，预示这个【红杏出墙】成功的概率不大。除13日均线没有走平外，它的量线、指标线都是翘头向上的，量价也相当配合，就是因为13日均线没走平，因而导致形态失败。线表示股价的方向，它不仅仅指均线，也包括量线和指标线，只有三条线的方向一致的时候，形态才是可靠的，股价上涨才是可以预期的。

也许我们都有过按某种形态买进的股票，结果遭遇股价不涨反跌的经历。这不是主力故意为难我们，而是形态内部的结构出了问题，偏偏你又粗枝大叶，没有看出来。复盘时按某种形态选出来的个股，一定要用量、价、线、形、位置这五个条件去全面衡量。在审核形态时绝对不能委曲求全，丁是丁，卯是卯。凡是条件不具备的坚决不要，千万不要降格以求。只有严把买进关，实战中才能不吃或少吃主力的骗线，起码不会再像以前那样稀里糊涂地买，稀里糊涂地卖，不可思议地赚，莫名其妙地亏。见图三。

母鹰一次可生下四五只小鹰，但小鹰的食量很大，所以猎捕回来的食物一次只够一个小鹰吃的，而鹰的喂食方式并不是平均分配，而是看小鹰中谁抢得最凶就给谁吃。那些瘦弱的小鹰因吃不到食物而被活活饿死。

弱肉强食、适者生存是自然界的生存法则，同样股市法则也是如此。这个法则有两重作用：一是激励机制，一是淘汰机制。作为激励机制，它告诉人们，只有刻苦努力，不断提高操盘技能，才能获得与主力平等对话的权利；作为淘汰机制，它提示人们，凭运气在股市是站不住脚的，当你被淘汰的时候，除了一身的伤痕累累，尚需向股市交纳一笔昂贵的除名费。

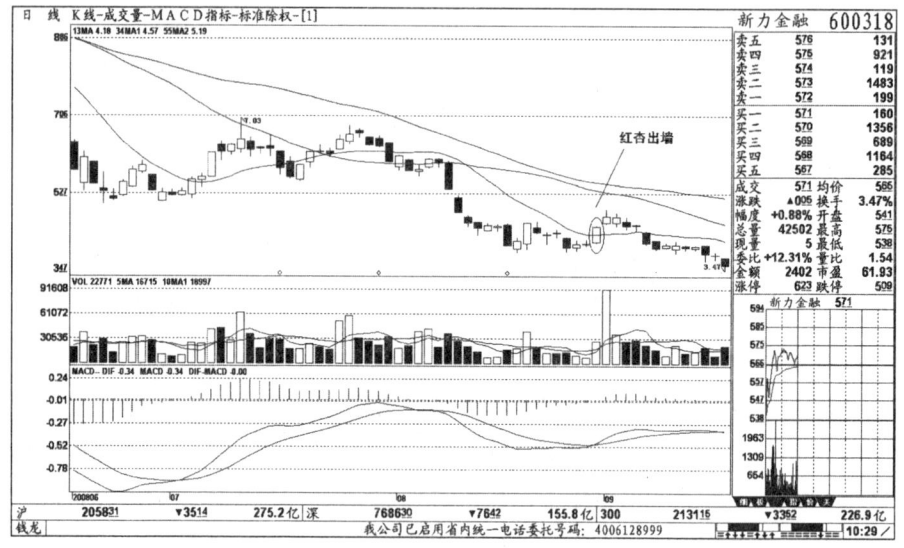

13日均线走平或上翘，是【红杏出墙】成功的关键（图三）

一位搏击高手参加世锦赛，自以为能稳操胜券，蝉联冠军，出乎意料的是，在最后的决赛中，他遇到一个实力相当的对手，双方都竭尽了全力，却难分胜负，搏击高手意识到，自己竟然找不到对方的任何破绽，而对方却能突破自己防守中的漏洞，最后，搏击高手惨败在对方手下。

他愤愤不平地找到自己的师傅，将搏击过程的每一个细节重新演练给师傅看，并请求师傅帮他找出对方的破绽。

师傅笑而不语，在地上画了一条线，要求他在不擦掉这条线的情况下，设法把这条线变短。

搏击高手百思不得其解。他用尽了所有的方法都没有使地上的线变短，最后，只好无奈地向师傅请教。

师傅只是在原地那道线的旁边画了一条更长的线，就使得原来那条线变短了许多。

师傅开口道："夺冠的关键，不是攻击对方的弱点，而是发挥自己的长处，就像地上的长短线一样，只有你自己变得更强，对方才会像地上短线一样变得更短。如何使自己变得更强大，才是你需要苦练的根本。"

实战中，为什么我们一出手就被主力拴个结结实实？除了主力阴险狡诈外，考虑过自身的原因吗？主力为什么老是和你过不去？说到底还是我们技不如人。那些整天嚷着要战胜主力的人，不过是过过嘴瘾罢了，因为他们只有战胜主力的心，却无战胜主力的力。正确的态度是，学会尊重主力，死心塌地地服从主力的调遣，在思想上、行为上永远无条件地与主力保持一致。尊重主力，就要放下自己的臭架子，对主力唯命是从，主力是我们的衣食父母，如果我们整天想着如何算计主力，被他发现后，非废了你不可；听从主力的调遣，一定要摆正自己的位置，主力是我们的总司令，如果不服从他的节制，只有军法从事。

在单位，和领导发生摩擦，哪怕你全是对的，即使领导不给你小鞋穿，但以后的好事恐怕都轮不上你了。在股市，和主力发生正面冲突，即使白天不把你掐死，晚上也会派人把你捉拿归案。股市里赚得盆盈钵满的，绝对是听话的。所不同的是，生活中的听话不需要多大的能力，听话就行；股市里的听话需要极深的修养和坚定的执行力。相同的是，生活中听话，好处大大的有；股市里听话，钞票大大的多。听党的话，跟党走，准保不犯路线错误；听主力的话，跟主力走，准保不犯方向错误。听话听话，吃香喝辣；听话听话，涨跌不怕。

托尔斯泰说："重要的不是知识的数量，而是知识的质量，有些人知道很多很多，但却不知道什么是最有用的东西。"一个会读书的人肯定不是眉毛胡子一把抓，而是选择那些对自己有用的书去读，然后把那些有用的知识灵活地引入实战，从而变成自己的操盘技能。

但是，从知识到实战，更多的还只是一种技巧层面上的关联，正如你精通计算机，但不一定能成为比尔·盖茨一样。好的证券书籍提供的远远不止是技巧，而是比操盘技巧更深层次的东西——理念与理性，原则与纪律。技巧可以帮助我们提高操盘质量，而理念却能帮助我们逢凶化吉，从而获得更大的成功。

从任何一点起步，只要坚持就能走得圆满。获得零的起步，是一个美好的机会。

● **中煤能源**（601898），从图表上看，这是一个非常诱人的【红衣侠女】，无论是盘中还是盘后发现这个形态，都只能观望，不能切入。为什么？因为55日均线没有走平。主均线没走平意味着股价还有调整的要求，过早介入势必参与盘整，对于小资金来讲是很不划算的。如果只关注形态，忽略了形态的其他要素，就可能短线被套，亏钱的滋味且不用说，被主力践踏蹂躏的屈辱也是难以言状的。

第二天，股价低开低走，你以为是正常调整，没在意。

第三天，股价平开低走，带量下跌，你安慰自己说这是【一石二鸟】。

第四天，股价跳空低开，然后缩量下跌，你非常坚定地认为：这是【浪子回头】和【马失前蹄】，是股价的最后一跌。该补仓了。遗憾的是，这个时候，你已经弹尽粮绝，手里一点头寸也没有了。

实战中，每个人应该根据自己的实际情况采取不同的操作策略。一般讲，小资金要十分注意进出的点位，把握好股价的波动节奏；大资金讲究区域运作，看势不看点，逢低就把筹码捡。

交易是一个过程，因此，对过程中的每一个细节都应用心去把握。想赚钱没有错，但不能脱离实际。虽说，所有的成功都是靠欲望来推动的，但一定要驾驭好欲望这匹桀骜不驯的野马使之回归正途。不然的话，波涛翻滚的欲望很容易导致人的堕落与毁灭。见图四。

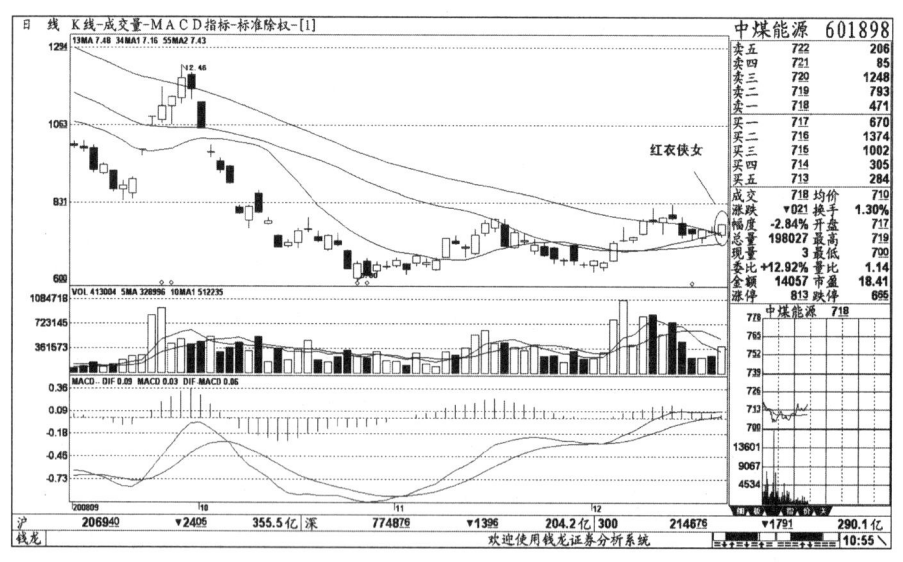

道路不平行走难，均线不平形态酸（图四）

操作中一旦出现失误，多数人想的不是立即止损，而是寻找各种理由支持自己的错误。买股票就是为了往上涨，这没有错。如果买进的股票不涨或者往下跌呢？多数人的做法就是等。其实，我们只知道股价两个特性中的一个，那就是股价会涨。至于股价的另一个特性很多人不知道，甚至压根儿就没有去想过，那就是上涨的股价也会跌。可是我们总是去想好的一面，对于坏的一面总是不愿去想，因为你相信股价下跌的情况根本不可能发生。所以，当股价真的开始下跌时，从开始的难以置信，到后来的恐惧万分，到再后来的麻木不仁。金灿灿的金条让你这么一摸，立马变成锈迹斑斑的铁丝了。想过自己为什么这么倒霉吗？其实，让你倒霉的罪魁祸首不是主力，而是你自己。此话怎讲？第一，这个【红衣侠女】本身就存在着严重的缺陷，不但它的主均线没走平，而且它的量线也没走平，买进它纯属一厢情愿，所以主力不领情；第二，股价第二天没有朝着预期的方向发展，本来就该止损出局，起码应做减仓处理，可是你却死等形态的结果，这是咎由自取。

形态是由细节组成的，抛开细节看形态，十之八九会被形态所迷惑，最终也必然会被形态所抛弃。

形态的五个要素犹如人的五官，缺任何一个都可能变成残疾人。当然，残疾的形态有时也有风光的时候，但多数都转瞬即逝。

拿出评判美女的苛刻目光去评判形态，你会发现，股市里真正完美的形态并不多，正如生活中见个女人就叫美女，然而真正的美女又有几个呢？见图五。

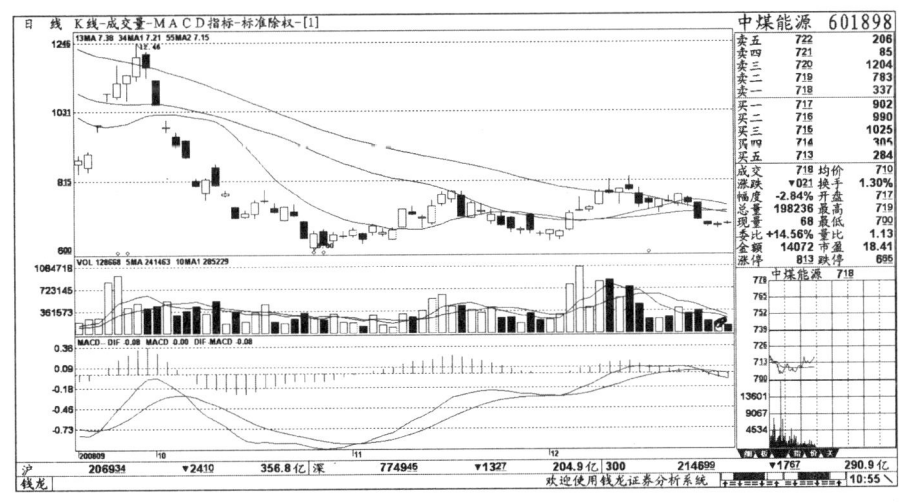

完美的形态有时还会失败，更何况那些有残疾的呢（图五）

旅行不需太多行李，交易时讲究进退有据。买了股票就要把主力当神去敬，他说往东就绝对不要往西。只有卖掉了股票，才可以适当的放肆一下。

● 山河智能（002097），如果在复盘或者盘中发现这个【红衣侠女】，相信你一定会激动起来，因为当时大盘正处于探底阶段，多数个股已跌得面目全非，能找到这样一个形态实属不易，特别是前面还有个【一阳穿三线】作引子，激动兴奋之情更是难以言表，于是就兴冲冲地买了进去，而且还是重仓出击，然后乐滋滋地等着主力发红包。见图六。

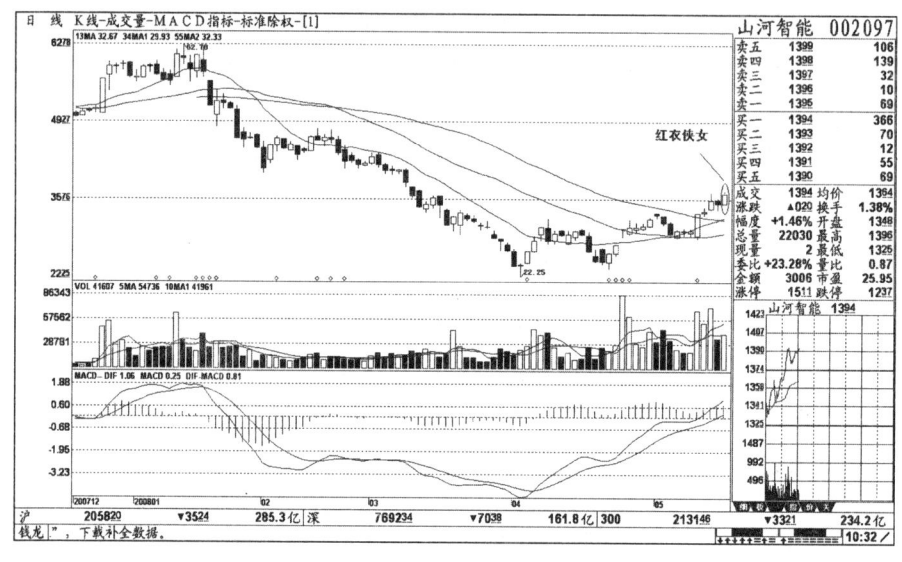

越是讨人喜欢的形态，就越会给人带来麻烦，要格外注意（图六）

第二天，股价高开低走，然后一路下滑。这时候你在心里说，股价离 55 日均线有点远，应该回踩一下 55 日均线，所以，即使在股价跌停后，也没考虑过要走，因为你认为这是主力的刻意打压，故而在盘中的跌停板被打开之后，你又异常坚决地进行补仓。

第三天，股价报收缩量小阳线，你认定主力回调结束了，并且坚信明天肯定会大涨。于是，就把剩余的资金全部加了进去，然后又默默地算了一下，嘿，摊低了一块多钱的成本。成本是摊低了，可你的总市值增加了吗？不要再干这些自欺欺人的把戏了，因为它是一种操盘的恶习，它会将你引向不归路。

第四天，股价依然没有朝着预期的方向发展，因为你一心想着赢，所以根本没有考虑到股价会继续下跌。心理学研究表明，当人做出一个相反的决定的时候，通常需要 30 分钟。你本着做多进场，现在让你反手做空，多数人在较短的时间内很难完成这个转变。完不成这个转变就会发生实实在在的亏损。但人宁肯忍受巨大亏损的折磨，也不愿意改变原来的初衷，这才是多数人亏损的真正原因。一个不会"心随股走，及时跟变"的人，不仅在股市挣不到钱，而且最后死得都很惨。

由于你坚信股价会涨上去，所以不愿意认亏出局。其实，在下跌通道里，越是苦苦挣扎，亏损得越是厉害。如果在【红衣侠女】形态失败之后没有及时止损出局，股价就会从 37 元跌到 7 元。人生之路不可重走，但操盘的教训可以汲取，但愿你在今后的实战中不再重蹈覆辙。见图七。

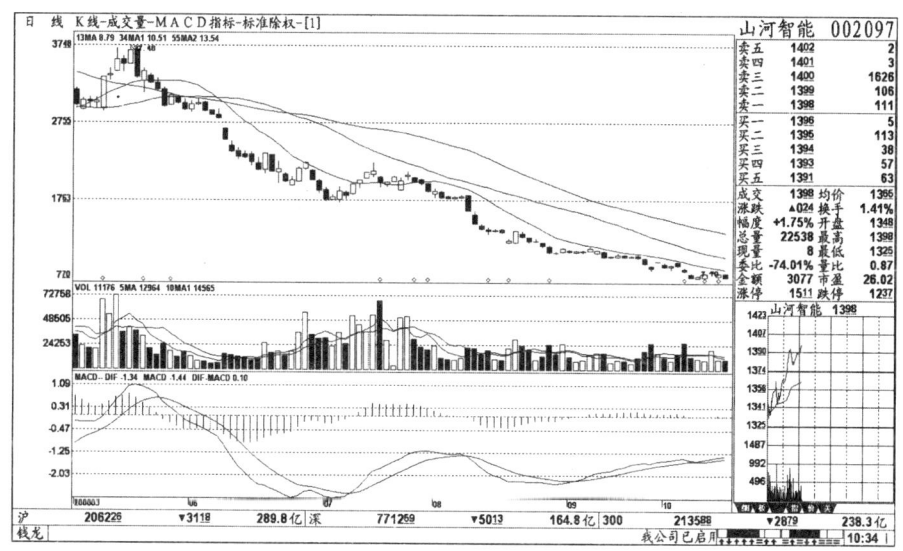

形态失败之后，当务之急是出脱持股，而不是硬拖（图七）

现在我们回过头来，分析一下这个【红衣侠女】为什么会失败。首先看它的量，【红衣侠女】出现当天，成交量比昨天略有放大，符合量的要求；再看它的价，形态出现当天，股价上涨 4.95%，符合上涨 3% 的要求；再看它的形，【红衣侠女】身份不容置疑，只是股价离均线的节点稍远了一点。再看它的线，量线、13 日均线、指标线方向一致，也没问题。那这个形态为什么会失败呢？

这个形态之所以失败，就是因为"遍插茱萸少一人"——55日均线没走平。来看一下它的数值。【红衣侠女】出现当天，55日均线的数值为32.33元，【红衣侠女】出现的前一天，55日均线的数值为32.43元。股价涨了4个多点，55日均线反而掉了1角钱。这说明什么？说明这个【红衣侠女】心怀叵测，以色惑人。说明股价目前还不具备发动行情的条件，股价还有调整之要求。遇到这种情况怎么办？忍痛割爱。只有放弃模棱两可的机会，才能抓到真正的机会。

凡是在这个节点操作过这个股票的人，都犯了两个错误。第一，在识别形态时忽略了它的细节，这就叫拿着菜刀砍电线，一路火花带闪电。属于看盘不仔细，胆子大了去。第二，发现形态没有朝着预期的方向发展，不是立即斩仓出局，而是一拖再拖。这就叫自作孽，不可活。属于钞票不珍惜，指令当儿戏。

一座大山有个小庙，庙里住着一个老和尚和一个小徒弟。

这天，来了一个达官贵人，为小庙捐了很多财物。他在庙里住了一段时间，得到了老和尚与小徒弟的热情接待。他告辞后不久，又来了一个书生。

这书生衣衫褴褛，面黄肌瘦，饿得晕倒在庙门外。老和尚见了，叫小徒弟将他扶进庙里，同样吩咐端上最好的茶，准备最好的斋饭。

小徒弟心里叽咕起来——上次那位达官贵人，为庙里捐了那么多的财物，自然有资格喝最好的茶，吃最好的斋饭；如今，一个不知哪来的"叫花子"，师父还如此厚待他，难道师父是老糊涂了？

书生住在庙里的那段时间，小徒弟没给他好脸色看，有时候趁着师父不注意，就端出已经馊掉的斋饭，还不给他吃饱。

书生告辞后，老和尚用泥巴捏了一个菩萨，放在庙堂正中，对小徒弟说这是庙里新近请的菩萨。

小徒弟每天都很认真地给菩萨上香，对着菩萨叩头，虔诚地念经。

一个月后，老和尚又将那泥菩萨削琢成一只猴子放在庙堂当中。

小徒弟发觉菩萨变成了一只猴子，吓了一跳。几天都没去上香了。

老和尚问："怎么不去上香了？"

"师父，那菩萨变成一只猴子了。"小和尚回答。

老和尚拿过那猴子，再次削琢，一尊菩萨又栩栩如生地出现在小徒弟的面前。

小徒弟愣愣地望着师父，不知道是什么意思。

老和尚用棍子在小徒弟的头上敲了一下，慢慢念经，不再理他。

这一敲打，使小徒弟顿悟过来。

他说："师父，我明白了。其实每个人的生命就像这团泥，都是一样的，只是塑造了不同的表象而已。而我之所以对前面的达官贵人谦恭对后面书生无礼，都是因为被其表象所迷惑啊。"

老和尚笑了："其实，认识那平平淡淡却奇妙得可以捏塑出无尽形象的生命之泥，才是人生最大的意义所在。"

"阳克阴，阴克阳"塑造出了不同的形态，可它们才是炒股的本义啊！

● 兰太实业（600328），无论是盘中还是复盘时，发现这个【红衣侠女】后，恐怕都会激动一阵，因为在大盘处于探底阶段能有如此形态实在太难得了。股价正好落在13日均线与55日均线的结点上，涨幅与成交量配合得天衣无缝。多数人见到这个【红衣侠女】，都会奋不顾身扑上去的。见图八。

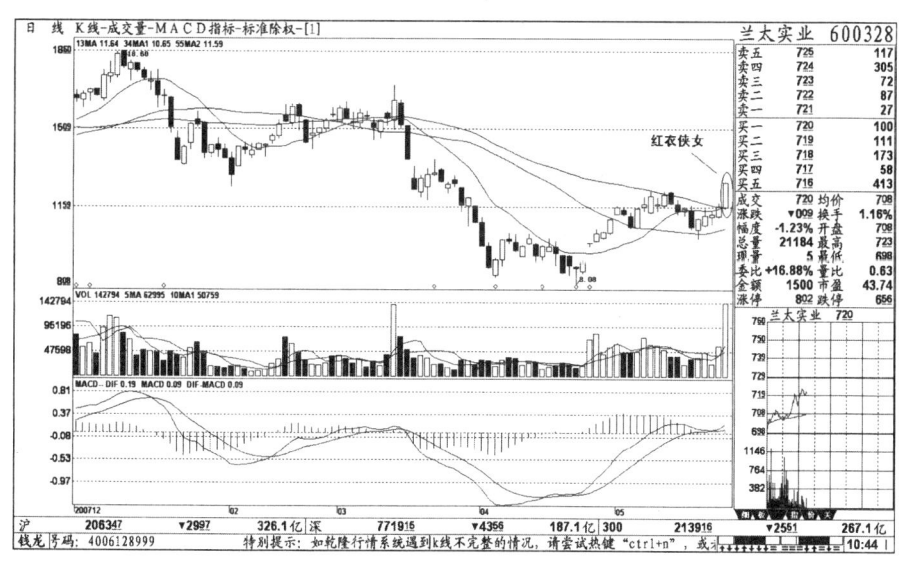

【红衣侠女】惹人爱，量价线形莫急慢（图八）

但是，凡是经不起诱惑贸然冲进去的，就别想再完完整整地出来，要么抽你一根筋，要么扒你一层皮。股市里的"采花大盗"也不是那么好当的。

【红衣侠女】不是经典的攻击形态吗？没错。可它为什么失败呢？很简单，就是因为它的55日均线没有走平。【红衣侠女】出现前一天，55日均线的数值是11.64元，【红衣侠女】出现后，55日均线的数值反而变成了11.59元，说明股价还有调整要求。

一个完美的形态由五个要素构成。缺少任何一个，形态都有失败的可能。因此，在使用形态时一定要认真细致，把每一个条件都认真审核一下，条件不具备宁肯放弃，也绝不当"东郭先生"。这样虽然会漏掉一些机会，但不至于错抓机会。严把买进关，可大大减少操作失误。

【红衣侠女】出现的第二天，股价缩量小涨，这时候，多数人不会轻易地将它卖掉，他们感觉股价还会涨。即使股价后来加速下跌，他们也不会走，因为他们早就铁了心，我不能亏着走。那些已经被市场打懵的人由此得出一个结论：所有的技术都不管用。其实，不是技术不管用，是运用技术的人不顶用。可是谁又愿意承认自己不行呢？于是把心一横，然后恶狠狠地说，你越跌我越不走，看你能把我怎么样！主力当然不会判你死刑，但他可以把你手里的欧元变成泰铢。如果在【红衣侠女】形态失败后没有及时退出来，股价就会从12.8元跌至8.65元，但这仅仅是第一浪下跌，以后还有第二浪、第三浪，甚至没完没了地跌。该股最后跌至4.25元才勉强止住。见图九。

按交易指令买进是对的，但不按交易指令卖出则是错的。

什么人能在股市里持续稳定地盈利？是那些"只认指令，不管输赢"的职业杀手。指令具有客观性和强制性的特点。说它客观，是因为每一个指令都清清楚楚地写在图表上，不管是阳线还是阴线，都是主力精心运作的结果，都在一定程度上反映了主力的意图。尊重这种客观实在是每个135人的本分。这种客观实在揭示了一定的市场意义，在一定程度上它也规定着我们的交易行为。无条件地执行交易系统里的每一个指令，是每个135人的使命。所以，每个指令都带有强制性，从这个意义上说，不管指令对错，都必须先执行，而且不能有一丝一毫的怨言或拖延。每一个指令都是神圣不可侵犯的，谁亵渎它，谁就要付出昂贵的代价。实战中没有人

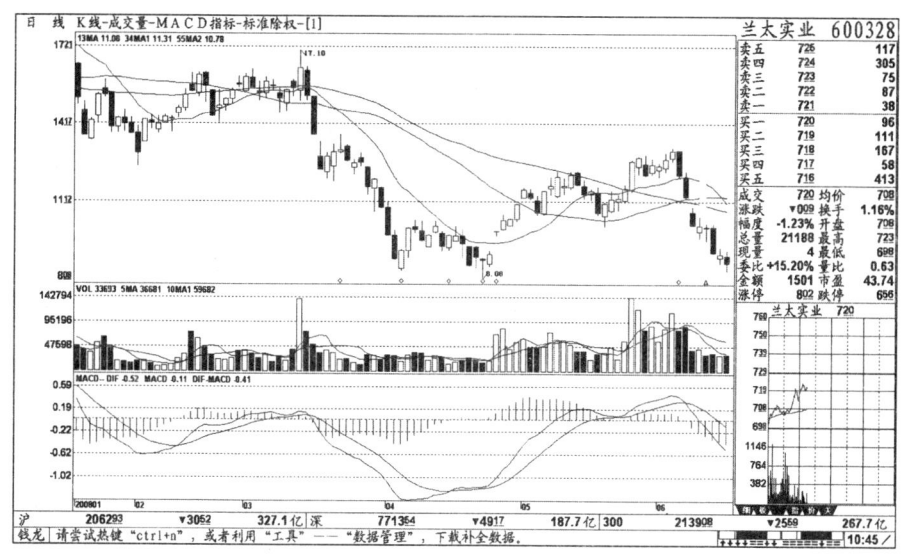

形态一旦失败要立即抛掉它,绝对不能心慈手软(图九)

去监督你是否严格地执行了指令,一切全凭自觉自愿,但如果有谁耍小聪明,搞小动作,谁就会受到指令的严厉惩罚。

客观地说,每个指令都会带来一定的风险,因为不是每个指令都是正确的,即使每个指令都具备形态的五个要素,但第二天,形态依然有失败的可能。这种失败就是我们必须接受的现实,必须承担的代价。但是,我们不能因为形态有失败的可能,就不去捍卫指令的威严。执行指令不一定能给我们带来多大的好处,但不执行指令一定会给我们带来一大堆坏处。

什么是风险?风险就是因为形态构造有缺陷,导致形态失败所必须承担的一切后果。但只要能够坚持做到"心随股走,及时跟变",就能把风险降到最低的限度。

我们说,炒股要有赌性,但不能当赌徒。在指令面前是必须要赌的,因为指令揭示一定的市场意义,规定着股价的运行方向,是我们的行动准则;按指令操作属于有赌性。在形态没有最后形成之前,或完全没有形态下的操作,都属于赌徒行为,这种赌徒行为要坚决取缔并严厉打击。也就是说,赌是有条件的,这个条件就是指令。

在股市获得持续稳定的利润,靠的是严于律己的自觉性和坚定不移的执行力,并非单纯的冒险。靠冒险获得的利润很快就会烟消云散。在完美的形态面前就值得我们去赌一把，在没有形态之前千万不要凭想象使得自己头脑发热，把自己弄成一个赌棍就不好了。

节制力和执行力都很强的人，最容易在股市获得成功。那些在别人束手无策时知道自己该怎么办的人，那些委曲求全而能顾全大局的人，那些大资金扛在肩上，大压力加在身上，依然不会慌张混乱的人，那些"只认指令、不管输赢"的"职业杀手"，最有可能成为股市大赢家。

执行力强的人有一个显著的特点：冷静。不管任何时候、任何情况下他们都能保持头脑的冷静，特别是多数人都失掉镇静时，依然能保持镇静；在多数人都在做蠢事的时候，依然能有一个正确的判断。

在股市想象力丰富的人，思路一定是模糊的，面对突发事件或重大压力时，总是表现得茫然不知所措，这样的人不适合大资金运作。

严格执行指令的人，不一定能成为常胜将军，但绝对不会遭遇彻底失败。在指令面前犹豫不决，是阻碍成功的致命内伤。

诸葛亮是智慧的化身，这只能说明诸葛亮作为一代贤相竭尽全力辅佐汉室的美德，但就其性格来说，他是失败的。"出师未捷身先死，长使英雄泪满襟"，就是对诸葛亮性格弱点的正确描述。

在指令面前最最需要的是勇气，没有勇气，再完美的形态、再多的资金都将变得毫无意义。勇气不是一时的血色之勇，而是建立在冷静与智慧的基础之上，是建立在对股价运行规律的认识之上。真正的勇气在于勇于面对错误和勇于面对现实。一个永不丧失勇气的人是永远不会被打败的，就像米尔顿说的：

> 即使土地丧失了，那有什么关系。
> 即使所有的东西都丧失了，
> 但不可被征服的志愿和勇气，
> 是永远不会屈服的。

勇气是通往天堂之途，懦弱往往叩开地狱之门。不论遇到什么问题，哪怕是面对重大失败，我们都不应该灰心丧气，要勇敢地正视它，然后以积极的态度寻找解决的办法。

巴顿为了锻炼自己的胆量，克服隐藏在自己内心深处的恐惧心理，经常干出一些令人不可思议的事情来。

在西点军校学习期间，他有意识地锻炼自己的勇气。在骑术练习和比赛中，他总是挑最难跨越的障碍和最高的栅栏。在西点军校的最后一年里，有几次狙击训练，他突然站起来把头伸进视线区之内试自己的胆量。为此，他受到父亲的责备，而巴顿却满不在乎地说："我只是想看看我会有多害怕，我想锻炼自己，使自己不再胆怯。"

1944年6月，盟军与德国之间的诺曼底之战开始了。巴顿充分发挥装甲部队快速、机动和火力强大等特点，采取长途奔袭和快速运动的战术，以超常规的速度在欧洲大陆长驱直入，在近乎疯狂的推进中，巴顿抓住一切战机迅速扩大战果。在281天战斗中，巴顿的部队向前推进了1000多英里，解放了130座城镇和村落，歼敌140余万，为解放法国、捷克斯洛伐克等国家并最终击败纳粹德国立下了汗马功劳。

巴顿是世界战争史上最杰出的军事家之一，他的主要特点就是勇敢无畏的进攻精神，因此在二战中，他赢得了"血胆将军"的称号。

实际上，每个人生来都差不多，别人能做成的事，你也能做成。一切艰难困苦，最终都要由自己承担，不要推卸责任。实战中的许多恐惧和不安，都是因为自己的勇气不足所造成的。但我们必须明白一点，在进攻指令面前需要勇气，在退却指令面前也同样需要勇气。

教育家卡耐基说过："我们每个人的生活面貌都是由自己塑造而成的，如果我们能学会接受自己，看清自己的长处，明白自己的短处，便能踏稳脚步，达到目标。"对于那些至今仍在股市里苦苦挣扎的人来说，不要总是幻想着突然间一夜暴富。最最需要的是，迅速查清自己是怎样一步一步地掉进火坑的。只要能找到掉下去的原因，就一定会找到爬上来的办法。痛苦、愤怒、郁闷都没用，最直接有效的办法，就是面对现实，以后不要胡来，不要瞎折腾。

不忠于指令的人，没有资格用135战法。因为，135战法的铁律是："只认指令，不管输赢。"每一个135人必须忠于指令，这既是义务，更是责任。忠于指令是一种风骨，捍卫指令是一种品质。

● 东南网架 （002135），谁看到这个【红衣侠女】都会动心，但只要第二天买进去就会束手就擒，在随后的日子里如果不舍得忍痛割爱，伤心就是难免的。因为股价从 16.49 元跌到了 5.31 元，而且这还不是底。见图十。

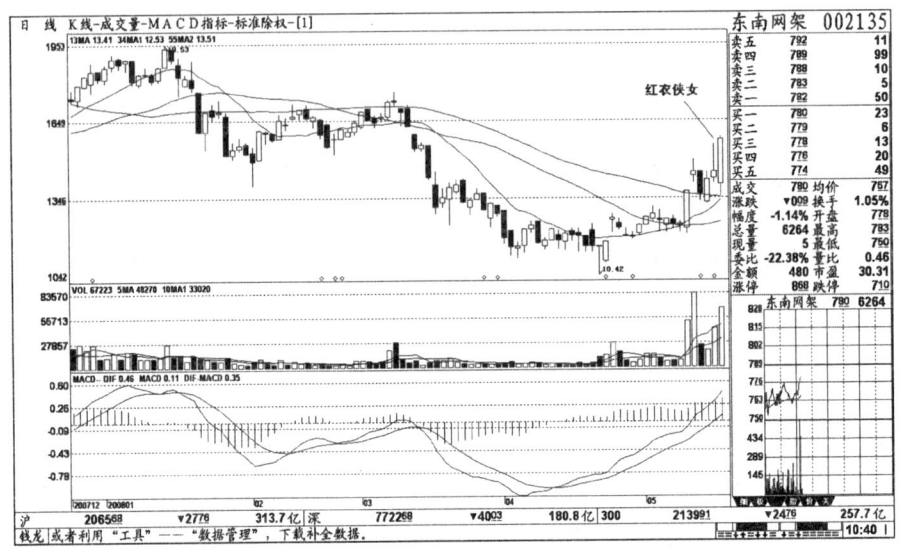

55 日均线的方向是制约形态能否成立的关键（图十）

这个形态为什么会失败？两个原因：一是 13 日均线没有完全上穿 55 日均线，股价没有落在结点处；二是 55 日均线没有走平。

由于 55 日均线没有走平，暗示股价还会有反复，所以导致形态的失败。如果实战中不慎误入，第二天要立即止损出局，而不是死等形态的结果。因此，我们在分析形态的时候，应该仔细仔细再仔细，以免吃主力的骗线；在使用形态的时候，应该谨慎谨慎再谨慎，避免"出师未捷身先死"的悲剧发生。严把买进关是提高操作质量的关键。

每天，我们都在不停地选择股票，也会因形态的失败而放弃。后来发现，几乎所有交易成功的个股，都包含着时间的因素，如果在离场信号出来时没有获利了结，在时间的消耗中，利润也会转化成亏损。见图十一。

北京奥运会有一群守护者叫雪狼突击队，组建于 2002 年 12 月，它的组建早于场馆建设。

每个队员的单兵装备价值 30 万人民币，超过美国大兵的 2.8 万美元。突击队还装备了国内最先进的反恐武器，从装甲防爆车到特警排爆车，从

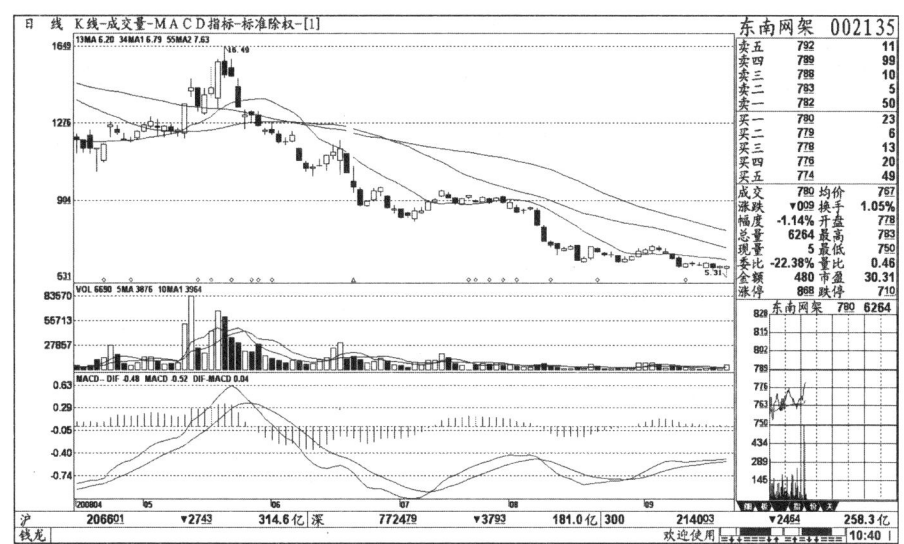

不是所有的【红衣侠女】都能带给我们欢心（图十一）

窥视设备到高技术通信器材，从微光夜视系统到电子计算机指挥系统，从微型冲锋枪到新式自动步枪，一应俱全。装备一流，人员一流。看看这支训练有素的突击队每天的训练量：200个俯卧撑，200个仰卧起坐，100个蛙跳，200次杠铃，负重35公斤越野10公里。但这只是入门的基本功训练。还有复杂条件下的汽车、摩托车驾驶，各种轻武器射击、排爆、侦查、越障、格斗等特殊训练，特殊条件下的行动训练，模拟仿真训练和实战训练五大步骤。

突击队员在离地18米高的直升机上，不设任何防护措施、单凭一根绳索，2秒钟就能迅速着地，国外同道称之为"自杀式重降法"。

稳定的操盘业绩来自于平时的刻苦训练，没有平时的刻苦训练，再好的方法也形不成实战能力。若想在股市保持稳定的收益，那就不要轻视基本功的训练。

● ST金花（现名金花股份）（600080），一个学员从盘中发现了这个【红衣侠女】，问我能不能进一点。打开图表一看，我说不能。

学员问："是不是因为它是个ST，风险大，老师才不让参与。"

"不是。"

"那是为什么？"

"因为55日均线没有走平,股价还有整理要求。如果看好它,就等55日均线走平之后再寻个买点进去。"见图十二。

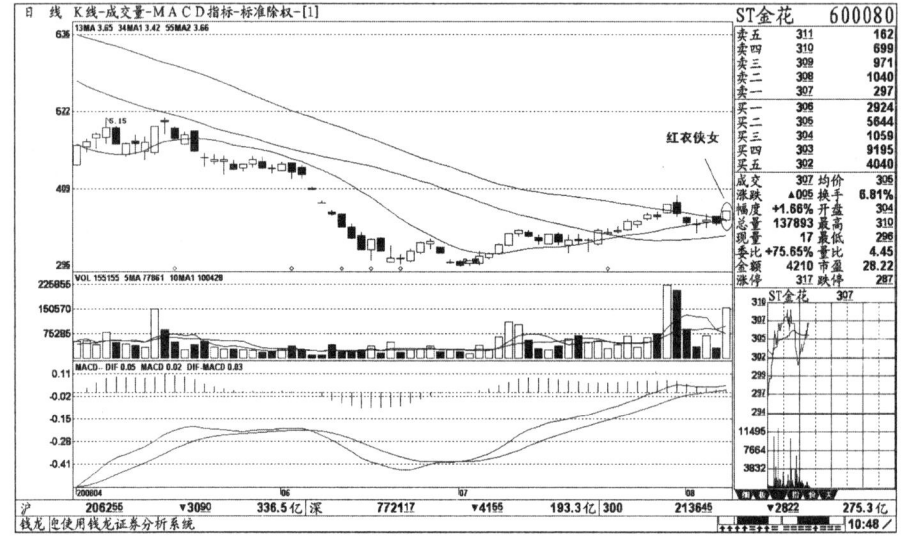

完美形态必须满足量、价、线、形、位置五个要求(图十二)

第二天,股价高开高走。"老师,你看我的金花涨上去了。"原来,他是先斩后奏,买进后才问我能不能买。

我瞅了一眼图表说:"封不停就卖掉。"

收盘后,那个学员一脸沮丧地对我说:"老师,金花跌停了。"

"卖了吧?"

"没有。"

"为什么?"

"我觉得它是正常回调,所以,跌停后我又补了仓。"

"现在总共有多少?"

"不到五万股。"

我严肃地说:"明天集合竞价时挂跌停全部卖出。"

那个学员说了许多不卖的理由,我说,如果你不想扩大损失,明天就照我说的做。他很不情愿地点了点头。

第三天,股价低开低走,瞬间打到了跌停板上。那个学员因为是在集合竞价时挂的单,所以在3.56元的价位上全部成交。我告诉他,操作ST

股票必须迅速果断，动作慢了，要么被堵在外面，要么被关在里面。到他培训结束时，ST金花依然"跌跌不休"，那个学员深有感触地说，"如果不听老师的话，这次就亏大发了。"我说ST金花的大跌才刚刚开始时，学员不解地看着我。我打开金花的K线图，指着上面的【一箭穿心】给他看，13日均线刚刚下穿55日均线，根据135理论，【一箭穿心】出现后，股价跌幅一般不会低于50%。那个学员不由倒抽一口冷气。见图十三。

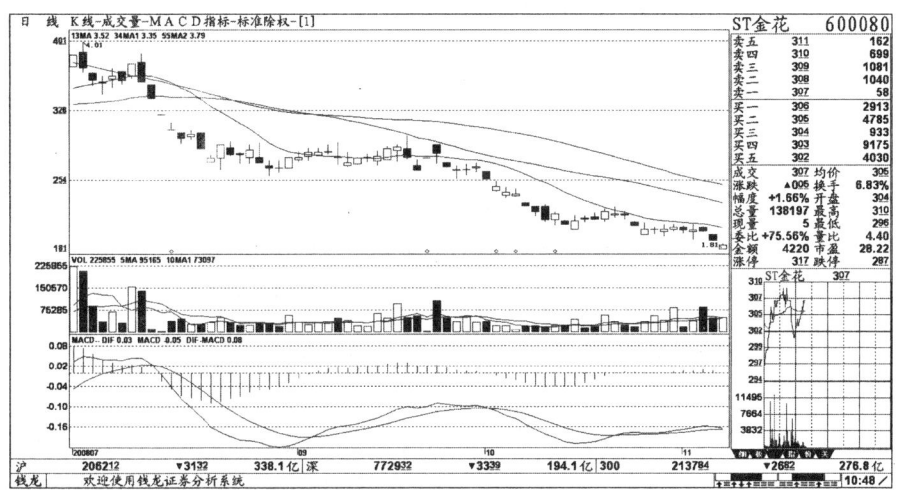

下跌途中不言底不抄底，养精蓄锐等大底（图十三）

所有的亏损与被套，首先是切入点不当，其次是错了不知道止损。135战法特别强调严把买进关，量、价、线、形、位置应面面俱到，五个要素一个都不能少。卖出时则相对宽松，只要有一个形就够了，宁肯吃一根骗线，也不能让主力给钉在山顶上。

有学生问哲学家苏格拉底，怎样才能学到他那博大精深的学问。

苏格拉底并未直接作答，只是说："今天我们只学一件最简单也是最容易的事，每个人尽量把胳膊往前甩，然后再用力向后甩。"苏格拉底示范了一遍："从今天起，每天做300下，大家能做到吗？"

学生们都笑了，这么简单的事有什么做不到的？

过了一个月，苏格拉底问学生："哪些人坚持了？"

有九成的学生骄傲地举起手。

一年后，苏格拉底再问大家："请告诉我最简单的甩手动作还有谁坚持了?"

这时,只有一人举起了手,后来这个人成了古希腊的大哲学家,他的名字叫柏拉图。

有时候,我借用苏格拉底的故技重演,要求每个人对自己股票池里的股票每小时搜索一次,时间不会超过15秒,一个交易日搜索四次。

星期一收盘后,我问大家谁坚持做到了?所有的人都举起了手。

星期二收盘后,我问谁坚持了?有九成举起了手。

星期三收盘后,我接着问,有六成举起了手。

星期四收盘后,我继续问,有三成举起了手。

星期五收盘后,我旧话重提,只有一个人举起了手。

一个看似简单的事情,每天把它重复做四次,时间加起来也就1分钟,可是多数人连一个星期都坚持不了。说明做一件正确的事是多么的艰难,养成一种专业的操盘习惯是多么的不容易!我们必须清楚,只有过硬的专业技术才能为我们提供预期的利润。如果你想在股市获利,那就请你尽快地进入专业状态。

● **中天科技**(600522),看到图表上这个【黑客点击】,没有人怀疑它的真实性,股价正好落在13日均线与55日均线的结点上,而且是缩量。可是谁买进就套谁。见图十四。

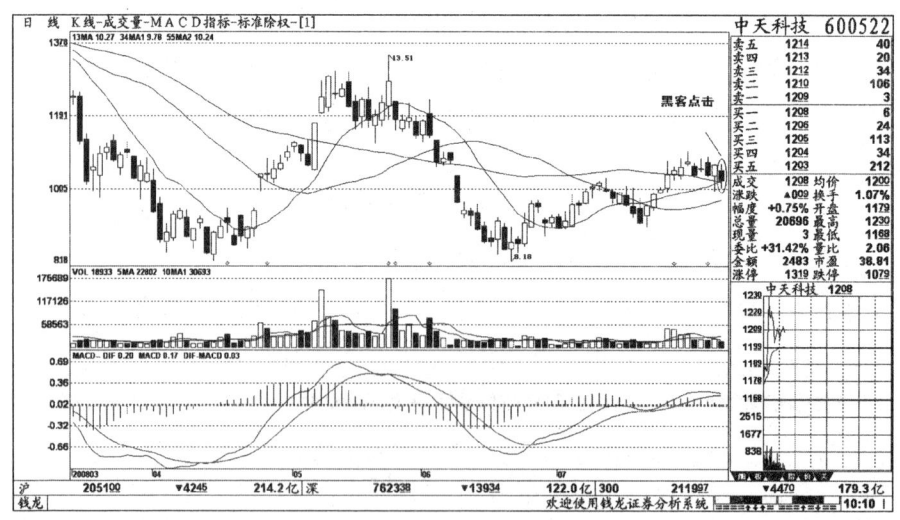

再重复一遍:55日均线是否走平是形态能否成功的关键(图十四)

是 135 战法过时了，还是根本就没用？都不是。是形态内部的结构出现了问题。我们知道，一个完美的形态由量、价、线、形、位置五个要素构成，五个要素中任何一个要素出现了问题，形态就有失败的可能。这个形态的根本缺陷，就是它的 55 日均线没有走平。

很多时候，在恶果没有显示之前，往往呈现出良好的假象。而当恶果最终爆发时，你难以想象祸根就是在这之前自己亲手栽种的。

善于放弃的，是聪明的；懂得转弯的，是智慧的。放弃不是无能，而是一种明智的选择；转弯不是懦夫，而是一种能力的展现。

在股市，亏损也罢，赢利也罢，最终还是要一个人去面对。无论是深刻的快乐，还是深刻的悲哀，别人都无法与你分担，只能自己慢慢消化，在消化过程中不断地吸取营养成分，日复一日，你就会慢慢地变得强壮起来。

实战中，我们也见过 55 日均线尚未走平，股价就噌噌地往上涨的，但我们不能因此而降低入场的标准，也不能因为生活中有 250，我们就挺着脖子去当 251。实战中如果不遵循必要的原则，我们就会被主力"刑事拘留"，严重的，就会被股市判"无期徒刑"。操盘规则就是法律，遵循它不一定给你带来多大财富，违背它则一定会让你付出惨重的代价。见图十五。

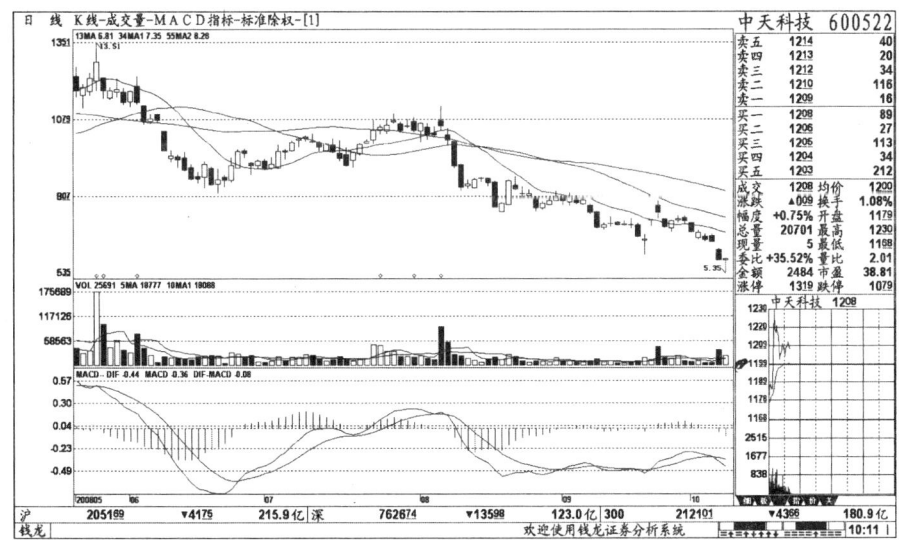

要睁大眼睛看图形，不要闭着眼睛瞎忙活（图十五）

把握正确的切入点，首先要过识图关。过不了识图关，盈利就会变成一句空话。图表不但客观地记录了主力的每一个动作，也客观地反映了主力的每一个意图。不会识图，就像一个睁眼瞎，一个睁眼瞎又凭什么在股市里混呢？运气向来都是靠不住的，凡事凭赌，通常都是自掘坟墓。如果你还想在股市里继续活下去，而且还要活得滋润，那就抓紧学会识图；如果你在股市里还想有所收获，那就要无条件地执行每一个交易指令。

● 综艺股份（600770），发现这个形态，大家一定会把它视为【红衣侠女】或【蚂蚁上树】或不规则的【揭竿而起】，甚至把它视为复合形态。单从形态上来讲，把它归结为哪一种形态都是对的。但如果我们用技术合成一透视，就会发现这个形态存在着两个致命的缺陷：一是55日均线没有走平；二是13日均线尚未上穿55日均线。忽略了这些细节，就会上一当。谁吃骗线心里都不好受，但不好受也得受，谁让你识图不仔细呢？在实战过程中，为了免遭骗线，应多关注形态的五要素。

有些形态上的缺陷，如果不仔细去审核，很容易被它蒙混过关；如果严格按量、价、线、形、位置五条标准去衡量，有时会把我们吓出一身冷汗。其实，真正完美的形态并不多，因此不是每个形态都值得我们去操作。见图十六。

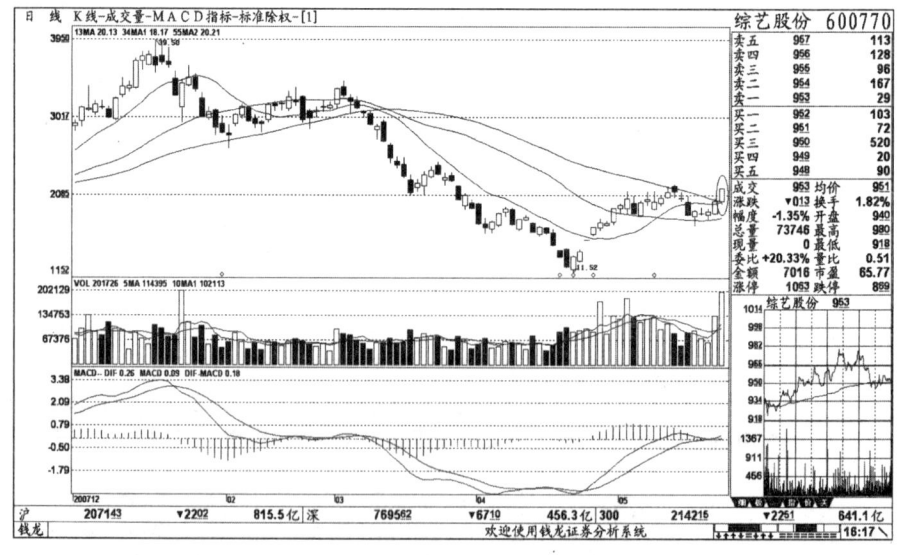

有缺陷的形态，往往会留给我们一个残缺的故事（图十六）

如果把这个形态视为【红衣侠女】，它致命的缺陷就是55日均线没走平以及13日均线没有完全上穿55日均线。

如果把这个形态视为【蚂蚁上树】，它就是【蚂蚁上树】的最后一根阳线，股价接下来就要进行回踩，假如买在最后一根阳线上，纯属自寻烦恼。

如果把这个形态视为【揭竿而起】，它又不具备突发性，因为之前已有4根阳线进行铺垫；而且股价没有从55日均线上跳起来，更没勇气去碰涨停板。

如果把它视为复合形态，实在有点牵强，因为这个复合形态只是形态的累加，没有出现不期而遇的共振。综上所述，无论按哪一种形态进场，都属于看盘不仔细，都属于识图不过关。

第二天，股价低开低走，而且带量，说明主力在悄悄地出货，如果只是散户在抛，成交量不会这么大。

第三天，量缩了，于是有人开始按【一石二鸟】切入。

第四天，量和昨天基本持平，于是又有人按【浪子回头】进场。

第五天，股价收出一根小阳线，有人认为股价止跌了，于是开始加仓。形态没走完之前的所有买进动作，都属于抢点，而抢点是要付出代价的。见图十七。

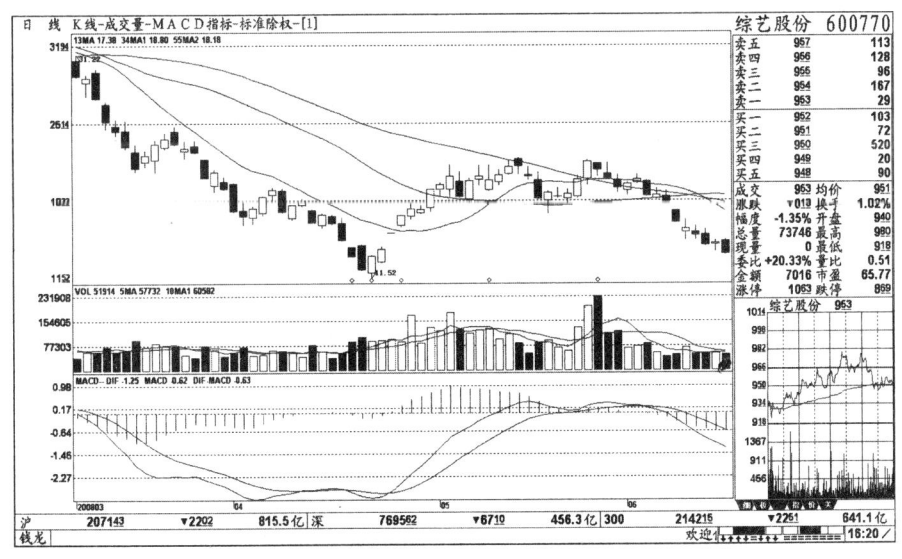

打得赢就打，打不赢就跑，不仅仅是军事原则，也是炒股准则（图十七）

通过分析，我们得出一个结论：以上三种判断都不正确。因为形态尚未最后确认。不管是按【一石二鸟】跟进，还是按【浪子回头】切入，股价和成交量都需要吃掉最后一根阴线的量和价。忽略这些细节，就会引火烧身，就要打乱自己的阵脚。

如果按【红衣侠女】进场，第二天又没有识破主力的阴谋，短期内主力就会把你手里的黄金变成铁块。不是主力心狠手辣，巧取豪夺，是我们自己太心浮气躁，是我们自己太急功近利。

不管从事哪一种职业，只要是挣钱的事都不容易。但如果按照游戏规则去操作，挣钱又往往不像我们想象的那么难。股市天天有风险，绝对不是人们想象的人间乐园。但只要遵守"只认指令，不管输赢"的操盘纪律，任何时候又都可以潇洒地行走其间。

在通往股市赢家的山路上，可以没有技术，可以没有经验，但不能没有成功的渴望。渴望是梦想的原动力，是人生的精神寄托，一个人如果没有梦想作支撑，连一点小事都做不成。人可以平凡，但不可以平庸。

所有的股市赢家，最初都是从一个小小的梦想开始的。在股市脱颖而出，不需要盖世之才，但需要坚韧之志。成功的路上没有捷径，每一个铜板的背后必定有一份对等的付出，股市的公平在于它对谁都不会无缘无故地给予，也不会无缘无故地剥夺，一切全凭自己的能力去取。

成功需要努力，但并不是所有的努力都能获得成功。比如，一个从小就患小儿麻痹症的人，无论他怎么努力都不可能成为刘翔。真正有智慧的人，就是知道自己能做什么，不能做什么。知道自己该干什么，然后数年如一日地坚持下去，就是铁树也能开花。

美国作家卡文·库利吉道出了坚持的重要性："世界上没有什么东西可以代替坚持不懈。聪明不能，因为世界上失败的聪明人太多了；天赋也不能，因为没有毅力的天赋只不过是空想；教育也不能，因为世界上到处都可以见到受过高等教育的人半途而废。如今，只有决心和坚持不懈才是万能的。"坚持是一种品质，坚持是一种境界。

每一个在股市获得成功的人，几乎都是勇于面对挫折的人。他们未必天资聪颖，未必有过人之处，但他们都拥有勇敢者的重要品质，面对挫折和失败，即使再沮丧，再绝望，他也能让自己迅速冷静下来，然后擦干了血迹，掩埋了尸体，快速地思考走出困境的方法。一个人只要找到了战胜困难的办法，无论过程多么漫长，多么辛苦，只要坚持一步一个脚印地朝前走，不停步，就一定能够走到他想去的地方。单是这份毅力，这份坚持，就已经比那些徒有高智商，自命不凡，每天希望一个涨停板忽然砸到自己头上的人要强上千倍。

第二节 量 线

目前的中国股市，依然以资金推动为主。大盘要上涨，必须有增量资金源源不断地流入；股价要上涨，也必须有实实在在的买单出现。特别是在股价质变的节点上，必须有成交量的配合，没有量，一切都无从谈起。

股市里有一个十分有趣的现象，经常听到股民这样问：今天大盘涨了多少点？成交量大不大？他们是想用量价关系判断大盘走势。可具体到个股上，他们对股票的量价关系却又搞不清楚了。该在意的不去认真对待，不该在意的却愣是瞎操心。一个整天去预测大盘的人，就像一个下岗职工去给国家制定外交政策，有人会听你的吗？干好自己的事，社会上就会少一个负担，股市里就会少一个穷人。

量区里的5日均线和10日均线，反映了一个单位时间内成交量的变化。通常情况下，如果在形态出现当天，当日的成交量除了要覆盖昨日的阴量，也要大于成交量的5日均量。唯有如此，形态的成功概率才会大大增加。形态出现当天，如果有量，但量线处于死叉状态，这个形态的可靠性就会大大降低，而且股价很快就会滑落下来。如果说均线表示股价的运行方向，那么量线则在通报主力的动向。关注量线的变化，会使你变得更加冷静。

在使用形态的时候，多数人注意到了成交量，但对量线的运行方向关注不够。所以大意失荆州的事情经常发生，可人们并没有真正引以为戒。量线和均线一样，表示某个时间段的资金流向。一般讲，5日量线翘头向上，股价会一直涨上去，5日量线走平或掉头向下，即使单日成交量巨大，也很难改变股价的运行方向。成交量是股价上涨的基础，没有量能支持的股价是维系不了太久的。

一只股票的上涨,中间会经历很多阶段,在主力的精心关照下,股价在每个阶段都会形成不同的技术形态。而且同样的形态出现在不同的位置,其市场意义也是不一样的,所以同样的形态也会出现异样的结果,为什么?三个原因:一是股价位置;二是形态结构;三是主力控盘程度。形态结构和股价位置,在后面的章节里有专门论述,这里重点讲一下主力控盘程度。

有时【揭竿而起】【一阳穿三线】和【红衣侠女】这些经典攻击形态出现以后,股价没有长驱直入,而在均线系统附近窄幅或者宽幅振荡。主要原因是主力控盘程度不够,所以形态出现以后,主力依然采取振荡吸筹。只有主力确认自己已经绝对控盘后,才会再次制造某种上攻形态,比如用【破镜重圆】重新制造上涨空间。

在股价行进过程中,上方套牢盘也会影响股价的行进速度,如果市场抛压沉重,主力就会用【走四方】【浪子回头】【三剑客】或【暗度陈仓】清洗获利筹码,通过市场的充分换手减轻未来的拉升压力。另外,股价的上涨速度受指数环境的制约,在大盘下跌的情况下,多数主力都不会逆势而动,除非个股有重大利好配合。

主力控盘程度决定股价上涨速度。如果主力控盘程度高,又有指数环境配合,主力就会马上拉升。任何个股在启动以前,都会经过一轮大的下跌,但启动行情同样面临上方套牢盘的压力。如果主力持仓量大,就会以气吞山河之势冲破套牢盘的阻力,只是这种主力为数不是很多。

在拉升阶段,主力一般会采取一些震仓手法使套牢盘的重心下跌,比如在前高点附近瞬间推高,然后快速下跌,故意制造一种抛盘沉重的感觉。

● **金种子酒**(600199),从形态上看,它是个【红衣侠女】,量比昨天大,股价涨幅符合上涨3%的要求,但如果不用技术合成对形态进行检验,还是有可能吃主力的骗线。见图十八。

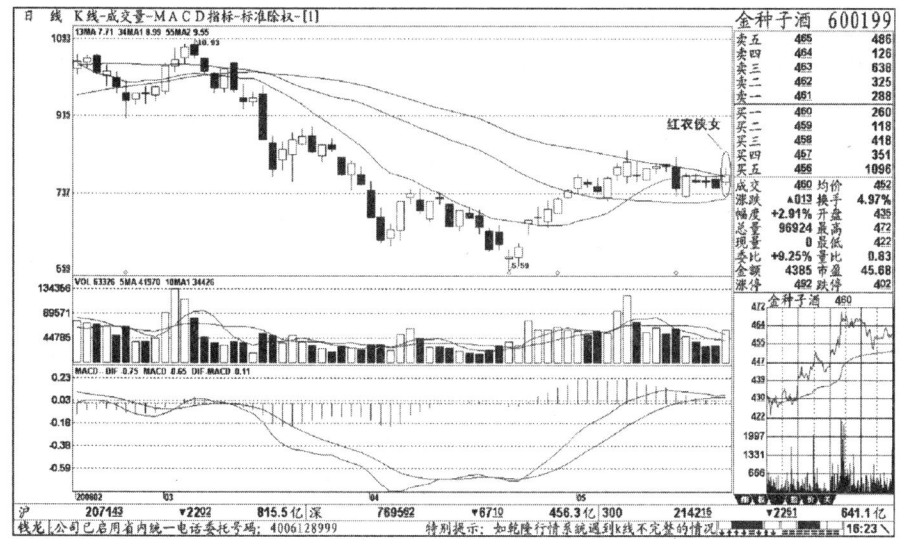

量线下掉，形态毁掉（图十八）

仔细看一看，这个形态内部究竟哪个要素出了问题？量、价没问题，形尽管不规范，但意思也到了。这个【红衣侠女】之所以失败，除了55日均线没有走平，13日均线的上穿也没有力度，而且5日量线已下穿10日量线多日了，说明主力只是例行公事，并没有动真格的。这就预示着股价还有进一步调整的要求，如果有更加完美的形态坚决不做这个，即使没有完美形态也坚决不做这个。股市里需要冒险，我们也愿意为冒险付出任何代价，但冒险必须有条件，这个条件就是完美形态出现的时候。

在形态的五个要素里面，有两个不符合条件，如果硬着头皮做，就属于自讨没趣了。几天不做股票死不了人，乱做气却能把人逼傻。

在运用形态的时候，应自觉地把形态的五要素都考虑进去。只顾其一，不顾其二其三是不行的。只有严把买进关，以后才会有更多的回旋余地。135讲究严进宽出。买进时量、价、线、形、位置一个都不能少，卖出时，只要形态具备就可以动手了。明者因时而变，智者随事而制。

● 恒力股份（600346），如果稍不留意，我们就会把这个形态视为【浪子回头】，用形态五要素去审核，也几乎看不出什么问题。它的量、价、线、形、位置基本都符合要求。那么这个形态的问题究竟出现在哪里？出在线上，但不是均线，也不是指标线，而是量线。它的5日量线没有上穿10日量线，说明主力蓄势还不够充分。尽管这个【浪子回头】的量和价都已对形态进行了确认，就因为量线没有做出积极响应，所以认定这个形态是有缺陷的。而有缺陷的形态是很难实现我们的预期的。遇到这种情况怎么办？不理睬它们！

忍耐，有时很难受，给人一种特别无助的感觉。但适当的忍耐能避免不必要的麻烦。机会不是刻意的寻找，而是难得的不期而遇，刻意的追寻，有时还不如守株待兔更有价值，因为，机会都是等出来的。见图十九。

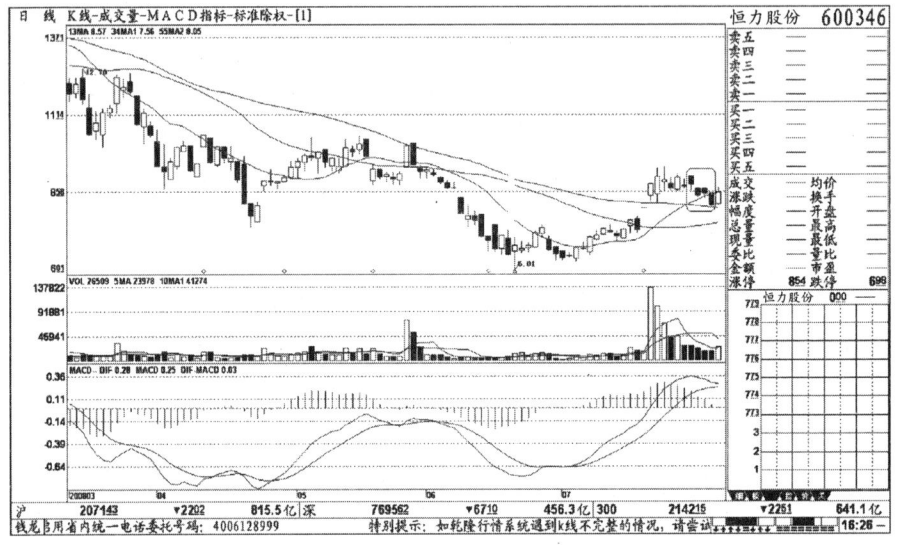

在使用形态上一定要认真谨慎，宁肯错过，不可凑合（图十九）

第二天，股价低开低走，收缩量阴线，多数人会把它视为正常回调。其实，任何判断如果脱离了现实，都会变成瞎猜。而我们在很多时候往往置现实于不顾，总希望现实朝着自己预想的方面发展，这种自欺欺人的做法，必然会自食其果，我们不要去干这种蠢事。

第三天，股价平开，稍作上探，然后就像地老鼠似的一个劲地往下钻。如果昨天对那根缩量阴线还抱有什么幻想的话，那么现在我们必须拿出壮士断腕的勇气拼命出逃。不然的话，我们将会死得很难堪。从图上我们可以清楚地看出，股价从【浪子回头】时的8.58元一直跌到4.11元才止住。你也许会说，股价后来不是又涨上来了吗？确实是这样。但你受得住这半年的煎熬吗？如果在形态失败后出局，在【红杏出墙】处又进场，你的市值翻了将近一倍，而持股不动，现在也不过是刚刚解套而已。执行指令与持股不动，究竟哪个划算？

大家一定要记住，所有的被套与亏损，都是因为切入点不当。假如我们正确地把握了切入点呢？正确地把握了切入点，只是获利多少的问题，基本上不存在被套。而要正确把握切入点，必须实实在在地把识图关过了。识图关过不去，后面的几关同样都会败下阵来。见图二十。

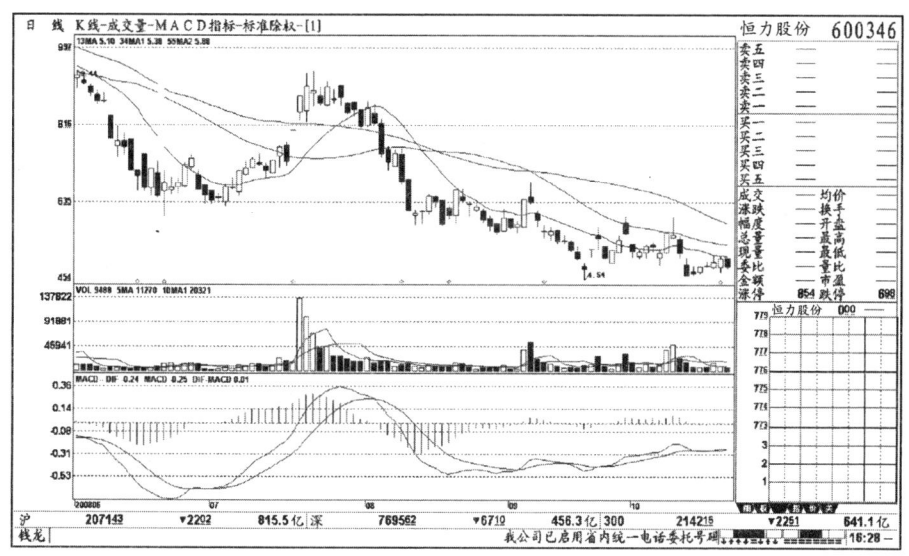

股市里不需要想象力，真正需要的是执行力和节制力（图二十）

生活在加利福尼亚半岛上的美洲鹰由于价值不菲，在当地人的大肆捕杀和工业对环境的污染下终于绝迹了。可是最近，一名美国科学家竟在南美安第斯山脉的一个岩洞里发现了美洲鹰。

一只成年美洲鹰的两翼自然伸展开后长达3米，体重达20公斤。令人奇怪的是，这个驰骋海洋上空的庞然大物，竟能生活在狭小的岩洞里。科学家考察时发现，岩洞里布满了奇形怪状的岩石，岩石与岩石之间的空隙仅0.5英尺，有的甚至更窄。别说美洲鹰这样的大家伙，就是一般的鸟类也难以穿越，那么，美洲鹰究竟是怎样穿越这些岩洞的呢？

为揭开谜底，科学家利用现代科技在岩洞中捕捉到了一只美洲鹰，然后用许多树枝将鹰围在中间，然后用铁蒺藜做成一个直径0.5英尺的小洞让它飞出来。美洲鹰的速度惊人，科学家只能从录像的慢镜头上细看，结果发现它在钻出小洞时，双翅紧紧地贴在肚皮上，双腿却直直地伸到了尾部，与同样伸直的头颈对称起来，就像一段柔软的面条，它是用以柔克刚的方式轻松地穿越了蒺藜洞。在长期的岩洞生活中，美洲鹰练就了能够缩小自己身体的本领。

在研究中进一步发现，每只美洲鹰的身上都结满了大小不一的痂，那些痂也跟岩石一般坚硬。可见，美洲鹰在学习穿越岩洞时也受过不少伤，在一次又一次撕心裂肺的疼痛中，它们终于练就了能伸能缩的本领。

对于严酷的生存环境，鹰有着惊人的适应能力，在认识股市方面，鹰是我们的老师。若想改变自己在股市的生存现状，必须像鹰一样勇于改变自己来适应不断变化的股市环境，在变化中求生存求发展。

● 联创光电（600363），这个【红衣侠女】出现以后，为什么涨幅不大？而且股价又很快回到了原点？弄清这个问题，必须从前面的【红杏出墙】说起。

【红杏出墙】后，股价持续拉出9根阳线，我们知道，把这9根阳线连起来看，它就是我们135战法中的一个买点，叫【九九艳阳天】，是主力资金进场吸纳时的盘面特征。但主力建仓之后通常都要进行一次洗盘，虽然时间长短不一样，但都不会省略这个环节。

股价触摸55日均线的第二天，主力就砸下一个跌停板。这个跌停板的性质是什么？震仓。旨在清洗获利盘。

我们还知道，操作【红杏出墙】有两种卖出方式：一是主动式卖出，二是被动式卖出。（详见四川人民出版社2015年版《黑客点击》）因为股价从底部爬上来，到55日均线附近，已经积累了大量的获利盘，为了将来的顺利拉升，主力通常会在这里作一次清洗，这时候，55日均线变成了一条阻力线。在55日线附近顺势抛出就叫被动式卖出。

我们看到，股价在55日均线附近折腾了9个交易日之后出现了【红衣侠女】，那么，这个【红衣侠女】是不是行情开始起涨的信号？我们能不能大刀阔斧地干它一场？不能。

为什么不能？因为这个形态有缺陷。首先是55日均线没走平，其次是股价没有吃掉昨日的阴线，最后是量线死叉。一个形态总共五个要素，而这个【红衣侠女】却有三个要素不具备，所以说不能买。起码现在不能买。见图二十一。

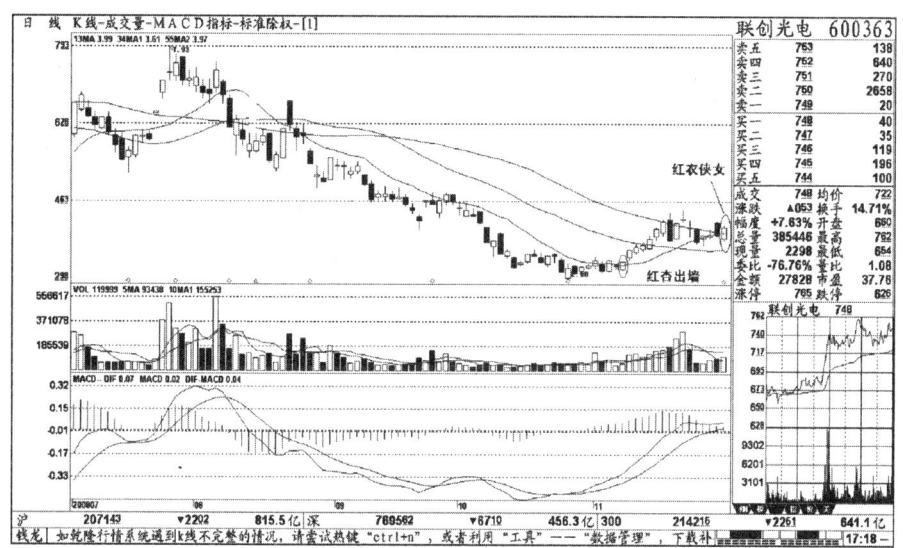

招惹有缺陷的形态，就是在给自己上枷锁（图二十一）

如果你不信邪，在这里强行买进，而且在小【一剑封喉】出现时又没有及时退场，主力就会让你"一场欢喜空悲心"。

小【一剑封喉】出现后，股价从4.8元一直打到3.73元才罢手。

股价跌破55日均线时，正好出现一个不规则的【一锤定音】，之所以说它不规则，主要是出现的位置不对。【一锤定音】应该出现在什么位置？应该出现在股价的绝对底部，是见底信号。出现在55日均线附近是调整行将结束的信号。它们虽然都是股价的止跌信号，但市场意义不一样。出现在底部的【一锤定音】表明股价见底了，但并不意味着股价马上会涨。出现在55日均线附近的【一锤定音】表明股价的回调结束了，股价马上就会动起来。相同的形态出现在不同的位置，其市场意义是不一样的。请大家记住这句话。（详见四川人民出版社2017年第3版《实战大典》）。

操作有计划，买卖有指令。炒股就是坚定不移地执行事先拟定的计划，按事先的计划进场，按事先的计划出局，不被盘口的变动和漫天的消息所迷惑，不让自己的猜测式分析打乱自己的计划。在具体买卖上要做到进退有据，既不盲目，也不随意，一切让指令说了算。见图二十二。

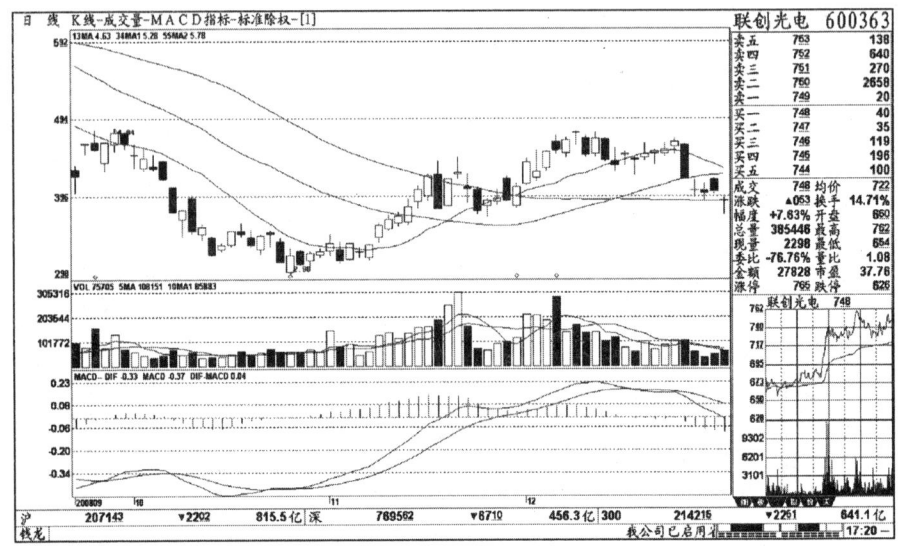

如果你不想被股市"拘留",那就对每一个形态进行技术合成(图二十二)

【一锤定音】的第二天,又出现了一个不规则的【金屋藏娇】,之所以说它不规则,还是因为出现的位置不对。(详见四川人民出版社2015年版《胜者为王》)

【金屋藏娇】的第二天,股价止跌企稳并温和放量,图表上给我们的提示是:这是一个不规则的【破镜重圆】。之所以说它不规则,是因为它的股价没有把【金屋藏娇】完全擒住。加上13日均线已经下穿34日均线,由此我们判定,这个【破镜重圆】的上涨空间有限。采取的策略是:小单跟进,然后在34日均线附近先行抛出,然后在55日均线附近再逢低吸纳,等13日均线走平以后再逐步加码。

股价第二次下破55日均线,但第二天就把股价拉了上去,说明主力不愿让人们在低位捡到更多的廉价筹码。这时候就可以开始轻仓试探了。

股价第三次下破55日均线的时候,底部却在依次抬高,暗示股价已经跌不下去了。主力连拉5根阳线后在前高附近出现了一个【一枝独秀】。【一枝独秀】是见顶信号,但要看它出现在什么位置。位置高是出货信号,位置低则是回调信号。且不管它性质如何,但都是调整信号,有筹的要先行出局,无筹的暂时不进。

股价经过4天的调整,携量突破【一枝独秀】的高点,【梅开二度】发出明确的进场信号。先前抛出的筹码要立即捡回来,没有进场的要抓紧往里冲,这就叫"只认指令,不管输赢"。见图二十三。

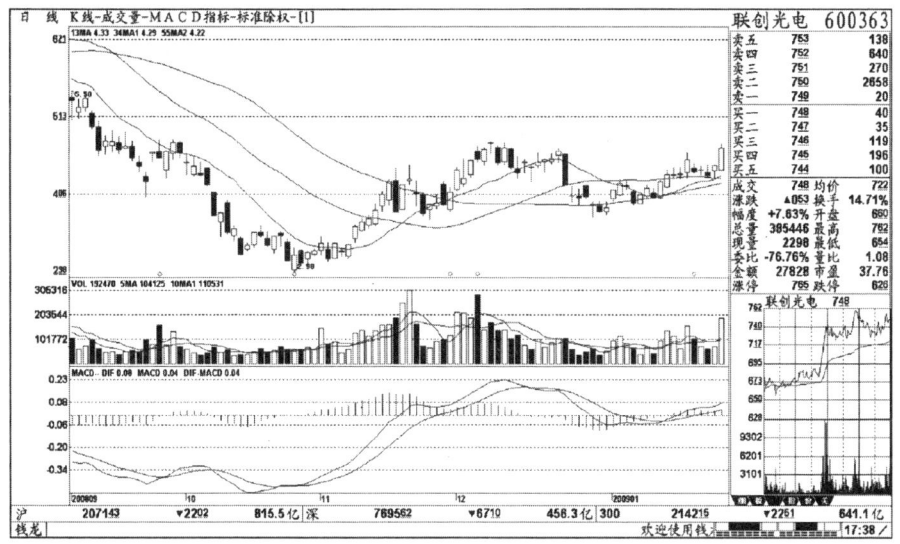

在进攻指令面前,我们要鼓足勇气大胆去追击(图二十三)

【梅开二度】的第二天,股价一路稳步攀升,这就是完美形态带给我们的喜悦,这就是严格执行指令给予我们的回报。见图二十四。

很多人的亏损都是因为抄底造成的。股价从高位跌下来不一定就是底,因为股价跌了可以再跌。那些总去抄主力后路的人,被主力逮住后,不是被灌辣椒水,就是被请上老虎凳,直到被折腾得奄奄一息,才会被主力一脚踹出来。可他们苏醒以后;不是想着怎样痛改前非,而是变本加厉地袭击主力的后花园。这种人最后到底是怎么死的,恐怕连他自己也说不清楚。

一只股票不管它跌了多少,如果没有【红杏出墙】的出现,股价就根本没有底部可言。也有一些抄底成功的人,但那不是因为他技艺超群,而是恰好被他蒙上了。

要找到一个可以重复获利的方法,该读的书一定要学懂弄通,该掌握的知识和技巧,一定要精通熟练,然后在实战的基础上建立一套符合股价运行规律和自己交易风格的实战交易系统;然后就在这个交易系统里面拿回属于自己的钱。

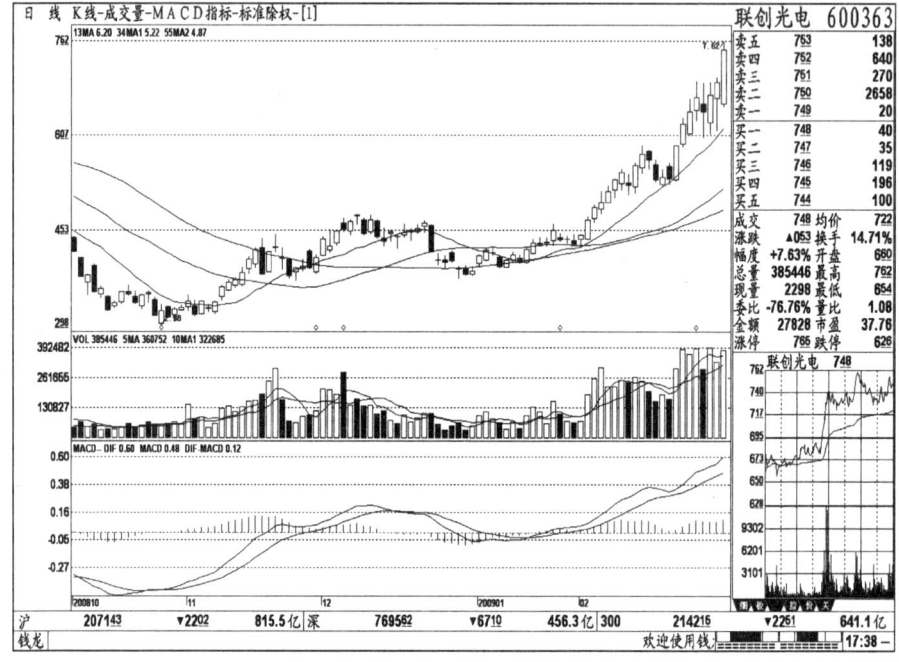

追求完美,捍卫指令,才是走向股市赢家的快车道(图二十四)

第三节 指标线

眼下市场上流行的各种技术指标大约有上百种,但至今没有听说,谁用单一指标在股市就能赚到大钱的。这说明了什么?说明价格成交量在前,技术指标变化在后。由因可以推果,由果来溯因却不一定。所以,任何一种技术指标只能作为参考,绝对不能把它当成买入股票的唯一依据。

135战法只用了一个趋向指标(MACD),而且是作为附件来使用的。这个指标的原理是:借用快慢两根线的分离与聚合判断大势或股价的位置。优点是:在帮助判断、确认形态上有着特别的功效。所以才会引入了135战法。

● 百联股份 (600827),这个【一阳穿三线】为什么不成功?因为它有着三个明显的缺陷:一是线不符合要求。55日均线没有走平,量线处于死叉状态,指标线尚未金叉;二是成交量不够;三是股价没有以涨停板报收。这些都是【一阳穿三线】的致命硬伤。经典的【一阳穿三线】,它的均线系统通常以多头排列列示，起码55日均线要走平，而且是指标线先金叉，然后形态再出现。一般情况下，金叉比形态早一周出现，而且成交量是近期最大的，股价往往以涨停板报收。而这些硬条件，这个【一阳穿三线】似乎都不具备。因此断定，这个【一阳穿三线】的成功概率几乎为零。如果置这些条件于不顾，仅仅根据一个形态就大打出手，那叫愣头青，属于鲁莽之勇。

从某种意义上讲，股市是一个集中着幻想与幻灭的场所。大盘单边上扬时飘摇着欣欣向荣的气象，一副播撒希望的样子，其中融合着无数人的美好幻想，因此股市总是显得那么神奇。如果一个身处幻想阶段的人，被股市的不断蚕食挤破了他的幻想空间，剥夺了他幻想的权利，那将是可怕的；如果无数人被挤破了幻想的空间，股市将是可怕的。见图二十五。

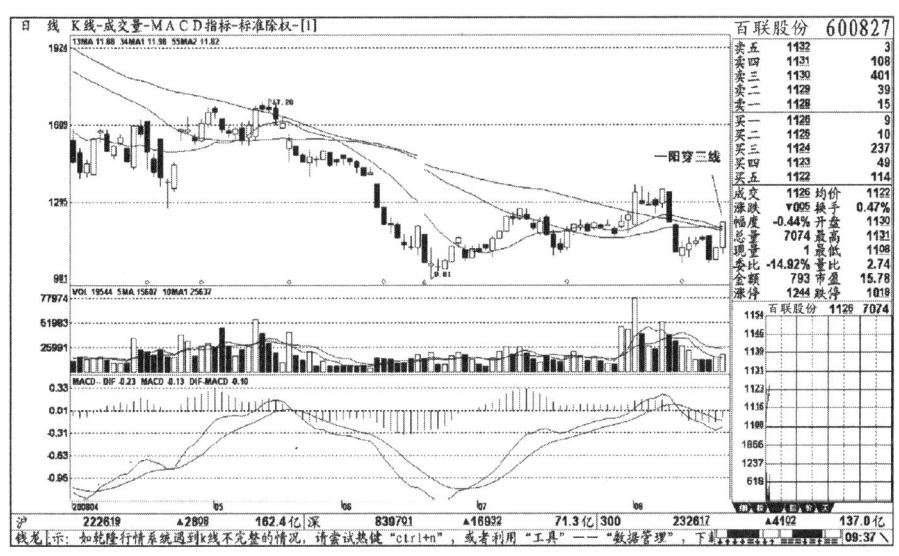

MACD是趋向指标，对判断股价位置和形态真伪意义重大（图二十五）

【一阳穿三线】的第二天，股价低开高走，但有量无价；

第三天，既无量也无价；

第四天，索性缩量下跌。

随后，股价持续拉出了5根阳线，却没能把55日均线给摆平。这说明了什么？说明主力在虚张声势，说明这个【一阳穿三线】是主力资金在出逃，而不是大规模进场抢筹码。有了这种判断，我们就能拒绝诱惑；有了这种判断,即使当天跟进去,也会在随后的日子里择高出局。对任何一个形态,都没必要死守结果。只要股价第二天没有朝着预期的方向发展,就应考虑走人,起码应做减仓处理。所有的形态都不是静止不变的,"变"才是股价波动的主旋律。那种一成不变的僵化的思维方式与股价运行规律格格不入,必须彻底改变。由于股价会变,因此形态也会随之改变,所以我们才格外看重"心随股走,及时跟变"这个原则中的原则。有人把"心随股走,及时跟变"当成口号,实战中把它束之高阁,并不使用,这种知行不能合一的做法,是非常危险的。

【一阳穿三线】之后,主力勉强护了3天盘,就现出了原形。按形态买进是对的,因为它是我们进场的依据,但这个形态必须符合形态的五要素。以后再遇见好看的形态,要悠着点,一定要瞅仔细了再动手。

如果按【一阳穿三线】跟进,在形态失败后又不舍得抛出,股价就会从12.15元跌到6.8元,被主力狠狠地涮了一把,还得赶紧赔笑赔不是。嗑瓜子嗑出个臭虫不要紧,要紧的是赶紧把它吐出来。见图二十六。

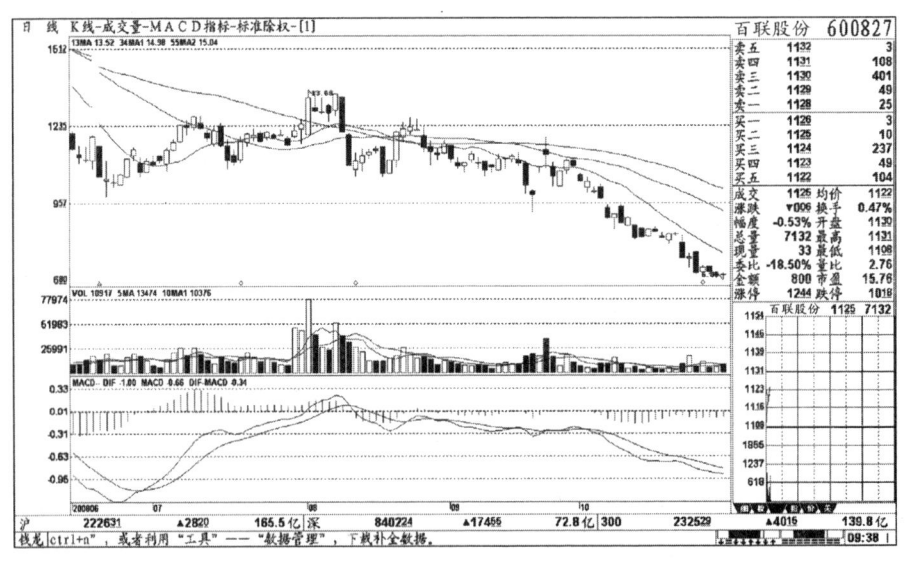

有硬伤的形态其结果终归不妙(图二十六)

● 华夏银行(600015),这个【一阳穿三线】除了位置略微偏高,其他四个构成要素几乎挑不出什么毛病。当日量大于5日均量,股价也以涨停报收,均线系统呈多头排列状。那么,在盘中发现这个形态后,可不可以跟进呢？不可以。见图二十七。

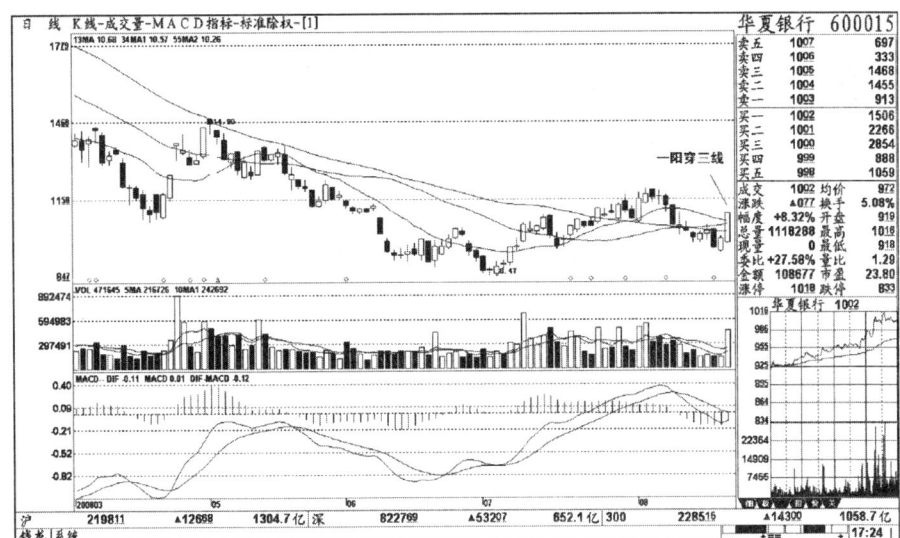

任何一个细节出了漏洞，都有可能造成形态的失败（图二十七）

【一阳穿三线】不是经典攻击形态吗？为什么不可以买入？因为指标线尚处于死叉状态，它的快线（DIF）还在O轴线以下，所以股价持续上涨的可能性较小，形态失败的可能性较高。

遇上这种情况该如何处置？观望是最好的选择。如果怕留下遗憾，不妨小单试上一下。所谓小单，就是不超过5手。

第二天，股价低开高走，可不大功夫就回到了开盘价以下，临收盘时才强行拉起，最后以十字星报收。这时候我们发现，13日均线开始下穿34日均线，【分道扬镳】意味着什么？（参见四川人民出版社2015年版《胜者为王》）如果股价不能在55日均线附近企稳，主力也会与我们分道扬镳，然后再去"深挖洞，广积粮"。

第三天，股价低开低走，收缩量阴线，5日量线走平，指标线快线走平，暗示主力正在选择突破方向。

第四天开始，股价持续拉出5根小阳线，喜中带忧的是，5日量线死叉了。这表明：主力一方面在明修栈道，另一方面却在暗度陈仓。根据经验，量线一旦形成死叉，股价回调的概率就会加大，只是回调多少的问题。

指标线虽已形成金叉，但穿透力很弱。预示股价不会向上走得太远，稳妥的做法是：在【一阳穿三线】上跟进的，先在【一枝独秀】出现时抛出。即使把这 5 根小阳线视为变形的【蚂蚁上树】，股价也该进行回抽了。即使再看好它，也要先行出局，等股价回踩确认后再考虑重新进场。

请大家注意，这 5 根小阳线不是【蚂蚁上树】，把这组阳线视为【蚂蚁上树】是错误的。【蚂蚁上树】只出现在 55 日均线以下，是主力底部吸筹时经常采用的手段。除非行情所迫，主力一般都不会在 55 日均线之上去建仓。在分析形态的时候，应密切关注它目前所在的位置，这样就能省去很多麻烦。

这个小【一枝独秀】，尽管个头不大，但它揭示的市场意义是一样的。对任何一个形态，哪怕他是武大郎，我们也要把它当神仙去敬。三国里诸葛亮主观臆断，大意失荆州，如果我们实战中漫不经心，也会失掉金钱的。

小【一枝独秀】出现以后，股价低开低走，并且一下子跌破两根均线，表明主力去意已决。这时候必须丢掉幻想，盘中或第二天赶紧择高出局。

也许有人把这根中阴线视为【暗度陈仓】，如果你也这样认为，说明你的看盘功夫还不到家。【暗度陈仓】是主力用来清洗获利盘的，一般出现在第一波拉升之后，而这根中阴线则出现在下跌通道中，由于位置出现得不对，其市场意义也会随之改变，所以不能把它当成【暗度陈仓】来处置。

股市的门槛很低，但进来容易出去难。过去了即是门，没过去就成了槛。把事情变杂乱很简单，把事情变简单很杂乱。时间是医治心灵伤口的大师，但绝不是解决问题的高手。股市里只有想不通的人，没有走不通的路。见图二十八。

不管是看盘功夫还是操盘功夫，全都体现在对细节的把握上，体现在对纪律的遵守和对指令的执行上。抛开这两点，功夫就会变成"轻浮"。

为迷惑人们，中阴线的第二天，股价以小星阳线报收。其实这是一根假阳线，因为它的收盘价没有昨天的收盘价高。主力故意制造一种止跌企稳的假象，旨在吸引场外资金来买单。如果我们看穿了主力的鬼把戏，就

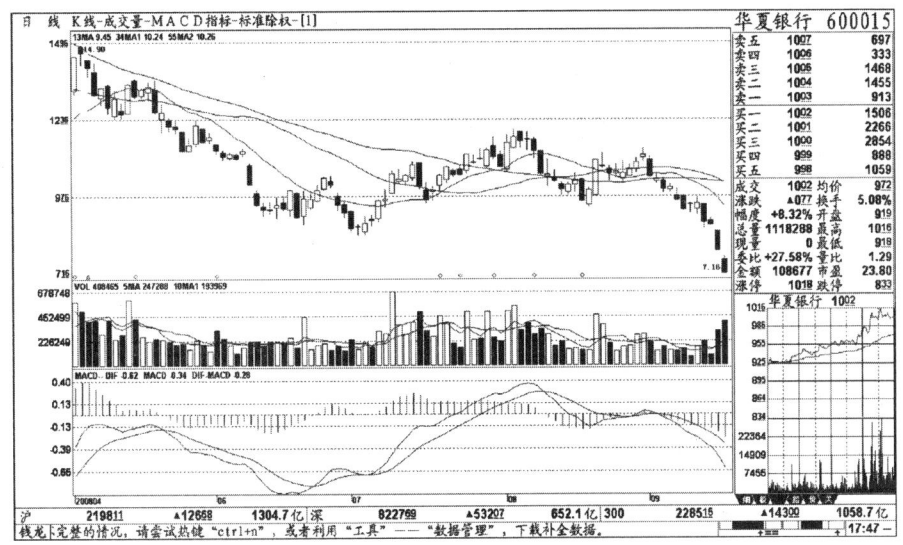

吃了骗线赶紧吐出来（图二十八）

不会去当这个冤大头。我们还发现，股价的量线始终没有形成金叉，而指标线却开始形成死叉了。这些都是不祥之兆，需格外留意。

主力离场的时候，通常做法是：开始的时候是慢慢跑，等人们都麻痹了，就要开始大步逃窜了。

第四节 成功就是抱着希望慢慢熬

1492年2月，哥伦布失望地离开了艾尔罕布拉宫，他原先希望争取西班牙国王斐迪南和王后伊萨贝拉的支持，但没有成功。他骑着骡子，缓缓地出了宫门，考虑应该往哪里去。他此时此刻看上去头发花白，精神十分萎靡。他从年幼开始就认为地球是个球体。当时，人们在距离海岸线400英里远的海上发现了雕有图案的木片，还在葡萄牙海滨发现了两具尸体，从人体特征上判断，他们和已知的人种不一样。哥伦布相信，这些尸体就是从遥远的西部一些还不为欧洲人所知的岛屿上漂流过来的。他曾经指望葡萄牙国王能够资助他进行海上航行，以探讨那些遥远的岛屿。然而，国王约翰二世一面假惺惺地答应他，另一面却暗地里派出自己的考察队。哥

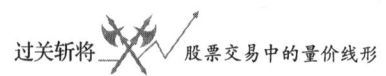

伦布最后的一线希望破灭了。

哥伦布四处乞讨，靠给别人画各种图表为生。他的妻子已经离他而去，他的朋友也都把他当成疯子。斐迪南国王和王后身边的智囊人物对哥伦布的往西行就可以到达东的理论也嗤之以鼻。

"可是，既然太阳、月亮都是圆的，为什么地球不能是圆的？"哥伦布问道。

"如果地球是球体，靠什么支撑它？"智囊们问。

"那太阳、月亮又是靠什么来支撑的呢？"哥伦布反问道。

"如果一个头朝下，脚朝上，就像天花板上的苍蝇一样，你觉得这可能吗？"一位博士问哥伦布，"树根如果在树的上边，它可能生长吗？"

"池塘里的水也都会流出来，我们也就站不起来了。"另一位哲学家补充道。

"《以赛亚书》上说：'苍穹挣张如幔'，这说明地显然是平的，说它是圆的，那是异端。"牧师也加入了辩论。

哥伦布对他们不再抱任何希望，就在他转念想为查理七世效力的时候，事情突然出现了转机。伊莎贝拉的一个朋友对她建议说，万一哥伦布的说法是对的，那么，只要一笔很小的花费，就可以大大地提升她的统治声望。伊莎贝拉接受了朋友的建议。

就这样，哥伦布转过了身子，同时世界也转了身。可是，没有一个水手愿意和他一起出海，国王只好采取强制手段命令水手必须去。于是，他们乘坐"平塔"号帆船出了海。"平塔"号比平常的帆船大不了多少，刚刚启程三天，船舵就断了。水手们内心都有一种不祥之感，一时情绪非常低落。哥伦布就向他们描述了一番印度的美好景象，说那里遍地都是金银珠宝，美女成群，这才让水手们的情绪稳定下来。

船驶过加那利群岛以西 200 英里后，他们的磁针不再是朝着北极星的方向了，水手们说什么也不肯再往前走，这时候哥伦布又向他们解释，说北极星实际上并不在正北方，最后总算说服了他们。当船航行到距离出发地 230 英里的时候，他们发现有樱桃木漂在水面上，船周围时常有一些陆上的鸟类飞过，水手们从海里捞起了一块奇怪的雕有图案的木片。

哥伦布凭着顽强的决心和毅力，终于把西班牙的国旗插上了新大陆。

哥伦布的经历让我们懂得忍耐对一个人的事业起着非凡作用。许多股市赢家之所以能够取得人生的辉煌，在于他们具有惊人的忍耐力，在于他们有着常人都不具备的抗挫折能力。在股市，决定一个人输赢的常常不是技术和经验，而是忍耐力和节制力，是遵循原则的自觉性和执行指令的坚定性。

越南前国防部长武元甲在谈到与美国对抗时就说了一个字"熬"。熬住了就是胜利。这个"熬"字道出了高人的智慧。美国那么强，和它对抗当然不容易，但正因为"熬"住了，最后还是胜利了。中国的十四年抗战，也是一个"熬"的典范。不可一世的日本军队扬言三个月内战胜中国，但中国就和你"熬"，特别是毛泽东的16字诀："敌进我退、敌退我追、敌驻我扰、敌疲我打"，反正铁定了心不能让你安生，今天吃掉你一个小队，明天吃掉你一个联队，慢慢消磨你的有生力量和军队士气，最后日本人"熬"不住了，无条件投降了。

和主力绝对不能正面对抗，我打不过你，我就"熬"你，你不涨我就不买，你不跌我就不卖。反正你的资金有成本，我的资金却不用付利息，咱看谁能"熬"得过谁！

第四章　形

> 形是指股价的外部形状。它是我们买卖股票的唯一依据，是135战法的重中之重。135战法已公布的55个形态，从不同角度揭示了股价的运行规律，正确认识和把握这些形态的不同特性，能极大地提高操作的成功率。

形，就是指股价的外部形状。它是形态的五大要素之一，尽管它在形态的五个要素里面排位第四，但它的重要作用却不可低估。识图训练要用它，复盘训练要用它，判断主力意图要用它，买卖股票还是要用它。它在形态的构成要素里面有着不可或缺、不可替代的作用。主力的操盘计划及其分步实施方案都是通过不同的股价形态来实现的，比如【揭竿而起】的出现，表明主力资金开始大规模进场，股价可能会快速拉升，也可能调整后再拉升，但有一点可以肯定，只要这个形态出现，股价肯定会涨，只是涨多涨少、早涨晚涨的问题。道理很简单，主力进了一大批货，只有把它从高位卖出去才能获利。而【独上高楼】出现后，股价必跌无疑。因为股价经过一波大幅拉升之后，积累了充分的做空能量，如果主力继续傻不拉几地往上拉，最后就会把自己套住。所以，当股价涨到预定目标，主力就会开始出货，但究竟会采取什么方式出货，是打压出货，横盘出货，还是拉升出货，我们事先不知道，但主力只要一动作，我们就能立刻明白主力的意图，不管他采取哪一种出货方式都会在盘面上留下痕迹。比如采取拉升出货，盘面上就会出现【独上高楼】【一枝独秀】【一剑封喉】【狗急跳墙】【明修栈道】等形态特征；如果采取横盘出货，盘面上就会出现【节外生枝】【笑里藏刀】【晨钟暮鼓】等形态特征；如果采取打压出货，盘面上就会出现【落井下石】等形态特征。总之，主力的一举一动都会在盘中形成某种信号，我们运用技术合成对信号进行扫描和鉴别之后，转化为135战法中的特定形态，这种特定形态就是买卖股票的重要依据。杀猪先把刀磨快，炒股贵在识形态。因为，形态说明一切。

第一节 完美的形态会上涨

凡是具备五要素的形态，皆可称之为完美形态。凡是完美的形态，通常都能为我们提供大段利润。搜寻完美形态是每个135人孜孜以求的目标和努力方向，勇于和善于使用完美形态是每个135人的使命。

先来欣赏一个完美的形态。通过赏析加深对完美形态的理解与记忆，通过理解与记忆增加对完美形态的敬重与渴望。完美形态不仅令人赏心悦目，而且还能给我们带来财富。

● 浙江东方（600120），该股起涨的临界点是【梅开二度】。在【梅开二度】出现之前，该股曾给过我们4次进场机会，依次是：【红杏出墙】【投石问路】【红衣侠女】和【串阴】。【红杏出墙】表明股价的底部已被探明；【投石问路】表明主力正不动声色地进行着试探性进攻；【红衣侠女】表明主力在大张旗鼓地招兵买马；【串阴】则是主力清洗获利筹码和整理蓄势的重要手段。这4个买点，3个是进攻型的，1个是防御型的，表明股价未来运行的主旋律是进攻。主力在完成这一系列部署后，然后发起代号为【梅开二度】的"登月计划"。

经过艰难的生长以后，突然发现：主力负责制造形态，散户负责执行指令。两者虽然分工不同，但目的都是为了股价的拉升。因此，尊重主力是一种品质，理解主力是一种涵养。见图一。

这个【梅开二度】之所以能够获得预期成功，完全归结于形态五要素的密切配合。如果五要素步调不一致，攻击力量就会大大削弱，行情就无法向上延伸。

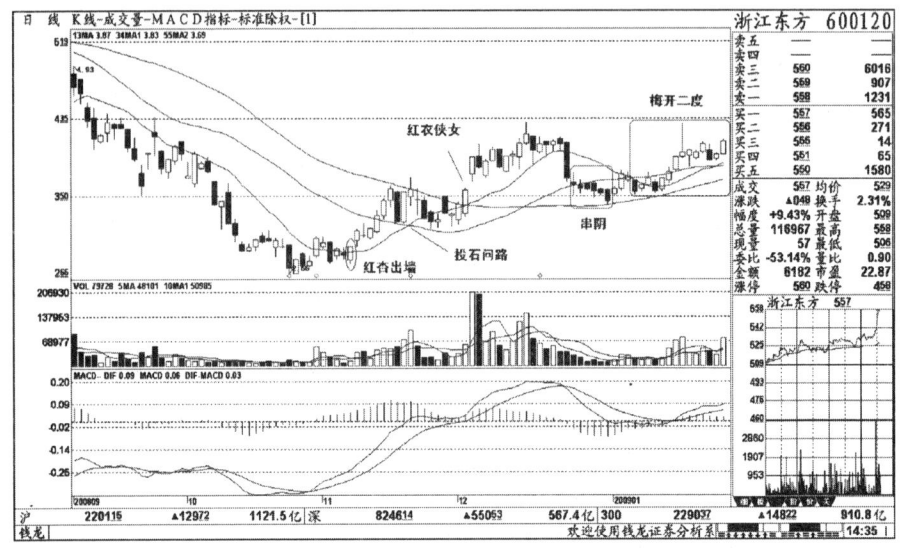

攻击之前先蓄势，攻击之时有信号（图一）

先看它的量：【梅开二度】出现当天，成交量比昨日放大一倍多，与5日均量持平，说明增量资金在源源不断地涌入，说明主力在股价质变节点上舍得花大价钱。

再看它的价：吞掉了前天那根调整阴线，当日涨幅为3.54%，符合上涨3%的要求。

接着看它的线：13日均线翘头向上，5日量线翘头向上，指标线翘头向上，三线方向一致，说明主力劲往一处使。

然后看它的形：13日均线顺利通过34日均线的反压，带量的小中阳线轻松覆盖前天的调整阴线，表明主力底气十足，股价形态符合【梅开二度】的要求。

最后看它的位置：股价经过长期下跌后，先有一波拉升，然后缩量回调，随着成交量的温和放大，13日均线在55日均线上方重新穿越55日均线，说明有增量资金在悄然吸纳。【梅开二度】出现在前高点附近，位置适中。根据放量—缩量—再放量的主力运作规律，完全可以排除主力的出货嫌疑。

形态五要素为我们营造了一个完美的【梅开二度】，同时也给我们提供了一次获利机会，如果我们不领情，一是说明你和钱有仇，二是说明你现在还不具备赚钱的能力，三是说明你还需要再探索一段时间。

有人问，为什么这个买点叫【梅开二度】？叫【海上捞月】成不成？不成。135战法每个买卖点的命名，要么取其形，要么取其义，但都有一定的讲究和含义，当然最主要的还是为了便于记忆。比如说，看到【梅开二度】这个词，人们一般都会联想到姻缘，那肯定是桩美事。所以印象较为深刻。【梅开二度】这个点的命名取自于邯郸的一个成语故事。

唐代肃宗年间，中原某地有一佳丽名唤陈杏元，她家有株梅花树，时当花期，正喷香吐艳。忽一日，无缘无故，那梅花树的枝蔫了，花儿落了。何故无风无雨自残，陈杏元大惑不解。也在这一日，陈杏元在朝做官的父亲差人送来一位书童，这书童聪明伶俐，才貌超人。后来得知，他是被奸臣残害的忠良之后，叫梅良玉。原来，梅花自败应在了他的身上。这不禁使陈杏元的心里萌生了一种难以名状的感情……不久，他俩相爱了。谁知好景不长，他俩尚未成婚，北国南侵，唐王难以抵挡，就派美人去应付，选陈杏元到北国去和番……那时的邯郸是边陲重镇，凡到番邦的人，一般都要登临邯郸的丛台，与社稷亲人垂泪相别。

这样，陈杏元与梅良玉也来到丛台之上……

如今的丛台公园里依然保留着："夫妻南北 兄妹沾襟"八个大字。后来，当陈杏元泪别梅良玉，一步一回头，悲悲切切地就要到达番邦，路经一处悬崖断壁，痛不欲生跳崖寻死之时，她突然得救了。救她的是一缕阴魂，是之前和番到头来忧郁而死的王昭君的阴魂。那阴魂背起陈杏元直送中原陈家，最终让她与梅良玉又成好事，喜结良缘。

这件事感动了陈家院中的梅花树，就在梅陈完婚之日，那梅花树又二度重开，且花朵满枝，艳丽无比，馨香四溢……

通过对形态的欣赏与解析，我们应更加坚定对完美形态的追求与敬重。因为，只有完美的形态，才会为我们提供获取财富的机会。尊重完美形态，就是尊重主力，就是尊重我们自己。追求完美形态，就是追求光明和美好的未来。

一天，苏东坡到大相国寺游园，见墙上有佛印和尚题的一首诗："酒色财气四堵墙，人人都往墙里藏。谁能跳出墙垛外，不活百岁寿也长。"

苏东坡见诗写得颇有哲理，只是禅味太浓，既然人世间离不开酒色财气这四样东西，那为何不能因势利导，化害为利呢？于是，苏东坡就在佛

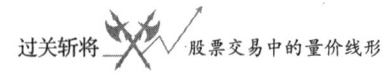

印题诗右侧和上一首:"饮酒不醉最为高,见色不迷是英豪。世财不义切莫取,和气忍让气自消。"

第二天,宋神宗赵顼在宰相王安石的陪同下来到大相国寺,看到佛印与苏东坡的题诗,笑着对王安石道:"爱卿何不和上一首?"王安石遵命,挥毫在佛印题诗的左侧题了一首:"世上无酒不成礼,人间无色路人稀。民为富财才发奋,国有朝气方生机。"

王安石不愧是大政治家,他巧妙地将酒色财气与国家社稷、人民生计结合起来,给酒色财气赋予勃勃生机和喜庆色彩。

文学功底甚深的宋神宗诗兴大发,也和诗一首:"酒助礼乐社稷康,色育生灵重纲常。财足粮丰国家盛,气凝太极定阴阳。"

同样是"酒色财气"四个字,但四个不同身份的人却给出了四种不同的解释。究竟谁的诗更好呢?实在是难分伯仲。但我更倾向宋神宗的,他的一句:"气凝太极定阴阳"道出了炒股的真谛,"阳克阴,阴克阳",股价就是在阴阳交错中完成沉浮的。

135战法系列之六重点讲述技术合成,通过对失败案例的剖析,加深对形态五要素的理解与把握,所以在本书里面我们对成功的案例和完美的形态着墨不是太多。关于135战法的知识点和实战要点,还请读者朋友参阅四川人民出版社出版的135战法系列丛书。我们接着看下一节的内容:残缺的形态是暗疮。这是本章的重点,要用心。

第二节 残缺的形态是暗疮

几乎所有残缺的形态,都会留给人们一个残缺的故事。而这个故事的主人公也许就是你我他。然而,谁要是当一次故事的主人公,即使要不了你的老命,也会把你折腾得半死。为了避免类似悲剧的发生,我们必须提高自己的分辨能力,认清残缺形态的丑恶嘴脸。接下来,这些将要与我们见面的,就是那些曾经把我们弄得痛不欲生的残缺形态,请记住它们,不是为了复仇,而是为了今后不再重蹈覆辙。

● **长江通信** (600345),从图表上看,我们对这个形态可能会给出四种答案。答案一:【黑客点击】;答案二:【红衣侠女】;答案三:【海底捞月】;答案四:【一石二鸟】。究竟哪一种答案是正确的?也许我的回答令人失望:都不正确。因为,这是一个有着严重缺陷的形态。见图二。

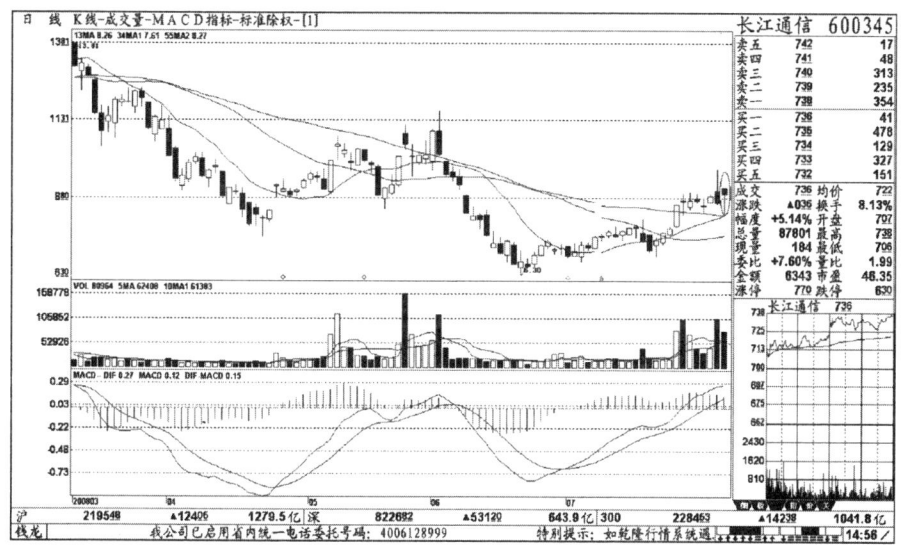

不规范的形态常常导致资金的被套(图二)

先说第一个。为什么说它不是【黑客点击】,因为它只是股价的下影线触摸了一下均线的结点,股价的实体并没有落在13日均线与55日均线的节点上,这是第一个不规范;【黑客点击】当天的股价应比昨日低,而这个【黑客点击】的股价比昨日的收盘价高,这是第二个不规范。

再说【红衣侠女】,它的股价比昨日的收盘价高,但没有吃掉昨日阴线的实体,而且量也不够,虽然它当天涨了3个点,但毕竟不是以阳线面目出现的,所以不能把它视为【红衣侠女】。

接着说【海底捞月】,规范的【海底捞月】是非常漂亮的月牙形,55日均线走平,13日均线的下穿和上穿时的弧线特别美。这个【海底捞月】不但55日均线没走平,而且"肚子"太大,股价的实体也没有落在13日均线与55日均线的结点上。

最后说【一石二鸟】,虽然它表面上形似【一石二鸟】,但实际上不是。它的第一根阴线是以【一剑封喉】面目出现的,而且它的量超出了前面那根阳线的量,说明股价的调整已经超出了它的调整范围。规范的【一石二鸟】应在阳线里面活动,而这个【一石二鸟】的两根阴线跌破了前面阳线的开盘价。所以【一石二鸟】不成立。

如果把这个形态视为复合形态,那也只是对形态进行累加,并不真正具有复合形态的市场意义。这个复合形态只能说明主力更阴险、更狡诈。如果不对这个形态进行技术合成,就可能会吃骗线。识图不过关的,就会乖乖地跳进主力精心设置的陷阱里,如果第二天处置不及时,就会被主力拦腰斩断。见图三。

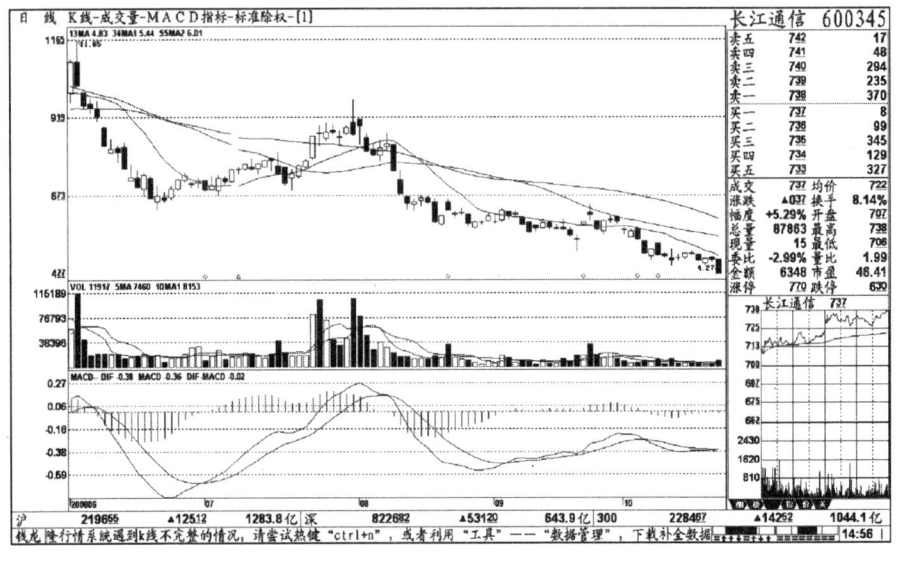

不要碰残缺形态,残缺形态发起狠来能把人置于死地(图三)

一个女学员的父亲是私募基金的老总,常年在外奔波,十几年只在家里过了两个春节。他总感到在孩子的成长过程中没有尽到做父亲的责任,心里总是感到愧疚。孩子大学毕业后想独自出去闯荡,而他更希望孩子"子承父业",可又说服不了孩子。于是就把孩子送到我这里。我没有给孩子讲大道理,而是让她坐在我身旁看我操盘。收盘后她显得异常兴奋:"老师,就刚才那一会儿就挣2万多,太神奇了。"我说:"就是你在外企当白领,一个月也拿不到这么多。上大学不是为了就业,而是运用大学里学到的知识自己去创业。你听我说丫头,靠给别人打工是很难富裕起来的。"姑娘若有所思地点了点头。培训结束时,她父亲拉着我的手说:"宁老师,你帮我解决了一个大难题,孩子能跟着你做股票,我什么后顾之忧都没有了。"

培训期间，每天我都让这个小学员坐在我旁边。一天我问她："你看我操盘是不是很爽？"姑娘带着一脸灿烂的笑容冲我直点头。我说，"就为了这短短十分钟，我花了十年的功夫，你有这个决心和毅力吗？""有！"姑娘异常坚定地对我说。

姑娘的父亲用征询的口吻问我，给学员上课的时候，他能不能旁听？我说当然可以。下课后他对我说，"你的课讲得我后背直冒汗"。我问为什么？他说，"没废话，句句直指要害。尤其是你的'心随股走，及时跟变'这个理念，实战价值太高了，但我相信没有多少人能真正悟到它的精妙"。

会看的看门道，不会看的看热闹，姑娘的父亲一语中的。135战法的真正价值不仅仅是它的几十个买卖点，还有它的理念、实战交易系统、原则和纪律。

在培训结束时的聚餐上，他对学员们讲："现在私募基金的经理人手一套宁老师的书，我对宁老师的每一本书几乎都能背下来。我从中学到了很多东西，包括许多做人的道理。龙头股份（600630）就是我按照宁老师的135战法来运作的，按135理论去做庄，不但省力，资金也能节省一半。宁老师，你看这个【黑客点击】，我做得规范不规范？缩量收阴，小步推进，然后用一组阳线【走四方】进行蓄势整理。"

"【黑客点击】做得还可以。但【走四方】做得不标准，而且出现的位置不当。"我插了一句。

"你关注过这个票？"

"是的。如果越过前高再震仓，效果会更好些。突破前高其实不用放那么大的量，如果用涨停突破前高，抛压可能会更小。道理很简单，谁也不会在涨停板上卖股票。在前高点附近扭扭捏捏，会招致更大的抛压。"

"我也意识到这个问题，所以第二天高开后，稍作下探就迅速把股价推到了涨停板上。"

"在回调或者出货时，你们能不能换一种更加隐蔽的方式？比如说不用【一剑封喉】？不用135战法的其他出货形态？"我问女学员的父亲。

"不行啊，只要是出货，就会在盘面上留下痕迹。其实这些出货手段，骗骗散户还可以，碰上你这样的行家，我们一点儿便宜都捞不到。"

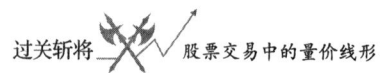

"135战法向来不与主力为敌,而是把你们尊为太上皇,你们说拉升,我们就拼命地给你们抬轿,你们说调整,吓得我们屁滚尿流地往外跑。"

"碰上懂135的人算是倒大霉了,你们吃了我们的,拿了我们的,还不承担任何风险。"学员的父亲没有生气的意思,但显得有些无奈。

"你们把肉都吃了,我们只是跟着喝点汤。再说,我们那么坚定地执行'只认指令,不管输赢'的操盘纪律,给我们一点小小奖励还不应该?"

气氛一下子活跃起来。大家异口同声地说,"那是那是,我们成天跟着你们鞍前马后地跑,担惊受怕不说,还时常挨你们的闷棍。给我们发点精神磨损费完全应该。"

学员们以前都对主力有一种神秘感,现在和主力面对面地在一起,个个都有一种说不出的兴奋。我说:"把你们做庄的内幕给我们讲讲吧。"

学员的父亲迟疑了一下,然后道,"既然宁老师说了,我就破一次例。其实,关于做庄的过程,宁老师在新编的《黑客点击》实战教程里已经讲得很详细了,我还是把这些年的酸甜苦辣给大家倒一倒吧。"

"做庄不是很风光吗?"一个学员不解地问。

"那是表面,其实哪个行业都有哪个行业的苦衷……"

学员班长郭卫东的日记记录了他对主力的看法。郭卫东同学很刻苦,也善于用脑子。前不久,他将自己学习135战法的5本日记寄给我,看过他的日记,我挺震撼的:这是一个严于律己的人,一个悟性极高而又极善反省的人。

3月13日　　星期四　　晴

昨晚10:30乘K22次火车前往邯郸面授,开始了一次生命历程里全新的旅途。时间过得好快,离长沙打工又有六年没坐火车,跟以前在湛江求学不同,这次是为了炒股求学,为了改变自己的命运求学。

火车驶入河北地界,给培训部打了个电话,说先去报到。他们本来就要下班了,接我电话后说等我来。一进证券公司的楼迈进培训部办公室,就见到了宁老师。这一次见面,从此改变了自己以后的人生道路!

先拿出四本书让宁老师签名，又讨了一本新的《训练大纲》，表示一切都是新的，一切从零开始。老师说今晚本期学员聚餐，让我一起去，还说一位姓姜的大连学员先我报到了。去酒店的路上，跟老师进行了简短的交流，老师真是父亲般的慈祥，但说得最多的还是如何做人。他说炒股完全可以改变命运，但必须要沉下心来，必须耐得住寂寞，战胜自我。他鼓励我一辈子做好一件事就足够了。

宁老师说我们这一期有个主力送他女儿来学习，当时没什么感觉，后来回想这正是此行最大的收获之一，足以改变人生的一次聚餐！仔细想来，老师为什么带我去？一切都是有因有果啊。按惯例每期学员周四聚餐，而这期因为有学员明天就走，所以提前了一天，正好让我赶上了。

老师说的主力姓王，这次专程送女儿来学135战法。听他一口一个"老师"地叫着，完全出自内心的感激，绝无奉承迎合之意。他说自己是私募圈屈指可数的高手之一，宁老师帮他做通了女儿的工作，替他去掉了一辈子最大的心病，所以才破例向同学们讲了许多做庄细节，让我们这些普通散户如此近距离地走近神秘主力，这可是一辈子都可遇不可求的惊喜呀！

他一身普通打扮，毫不起眼，有谁知道他就是手握几十亿资金在股市兴风作浪的主力？给我印象最深的有几点：一是对老师五体投地地敬重，绝非虚言，说到动情处两眼湿润，既有对女儿的拳拳父母心，又有对老师的无限感激。二是对135战法的无限推崇和勤奋学习，他几乎能把宁老师的书全部背下来，对各个买卖点作过上百次的实战，特别是用【一石二鸟】多达400次，准确度几乎是100%。他说形态重要，位置更重要，位置决定成败。三是炒股最重要的是理念，成功的根本是做人。四是135战法对证券界的影响，现在所有的私募操盘手是人手一套老师的书，这让我感到很震惊。五是135战法融合了世界五大经典证券理论，现在主力想反着破局但达不到。有些出货形态比如【一枝独秀】【一剑封喉】是非做不可的，否则出不了货。六是老师对主力的研究令他不断竖起拇指。七是他说"心随股走，及时跟变"是135战法的灵魂，是无价之宝。

吃饭期间老师谈了许多，有理论上的，有具体操作上的，比如说【揭竿而起】有攻击型的，也有收集型的，做股要尽量做均线多头排列之上的，必须等阳线吃掉阴线才进场。操盘日记如何写，收盘后不要马上复盘，要闭目养神十分钟，然后把全天的交易情况有分析地记录在案。复盘至少要坚持一年才会有明显的直觉，达到所有股票一看完，就知道明天大盘的大概走势。老师说江恩理论有其科学的一面，但后来江恩在研究神学、玄学上走火入魔了，以至用这套理论去预测美国总统大选，这显然偏离了市场的正常轨道。老师根据波浪理论总结出135战法的"1321"回调论，即强势股回调量度有13%、21%等分割点。

老师特别强调，要独自看盘，不要受任何人打扰，独立处理一切，否则会中断思路，影响操作计划。回去马上解决网线和电脑问题，绝不拖延。

其间问了老师三个问题。一是135战法的形态和股价是否是因果关系，老师说是的。有某种形态出现，股价以后的走势就是必然的，就像量价与指标的关系一样。有因必有果，有果则不能推导出因来。二是学习135战法后如何处理和其他理论的关系？老师说只要有用的东西都要兼收并蓄，为我所用。135战法是个开放体系，会随着市场的变化而变化。三是盘中的形态不断变化，判断错了怎么办？老师说及时跟变，马上改正错误。

说到资金布局，老师说先小单试探，待形态企稳后再逐步加仓，突破时再重仓出击。意思是先轻仓，即使吃了骗线损失也不会太大，而一旦突破重要阻力位则要重仓出击。此时看似买价高了，其实风险小很多。以前自己的做法总是相反的：涨时仓位轻，跌时仓位重。

说到技术指标，老师研究过上百种，现在基本都不用了。这倒提醒自己以后在这方面不用太下功夫，那本技术书看来只能做参考了。

老师说主力做日K线骗线很容易，但均线是很难做骗线的，因为成本太高。老王也说，要想把13日均线从向上到打平，需要流通市值的50％左右的资金，主力一般不会做。

今天最大的收获是验证了一句话：135战法是经得起市场和时间考验的。连主力都大为叹服，自己还有什么不服的呢？

老师说，做股票总要替主力利益着想，你替他想了他才会给你想要的，要和主力交朋友，任何时候都不和主力正面发生冲突。

老师说，做股票就是做差价。老王说他们也是如此，先买后卖是差价，先卖后买也是差价，这点和自己想法一样，以前就是不知道如何去做。

宁老师还说起一件事。某机构来邯郸邀请老师为其操盘，结果，老师将其操盘手留了7天。在邯郸郊外的度假村双方大斗其法。操盘手说：若是人人都学会了135战法，那主力就死定了。老师说散户不学习也会死定的。可见135战法的威力，可又有几个散户愿意静下来专心学习呢？

今天见到了以前极为神秘的主力，其实他们也是普普通通的人，他们之所以能从散户身上赚钱，一是资金实力雄厚，二是技术高超。散户要想在这个弱肉强食的市场里存活下来，唯有学习研究重复获利之道，才能保存自己。然后再从主力口袋里弄几个小钱花花，别指望能战胜主力。这个论点无论在理论上，还是实战中都是站得住脚的。零风险理论说斗庄也只是在局部上，用资金管理的数字模型赚钱。

老王和他的两个操盘手用10万资金，就用了老师的一个【一石二鸟】，一年就做到了1000万。可见并非方法不好，而是每个人的执行力不一致。自己每周3％的计划实现不了，就是心理和技术过不了关。

加倍努力，今天是个崭新的起点。

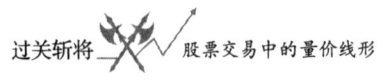

3月14日　　星期五　　晴

上午在培训中心观看上期学员和宁老师操盘。

老王指点一位女学员做权证，用江恩线理论进行操作，真的很神奇。股价基本上是沿着线走的，涨跌的时间、空间、方向几乎一目了然，若是精通还可算出具体点位，不见不知道，以前认为很神秘的东西，一旦捅破窗户纸也不过如此，可要捅破它谈何容易，不下苦功，没有悟性都是白搭。

看宁老师操盘，果真快捷如风，行云流水。有一点体会最深，老师常说股票贵在波动，炒股就是做差价。看他下单，发现大单极少，将筹码和资金颠过来倒过去，只要有差价，老师都不放过，几千元甚至几百元的差价都做，盘内T+0反复运用，以他的水平和资金量都如此操作，反观自己，总想一下子买在最低，卖在最高，仓位一下子就重了，真是执迷不悟。

老王反复讲，老师最值钱的东西就是"心随股走，及时跟变"，这八个字导致他操盘风格和操盘理念都为之大变，绝非虚言。

下午继续看宁老师和同学们操盘，一位师姐按老王指点的江恩线操作，她的体会很深刻，最后说了这样一句话：在箱体里运行的股价都是符合135战法买卖点规律的。

看老师操盘更有收获，印象最深的是进退有据。无论是在日线、60分钟线、30分钟线、15分钟线、5分钟线及MACD指标操作都必须有依据，否则就吃套。在做南航权证时老师有个反弹做得很漂亮，但在尾盘下单时也被浅套，可见市场走势是不以任何人的意志为转移的，任何人都会被套住的，问题在于高手套住很快就能解套，低手套住是死等解套。

复盘时老师说的一句话，让我豁然开朗，解决了长期困惑自己的一个大问题。他说做股票就是做差价，要不断地高抛低吸。现在有的学员专门买【独上高楼】形态的股票，以此来训练自己的自救能力。方法就是低买高卖，反复做差价，几次以后即可解套甚至盈利，从而达到在下降通道里赚钱的目的，这不就是零风险策略吗？以前总以为它是唯一的下降通道中的操作方法，其实老师这儿也有啊！二者异曲同工，怪不得老师说只要是赚钱的方法就是好方法，这次解决了自己的一大心病，零风险策略也是贯彻及时跟变理念的。能按135战法的指令严格操作，不抢点、不拖延那是最好的，但谁也不能保证100%成功。万一吃骗线被套，一是立即止损，二是不断地在盘中高抛低吸。更何况，我的师兄师姐们已经开始主动买套，练习自救之法。自己将135战法、零风险理论、T+0操作有机结合起来，不就什么问题都解决了吗？这是理念、理论和操作模式上的改变，是一种更高层次的变。

今天跟四川同学李建交流，他的精神值得我学习，他认准一件事情其他的东西都能放得下，他的账户里虽然只有十万元，但还是来学习。

本周市值又跌到10万元之下，是因为介入002136后就遇上大盘暴跌，主力顺势打压，而自己只是被动守仓，仓位又重，市值大幅缩水。看老师这几天带同学们也做此票，做法就完全不一样，在止跌企稳时小单试探，而且盘中不停地做差价，今天下午出现买点后要求学员加倍买进，节奏把握得恰到好处，仓位控制和资金布局既合理又有度。

想到一个问题，老师讲的下降通道自救法，跟零风险还不完全一样，它的参数设置不是数学模型，而是具体的形态。讲究"进退有据，速战急归"，不打持久战。实际操作中不单是日K线，而是结合5、15、30、60分钟K线，这个问题要仔细问清楚，彻底弄明白。晚上读《训练大纲》第六章操盘经典的第5条：

原想股价往上涨，未料出现反方向，

区分位置辨形态，若不止损就加仓。

通过今天看老师操盘对此有了全新的认识，以前不论是抢点还是按点进场，遇到上涨会持仓，大涨会卖掉，小跌会守仓，大跌还会加仓。正确的做法应是："主力经常利用意外的调整来清洗获利盘，当股价向着期望的反方向发展时，首先要做的是减仓，如果确认主力震仓，在重要技术支撑位大胆加仓。"（摘自《训练大纲》）下午安纳达出现支撑后老师要求学员加码买进，所以以后自己遇上这种情况不能像这次操作安纳达一样，被套后死扛，既不减仓止损，也不做差价，更不敢加仓，主要问题是仓位太重，严重影响了交易心态和机动空间。

将《训练大纲》之操盘经典一路看下去，很多问题突然间就明白了，奇怪的是以前怎么就是不明白？一是书翻得不够勤；二是没到顿悟之时。老师的书真的无一句废话，无一字不值钱。

股市博弈在较量，与庄争利要对抗。

进退有据藏新底，买卖千万不可慌。

"一般人都缺乏与主力的对抗心理，经常是低点出，高点进，被市场牵着鼻子走。"老师一贯主张与主力和谐共处，交朋友。我现在理解那是战略层面的，是指想主力所想，走近、了解、研究、认识主力，战术层面上要与庄斗，他砸洗我们减筹，他出货我们先走，只有这样才能盈利，否则只能成为主力的炮灰。这点与零风险理论完全一致了，切不可做错了方向。

刚才突然间明白了，宁老师为什么不去做庄，并不是他能力不够，实际上他的功力远远胜过主力的操盘手，而是他的境界决定了如此。他从散户里煎熬出来，不忍私藏秘籍，公布大众，造福散户，实为大功之举。另外如此生活，安详淡定，内心从容安宁，又可以照顾老人，这不就是大幸福吗？每天传带学生，与主力切磋技艺，其乐融融，夫复何求。记得昨晚就餐时，老师说，你们学了135战法，特别是有了成就之后，一定要去帮助那些值得帮助的人。他现在每天就是在帮助我们这些急需帮助的散户。反观老王，虽然在股市翻手为云，覆手为雨，却身心疲惫，每时每刻生活在风口浪尖。稍有不慎，就有灭门之灾，压力之大，常人难以想象，甚至因职业关系，失去了很多天伦之乐，虽然得到了巨大财富，可失去的也是极为宝贵的东西。

自己现在已经迈进了证券市场大门，对未来的前途要做个规划。股市里赚钱是目标，但不能是终极目标，要像赵慧师姐说的：快乐股市，快乐人生。人应以追求快乐为人生最终目标。赚钱后先解决个人需求，子女就学，房子车子解决以后，就去实现行万里路的梦想，如果还有能力的话，再去做回报社会、回报散户的事情，尽心尽力做去，做多做少并不重要，关键要有一颗感恩之心。做善事，不求别人赞许，只要心安理得。

昨天有同学问老王为何不做权证，他说不忍心做，每天赚的都是散户血淋淋的钱，何其之善也！虽说做股票照样赚散户之钱，那是游戏规则，愿赌服输，万不可怨天尤人。早年那么多机构大户烟消云散，多少英雄俊杰不知所终，又能怪谁呢？现在有点理解老王所说的：炒股最重要的不是技术而是做人。一个主力都如此说，当是意料之外，情理之中。

虽然明天才正式上课，但我想此行最大的收获是目睹了老师的风采。他的书让私募基金的经理们人手一套，让主力亲自送女儿求学，绝非仅仅是技术层面的因素了，是境界使然。有了高境界，技术不过是雕虫小技。我们应从学技术入手，过渡到心态调整，最终向境界迈进，这是必由之路，也是必然结果，不可跨越。在学生时代就推崇《红楼梦》里的两句话：

"世间洞明皆学问，人情练达即文章。"现在学习炒股更是如此，功夫更在股市之外。纯粹为技术而学，是学不好、学不精、学不透的，自己在入市之前就形成了两个观点：要有感恩和畏惧之心，看来是对的。

股市是汪洋大海，像老王这样有实力的主力，一个浪头打来都会马仰船翻，我等这些散户，更是一叶小舟。所以时常要有畏惧之心，永远把风险控制放在第一位。

炒股还应抱有感恩之心，感谢党和政府，感谢老师和同学，感谢主力和散户，感谢市场里所有的人，即便将来成功了也应如此。一个人在市场里犹如沧海一粟，永远是微不足道的。没有感恩之心，就会自我膨胀，摆不正自己的位置，一旦拔高自身，就很危险了，说不定什么时候就会被摔得粉身碎骨，切记！

已至凌晨，睡意袭来，最后以屈原之语自勉吧：路漫漫其修远兮，吾将上下而求索！

● **小商品城**（600415），如果盘中遇见这个图形，你会不会把它视为【一阳穿三线】？回答应该是肯定的。果真如此的话，说明你在识图关上还有一段路要走，还有一番功夫要下。

【一阳穿三线】是经典攻击形态，股价走势异常迅猛，而且绝不拖泥带水。这个【一阳穿三线】两头冒尖，说明主力只是逢场作戏。遇上这样的【一阳穿三线】，最好是隔岸观火，不去凑热闹。

规范的形态，首先形态要完美。比如说攻击形态，必须是量价齐升，通常报收光头大阳线，光头大阳线说明主力实力超强。但这种情况仅限于股价质变的节点，对那些已经处于拉升途中的股价则不设此限。

135战法的买进与卖出，都把形态放在了第一位。因为主力的一切意图都是通过不同的图形来实现的。135战法虽然都是按图形进行操作，但在买进和卖出时却有着重大区别。比如说，买进时，我们讲究量、价、线、形、位置五个要素，目的很明确，只有满足五要素的形态，成功的可能性才会更大一些。见图四。

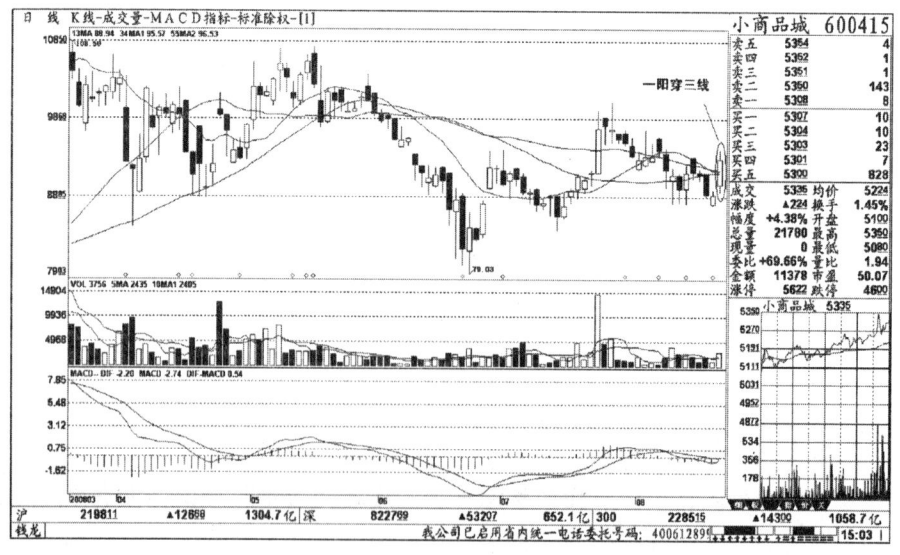

经典的【一阳穿三线】通常是光头光脚大阳线，不应该两头冒尖（图四）

但卖出时相对宽松，只要有一个形态就足够了，根本不必理会其他要素。卖出时即使吃了主力的骗线，顶多是少赚一段利润，而且可以立即买回来。买进则不同，如果吃了主力的骗线，第二天又不愿止损，就会造成资金被套，很容易把心态搞坏。我们之所以特别强调严把买进关，就是因为这个原因。

有人说炒股的风险太大了，那你就去做豆腐。做硬了是豆腐干，做稀了是豆腐脑，做薄了是豆腐皮，做没了是豆浆，做坏了是臭豆腐！稳赚不亏啊！

如果你按【一阳穿三线】进场，那么，第二天，你会不会按【一阴破三线】出局？难说。因为你只知道【一阳穿三线】是主力的进场信号，所以会一直死等【一阳穿三线】的结果，至于股价后来的变化却很少关注，更不会因形态的失败而斩仓出局。既然我们能够按135战法的形态买进，为什么就不能按135战法的形态卖出呢？因为你买进后还没赚钱，甚至出现了亏损，所以不想走。但不走，就会扩大资金的亏损额度。由此可见，真正把"只认指令，不管输赢"的原则落到实处并不是一件容易的事情，如果容易了，股市里的大亨恐怕就要人满为患了。但是，谁要是违背了这个原则，主力就会毫不留情地把你折腾得倾家荡产。因此，我们不该拿着自己的血汗钱去挑战原则的严肃性。见图五。

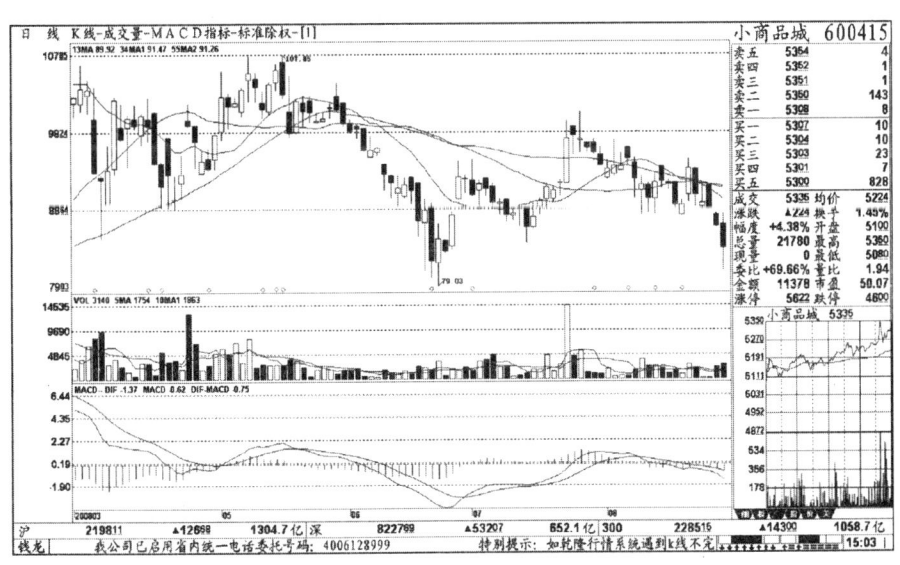

不规范的形态是地雷，小心踏上（图五）

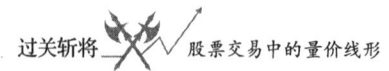

我们面对的是同一个股市,但结果却各不相同。有的在财富的大道上迅猛奔跑;有的却在崎岖的山路上艰难跋涉。后者除了理念方法的迥异,还有抗挫折能力太弱,重要的还是渴望成功的毅力不够。你看那山涧的小溪,当它认准目标以后,就日复一日、年复一年地奔流不息,尽管道路是那样曲折,但从不动摇自己的信念,以自己特有的韧性勇往直前,终于赢得大海的倾心。

投资是一个漫长的过程,不是一朝一夕就能见效的。该忍受和忍耐时,就得忍受和忍耐,这既是磨炼、体验,更是学习和提高的过程。许多股市赢家,他们与失败者的区别,往往不是机遇或者更加聪明的头脑,只在于股市赢家多坚持了一会。有时是一周,有时是一天,有时仅仅是几分钟。

一个人究竟能否成功?归根到底,是能否最大限度地挖掘并释放出自身的潜能,做最有兴趣和最有激情的事情。当你对某件事情感兴趣时,你会在走路、吃饭,甚至是洗澡时都会对它念念不忘,那你在该领域内就更容易获得成功,你可以为它废寝忘食,连睡觉时突然来了一个灵感,都会跳起来。这时候,你已经不是为了成功而拼命,而是视工作为享受,毫无疑问,这种看似有些神经质的人将会更快地取得成功。

● 三元股份 (600429),在盘中或复盘时发现该股,我们会不会把它视为【海底捞月】或【黑客点击】?如果你的回答是肯定的,说明你的识图还存在一定差距。从K线形态上来说,这两种答案都没错。如果用技术合成检测,这个形态显然是不规范的。理由是:这个【海底捞月】的肚子太大。大肚子的【海底捞月】一般情况下都不具备操作价值,因为它是因起哄而形成,并非自然形成。规范的【海底捞月】,55日均线一般都是平的,13日均线下穿55日均线和上穿55日均线的弧度非常流畅,而且股价紧贴13日均线缓步移动,中间几乎没有大的起伏,(详见四川人民出版社2015年版《黑客点击》)这个【海底捞月】不具备这些条件,因此应谨慎参与,最好是不参与。见图六。

通常情况下,多数个股都会随大盘一起行动,只有少数实力超强的主力,在正确判断大势的前提下才会采取行动,走出独立行情。受大盘影响形成的形态,没有主力人为制造的形态成功率高。换言之,主力刻意为之

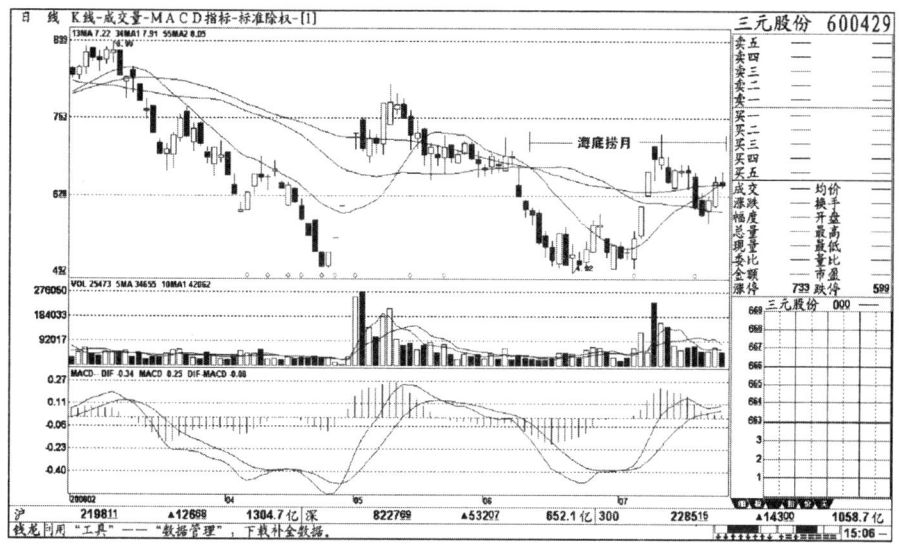

大肚子的【海底捞月】，基本上没有参与价值，因为它的上涨空间极其有限（图六）

的形态参与价值高。自然形成和刻意而成的形态的区别是：刻意为之的形态比较规范，参与价值高，因为主力严格执行自己的操作计划，很少受大盘影响。自然形成的形态一般不够规范，参与价值低。因为主力没有一个完整的操作计划，股价的涨跌完全看大盘的脸色行事。

为安全起见，在实战中，我们要尽量选择那些形态规范的股票操作，这样虽然不能保证我们获得超额利润，却能提高我们的安全系数。

在具体操作上，之所以出现买得早了、卖得晚了这种情况，归根结底还是识图上出了问题，如果我们在识图上再仔细些，就完全可以避免那些不应该出现的失误。

学习135战法，却不按135战法的要求去做，那还不如不学。不学，什么都不知道，被套或亏损，还可以大骂一通主力解解气。学了135战法，知道什么时候该买，什么时候该卖，但就是不去做，眼睁睁地看着机会从身边飞走，然后又眼睁睁看着利润被主力吞噬，然后再眼睁睁地看着主力一刀一刀地割，心里肯定很郁闷。可郁闷又无处去发泄。因为人都不愿意承认自己的无能，更不愿意去正视自己的错误。见图七。

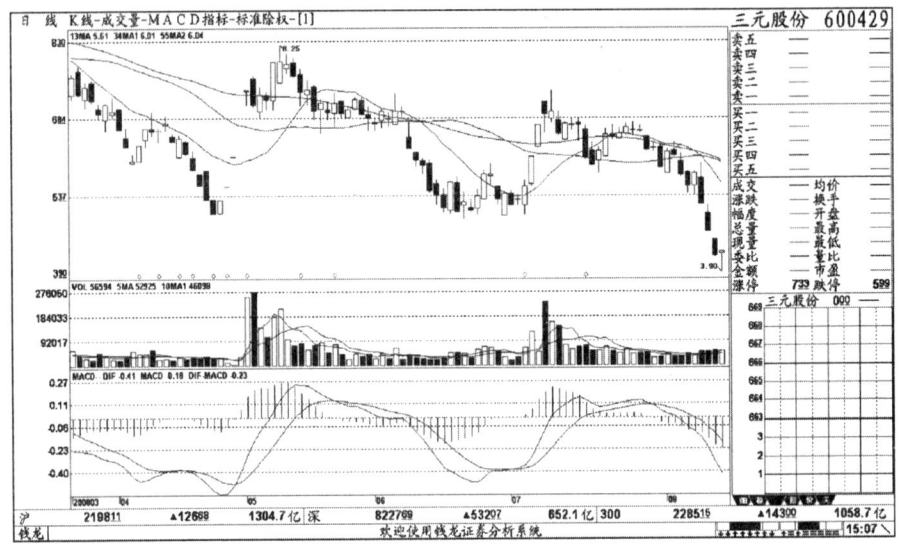

用审视美女的标准审核形态，就会发现股市里完美的形态并不多（图七）

一只山猪在大树旁勤奋地磨獠牙。狐狸看到了，好奇地问它：既没有猎人追赶，也没有任何危险，为什么要这般用心地磨牙。山猪答道：等危险来临时，就没有时间磨牙了。

坚持复盘不仅是为了寻找完美的形态，重要的是为了训练自己的眼力和耐力。具备了这两个能力，实战中就不会慌张了。

秋天来临，别的动物忙于储备食物，修缮房屋时，寒号鸟自在地玩耍，呼呼睡觉，这样悠闲地过了几个月。当北风呼啸、严冬来临，寒号鸟只能蜷缩在透风的破窝里瑟瑟发抖，没有温暖，没有食物，在饥寒交迫中离开这个世界。

不谋万世者，不足谋一时；不谋全局者，不足谋一域。寓言故事是现实生活的隐喻和浓缩，人总是善于在顺境中沾沾自喜，在快乐中忘却潜伏的危机。

如果按【海底捞月】跟进，然后死等【海底捞月】的结果，主力就会把我们当成傻子来处置。

国外市场上已经有很多中国制品，遗憾的是，我们的产品都卖不出好价钱。一架外形完全一致的美能达相机，只是因为下面的产地分别标明中国制造和日本制造，价格就差一大截，设在中国的工厂和美国的工厂生产线完全相同。可为什么同样的机器，我们做的产品，在美国只能卖出低档的价格，而日本做的产品，却能卖上高价？因为中国人太急功近利，不愿在细节上下功夫。

成功的操作何尝不是对一个个细节的精妙把握。每一个细节都是有表情的，在对一个形态的处理上，每个细节的细微之处都透露着一个人的识图能力和操盘素养，忽略细节的存在，主力先是对你黄牌警告，如不立即改正，主力立马就会亮起红牌将你拿下。

任何一个小细节，对结果的影响都可能是巨大的。在你离成功只有一步之遥时，本以为马上就可以跨进这道门槛时，一个细节的疏忽往往会让你与成功擦肩而过。

理念是灵魂，技术是骨骼，行为是韧带。没有灵魂，人就变成了一具空洞的躯壳，没有骨骼人体就会轰然倒塌，没有韧带，灵魂和骨骼就连不到一起。

● **宜宾纸业**（600793），大家会不会把这根小阳线视为【红衣侠女】或者是【海底捞月】？一定有人这样认为。那些只了解135战法皮毛的人更是会按这两个形态跟进。但不管按哪一种形态跟进，都属于识图有问题，在识图上尚需下些功夫。因为识图关过不了，以后的路将会越走越窄，最后把自己逼进死胡同，果真如此，再出来就难了。

不管把这根阳线视为【红衣侠女】，还是视为【海底捞月】，都是识图能力低下的一种表现，因为这个形态的缺陷太明显了。

如果把它视为【红衣侠女】，那么，它的股价没有落在13日均线与55日均线的结点上，而且它的价和量都不够。【红衣侠女】前边那个阳线，实际上是根带量的阴线，凡是没有吃掉昨天阴线开盘价的阳线都是假阳线，应引起特别注意。凡是规范的形态，股价走起来绝不拖泥带水，也从不模棱两可，阴线就是阴线，阳线就是阳线。当股价真正开始拉升的时候，主力就不再掩盖自己的真实意图，这时候他不仅不怕你买进，而且还鼓励你去抢盘。

如果把它视为【海底捞月】，那么，这个【海底捞月】的肚子太大。从某种意义上说，大肚子的【海底捞月】向上拓展的空间极其有限，正如让一个腆着将军肚的人去爬树，爬不了几下就会摔下来，什么原因？肚子里装的东西太多，坠的。大肚子【海底捞月】也是一样的。见图八。

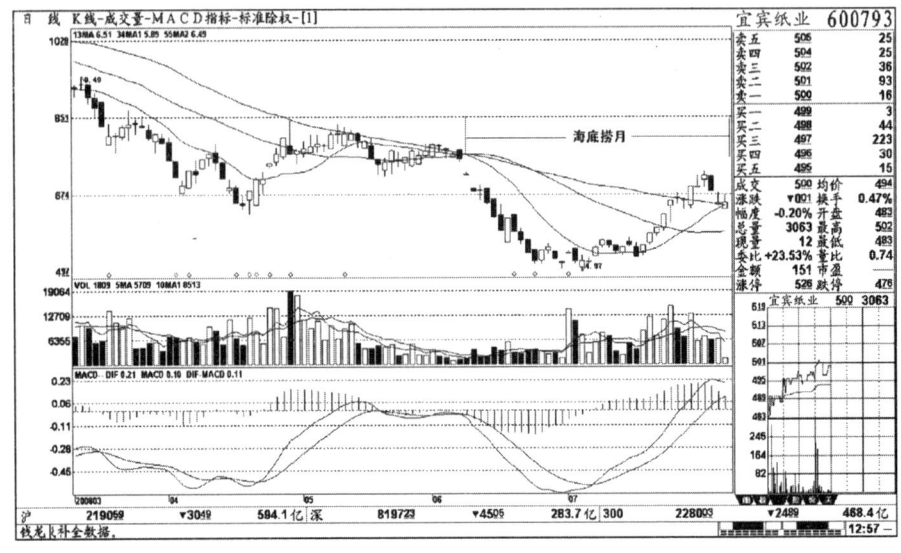

大肚子上树，走一步退两步，劝君切莫瞎掺和（图八）

"功夫在诗外"这句名言人人皆知。如果我说炒股的功夫在股市之外，一定有人不认同。为什么说"功夫在股外"呢？因为识图、复盘、选股占用了我们的大部分时间。买与卖只是短暂的一瞬。首先说识图，要把135战法用好，第一步就是要过识图关。对每一个形态的市场意义、形态特征和形成机理，必须了然于心；对每一个形态的内部构造既要知其然，也要知其所以然。走马观花，依葫芦画瓢，是看不清形态本质的。

识图关过去以后，不是直接进入实战关，而是接着过复盘关。复盘关是一项既枯燥又繁重的工作，收盘以后，把沪深两市的股票看一遍，把符合形态的股票挑出来，不是一件容易的事情。所以，很多人还没走完第二关便夭折了，哪还有机会去赚钱。

过了复盘关，还有选股关在前面等着你。把符合形态的个股选出来还不算完事，因为每次复盘下来，都会挑出一大堆符合形态的股票来，我们不可能一一都买上一点，而是优中择优，最后选定3~5只作为明天的操作目标，如果不具备一定的取舍能力，就会把脑袋搞大，把眼睛弄花。见图九。

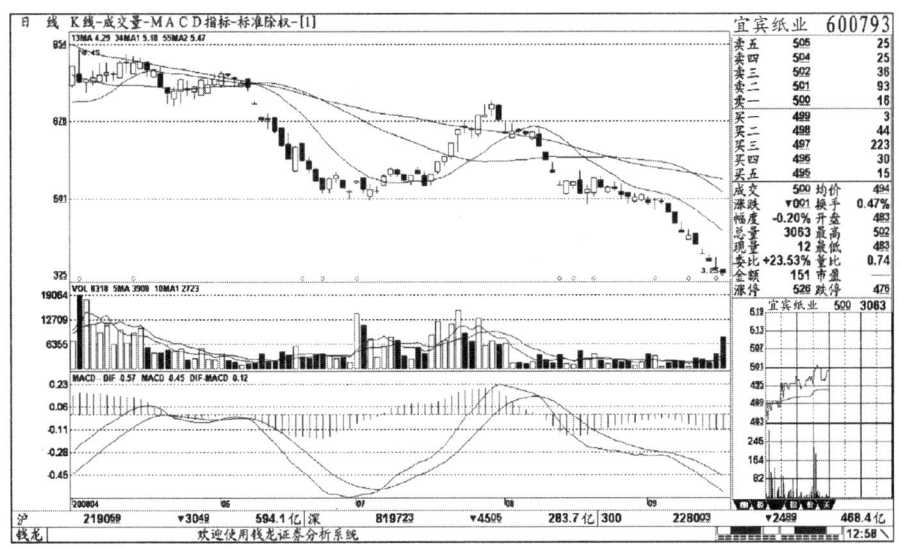

股市里每一个残缺的故事都起源于一个残缺的形态（图九）

私塾教育中，老师要求小朋友人人会背《弟子规》，从入学第一天起就告诉你礼节礼貌，做人做事的道理，告诉你什么能做，什么不能做，要成材应该从哪方面入手。做股票更要懂得章法，凡是胡来的都没有好结果。

做股票虽然只是简单的一买一卖，但在这一买一卖中体现的是一个人的综合素质和专业功力。好事多磨、水到渠成都在告诉我们，成功是需要条件的。你赚钱我支持，可是你现在是否已经具备赚钱的条件？

在股市赚钱需要很多条件，我拣主要的说，如果你不想再亏钱，就不妨对号入座，看看自己目前具备几个：

条件一：知道每个图形的市场含义和形态的内部构造。

条件二：能数年如一日地坚持复盘。

条件三：能在多如牛毛的形态中挑选出最具攻击力的形态。

条件四：心甘情愿地为主力抬轿子，死心塌地地跟着主力走。

条件五：忘掉自我，只有指令。

这五个条件就像形态的五要素一样，不可或缺。当你亏损或被套的时候，用这五个条件对照一下，我想，你的怨气就会消去大半。

不规范的形态往往会把我们引入歧途。防止误入歧途的方法，就是用技术合成去认真审核任何一个形态，不先入为主，不委曲求全，不感情用事。

如果识图不过关，我们就会吃骗线，吃了骗线仍不醒悟的，主力就会将你大卸八块，然后再把你的肢体拿去喂狗吃。

如果你喜欢看《动物世界》这个节目，就会发现一个有趣的现象：我们很少能见到两群狮子同处一林，而两只鹰同占一山则更为少见，它们相互间总保持足够的距离，以保证提供食物的广阔空间，在自己的领地内，它们是孤独的。

每一个股市赢家都是孤独的，他们从不人云亦云，也很少随波逐流；他们很少给别人建议，也很少接受别人建议，因为他们知道，只有孤独才能使人思索，才能使人深刻，才能使人更加明智地观察市场。

学会享受孤独，就会在漂浮不定的市场中发现机会，与其让资金在无休止的四面出击中窒息，何不置身孤独，漂洗心灵，净化灵魂。如果非要登上绝顶才能见到日出的辉煌，不如一个人静静地躺在山脚的溪边看映在水中的残红；如果一定要以夜莺的歌唱才能打动别人，不如孤雁一叫，划破天空的寂静。

人类的孕育过程是孤独的，从生命形成的一刹那，就要独自在母体中进行孤独的预演。不知你是否留意，幼婴特别喜欢一个人玩耍，即使有家长或别的孩子在场，他也很少顾及。这或许是孩子在母体中独处的一种记忆吧。老人不喜欢孤独，但却喜欢独处。

一个人适当的独处，对于操盘没有坏处，而且对于一个人的独立思考和独立决断有很大益处。适当的孤独，是人生某种独特价值的秘密阵地，是容纳难以摆脱的股市情结的舞台。这种孤独，能够在错综复杂的股市中寻找简练，在上蹿下跳的股价里找到平衡。孤独，不是陷入某种所谓的境界中无力自拔，而是对已经发生或行将发生的事情进行梳理和定性。

试想一下，在紧张的操盘之后，避开纷杂的人事，在某个安静平和的环境中，一个人静静地待上一阵，什么都可以想，什么都可以不想；不想说的话不说，不想见的人不见，一个人的世界也是一种境界。

在独处这段时间里，可以好好审视一下过去的操盘经历，是哪只个股、哪个主力给你留下了深刻的印象；又是哪个主力、哪一次操作让你不堪回首。独处不是自我封闭,而是为了更好地前行。

陆游晚年在山阴闲居 20 多年,正因为他 20 年的独处,才为我们留下了 9000 余首诗。

拥有孤独是一种感受,善待孤独是一种境界,让我们在孤独中思考得失,咀嚼成败,展望未来。

● 冠农股份（600251）,从图表上看,它是一个【一阳穿三线】,用技术合成来检测,这又是一个不规范的【一阳穿三线】。所谓不规范,就是形态不完美,有缺陷。它的缺陷是什么？没形。完美的【一阳穿三线】基本上都以涨停板报收,多数都是光头光脚的大阳线。这个【一阳穿三线】不是涨停板,而且带有上影线,加上位置偏高,所以,成功的可能性很小。见图十。

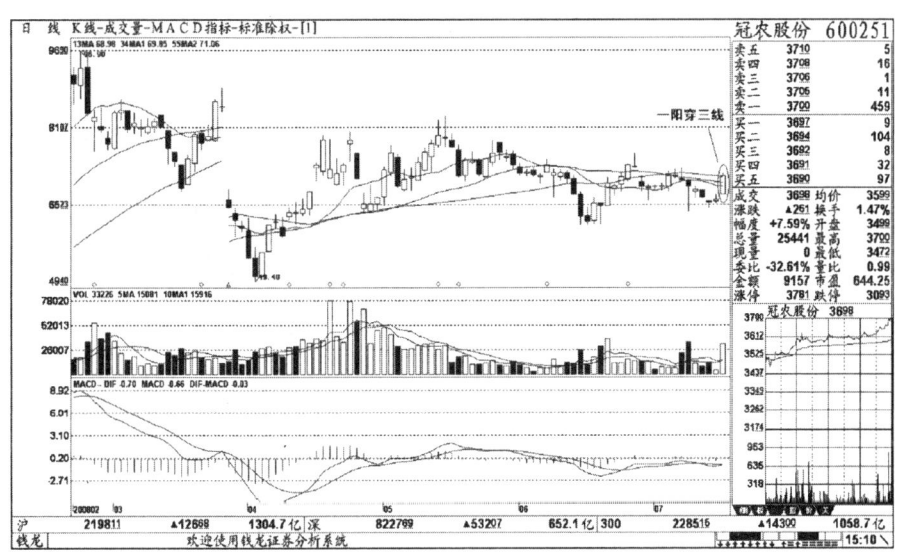

只有完美的形态,才能给我们带来预期的结果（图十）

【一阳穿三线】的第二天,股价高开低走,报收缩量阴线。第三天反弹无力,第四天带量下跌。股价在均线空头排列之下的若明若暗,是主力弃庄的前兆。主力先是碎步挪移,然后是小步慢跑,最后是疾步逃窜。如果警惕性不足,就会被主力推进万丈深渊。

假如在【一阳穿三线】出现时不幸误入,在以后的日子里又没有采取任何措施,股价就会从 71.20 元跌至 24.30 元,跌幅为 65.8%。辛辛苦苦为主力当了 38 天保安，却没能把自己的资金保住。这就是识图不认真所应付出的代价，这就是不严格执行纪律所应承担的后果。犯错不可怕，可怕的是执迷不悟，屡教不改。

世人爱炒股，瘾大且手臭。抱着发财梦而来，结果被埋在了长长的阴线里，都是恐惧都是伤，财富希望随之灰飞烟灭。突然想起马克·吐温在《傻头傻脑威尔逊的悲剧》里的一段话："十月，这是炒股最危险的月份！其他危险的月份有：七月、一月、九月、四月、十一月、五月、三月、六月、十二月、八月和二月。"

机会天天有，风险时时在。见图十一。

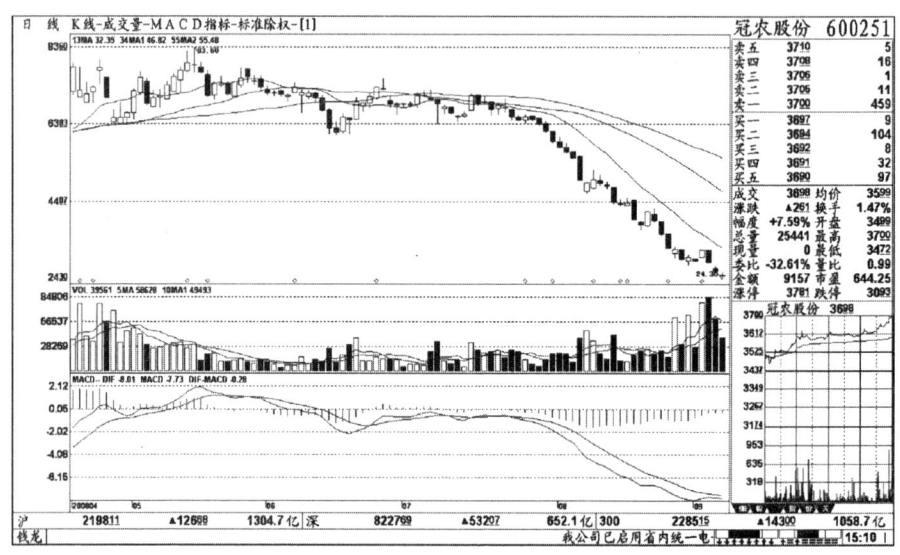

有缺陷的形态都会留下一个残缺的故事，希望故事的主角不是我们（图十一）

避免犯错的有效手段，就是"只认指令，不管输赢"。避免犯错的根本方法，就是严把买进关，在分析形态时一定认真仔细，在使用形态时更要慎之又慎。

买时不认真，卖时准伤心。凡是攻击形态，必须满足形态的五要素，不满足五要素的形态，坚决不要。做到了这一点，就等于远离了市场风险，就等于堵住了亏损的大门。俗话说，万事开头难。头开不好，以后的事情就会变得无法收拾。做股票千错万错，都是买进时的错。切入点正确，以后只是赚多赚少的问题，切入点不正确，迎接我们的也许就是致命的灾难。

人们对股市的认识是随着时间的变化而变化的。初入股市，由于啥也不懂，因此敢作敢为。在蹚过无数失败的河流之后，遇事总要瞻前顾后，对自己的行为也开始有所约束。成为老股民以后，成熟是成熟了，但思想开始变得保守，尽管对股市的认识深刻周详，但终因执行力不够而被挡在赢家的大门之外。

实战中，我们所遇到的最大妨碍，往往不是变幻莫测的股市，而是所谓的经验和常识，并由此产生种种顾虑、猜疑。于是，过分谨小慎微地行动，把自己的内心完全地牵绊住，从而造成一种怯懦、畏惧和猜疑的习性。

客观地说，有的人已经很努力了，他们把吃饭和睡觉都压低到了最低限度，然而越努力离成功的目标越远，始终摆脱不了买进、被套、再买进、再被套直至套牢的恶性循环，这恐怕已经不是技术上的原因，而是性格上的缺陷了。

● 东软集团 （600718），如果不仔细分辨，我们会十分自然地把这根小阳线视为【海底捞月】或【红衣侠女】，然而，谁做出这样的判断并根据这种判断做出相应的操作，谁就会吃哑巴亏。见图十二。

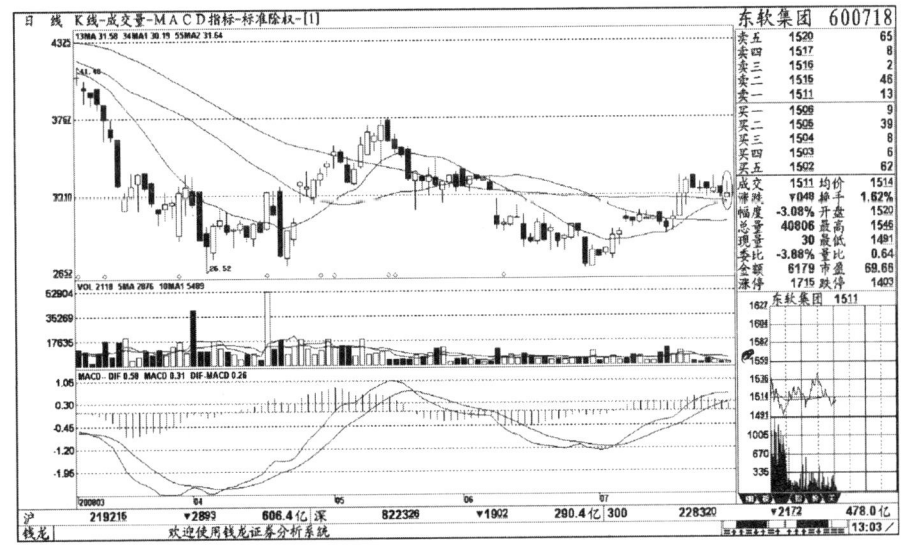

看盘不仔细、指令当儿戏是操作失利的根本原因（图十二）

这根小阳线，实际上是根假阳线，因为它的收盘价没有昨天的收盘价高。把它视为【红衣侠女】，量和价都不够。所以，形态失败早已是板上钉钉的事。

如果把这根小阳线视为【海底捞月】，那么，这个形态存在着两个明显的缺陷：一是55日均线没有走平；二是【海底捞月】的肚子太大。形态都是由细节构成的，关注形态而忽略细节是急功近利的表现，看盘功力不过关势必导致操作上的频频失利，而接二连三失误就会将你的自信心冲刷得荡然无存。有些形态的失败不是源于主力的狡诈，而是源于形态内部的构造。形态的构造制约着形态的成败，也决定着操盘的得与失。

有时候，我们能按形态买进，但很多时候却不能按形态卖出。一个非常重要的原因，就是嫌赚得还不够多，就是怕亏损。其实，卖出形态出来以后，或者形态失败以后，无论亏盈，股价都会照跌不误。进场按指令，出场却不按指令，是弱智表现。我们知道，"良药苦口利于病，忠言逆耳利于行"。但没有人愿意去吃药，也没有人愿意听忠言，这种人性上的弱点经常在我们的操作中袭击我们。"只认指令"，不单指进场指令，也包括出场指令。进场指令发出后，尚需用技术合成辨别一下真假；出场指令发出后，什么都不要考虑，先走再说。在执行指令上，之所以采取这种"一严一宽"政策，旨在保护我们的劳动成果，规避市场风险。但实战中，我们总是反着做。如果把买进时的坚定放在卖出上，把卖出时的犹豫放在买进上，一定会少吃很多骗线。

【红衣侠女】的第二天，股价高开低走，报收缩量阴线，昨天跟进的一定会认为这根阴线是自然回调；第三天，股价平开高走，但稍作上冲便带量下跌，但也一定有人把它视为【一石二鸟】。如果第四天再拉一根阴线，是不是又会把它视为【浪子回头】？要是第五天再拉一根阴线，第六天、第七天再拉出持续阴线，那又将把它视为什么呢？被套以后，我们总是寻找种种借口为自己的错误辩护，而对眼前发生的一切却不管不顾，这就是想象力丰富、执行力低下的突出表现，这个问题不解决，在股市是很难混的。

对主力的爱，卑微且小心翼翼，而被偏爱的都是有恃无恐。这种偏爱带着浪荡与傲慢的不羁，而这恰巧是造成严重亏损的根源之一。

多少财大气粗的人都是因为无法抵挡股市的诱惑，最终变成高位截瘫或一贫如洗。君不见，股市里那些到处拈花惹草的主，有几个风风光光走出股市？只有那些训练有素的，才会始终如一地坚持进退有据。见图十三。

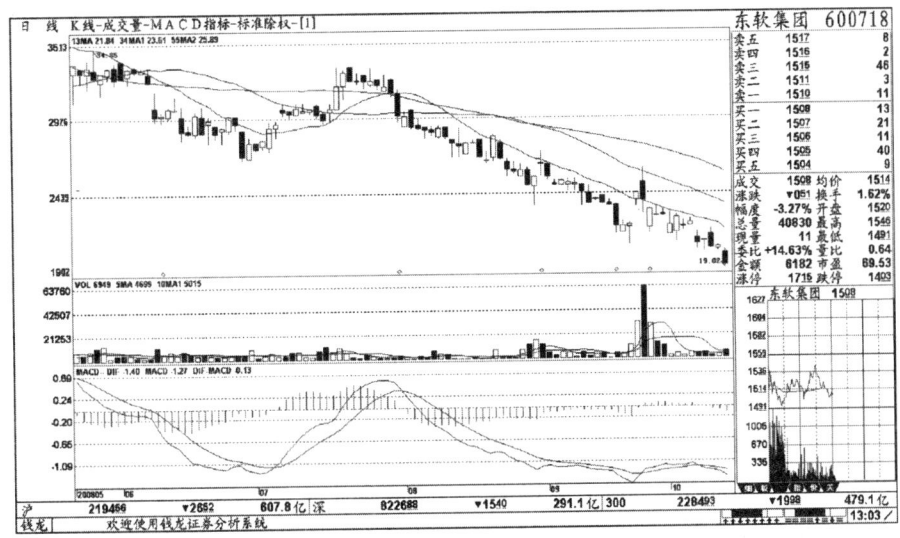

形态失败不可怕，可怕的是面对失败的形态无动于衷（图十三）

一个人的愿望和他所希望得到的结果并不成正比，天天在股市里辛勤耕耘者不一定有收获，年年在无人处用功的人不一定颗粒无收。做股票重在把握股价的运行规律，重在选择进出时机。艾略特说："对于不会利用机会的人，时机又有什么用呢？"在数千只股票中选择最具潜力的个股常常是很困难的事，这里面涉及两种能力：判断能力和选择能力。判断能力是在识图能力的基础上产生的一种能力；选择能力则是在综合能力的基础上提炼出来的一种能力。许多人才智丰足且精微，判断缜密，勤奋且多闻多知，然而一进入实战就常常落败，因为他们做出的选择经常是最坏的选择。

大愚寺有个小和尚诚心悟道。一天，寺院内的方丈突然宣布要从寺中挑选一位有慧心的接班人。小和尚得到消息后读佛诵经更加努力。匆匆半年过去，小和尚觉得自己的道行不进反退。他觉得很奇怪，就把自己的困惑告诉了寺院方丈。方丈低吟了一声佛号，微笑着对他说："明天你同为师一起到山下的小镇上去找王老汉买些甜瓜，我要拿它做解暑的药引。"第二天，方丈带着小和尚来到王老汉的瓜摊前，挑了几个香喷喷的甜瓜，王老汉眯着眼睛一口就报出了重量:"一共二斤六两。""什么?"小和尚感到惊讶,用难以置信的眼光去看着王老汉。王老汉捋了捋胡须,笑呵呵地说:"我卖了十几年瓜,从来没有估错过。你要是不相信,旁边有秤自己称称看。"小和尚不服气地把瓜放在秤上,神了,正好二斤六两。

这时,一直默不作声的方丈走上前来,随手指着一个甜瓜说:"施主,我只要这一个瓜,如果你估得准确的话,我把这锭银子送给你。"说完,方丈从身上掏出一锭白花花的银子。旁边买瓜的一看这边出了稀奇事都围了上来,一个劲儿地嚷着让老汉答应。二两银子够买一担甜瓜,王老汉当然痛痛快快地答应了。他连忙屏住呼吸,小心翼翼地托起甜瓜。谁知道这次他却没有马上报出数目,过了好一会儿,众人纷纷催他。只见他一咬牙,红着脸报出:"一斤三两。"方丈又让小和尚用秤称了称,小和尚傻了眼——居然是一斤五两,整整少了二两,众人都为王老汉感到惋惜。

回到寺院,小和尚不解地问方丈原因。方丈叹了口气说:"只是一锭银子,他就被眼前的利益所干扰,所以失去了平常的心态和对事物准确的判断,发挥不出平常的水平。"小和尚顿时大悟,从此以后静心修行,十年后终成正果,后来成为大愚寺赫赫有名的一心方丈。

● **时代新材**(600458),当你在盘中或者复盘时发现这个形态,会不会把它视为【一石二鸟】或【红衣侠女】?但客观情况是,无论把它视为哪一种形态,都是错误的。因为这个形态有着明显的缺陷。

把它视为【红衣侠女】是不对的。因为股价没有落在13日均线与55日均线的结点处,而且55日均线尚未走平,成交量也没跟上来。股价更没有把昨天的阴线吃掉。所以,按【红衣侠女】去处理这根小阳线,显然是不妥的。

把它视为【一石二鸟】也不妥。关键是量、价都没有达到双覆盖的要求。严格地说,一个缺少两个要素的形态是根本不成立的。我们不能仅仅因为形似而忽略形态的整体结构。一个规范的形态,除了外观优美,内部构造也应是完美无缺的。见图十四。

有时,我们根据某种形态切入,结果股价不涨反跌,一个重要的原因就是形态本身有问题,而我们恰好没有注意到。关注形态五要素,用技术合成认真审核每一个形态,是正确判断和正确使用形态的前提条件,如果我们只是注意了形态的外观,而忽视了形态的内部构造,第一,说明我们的识图能力亟待提高，第二，必须为自己弱不禁风的技能付出代价。

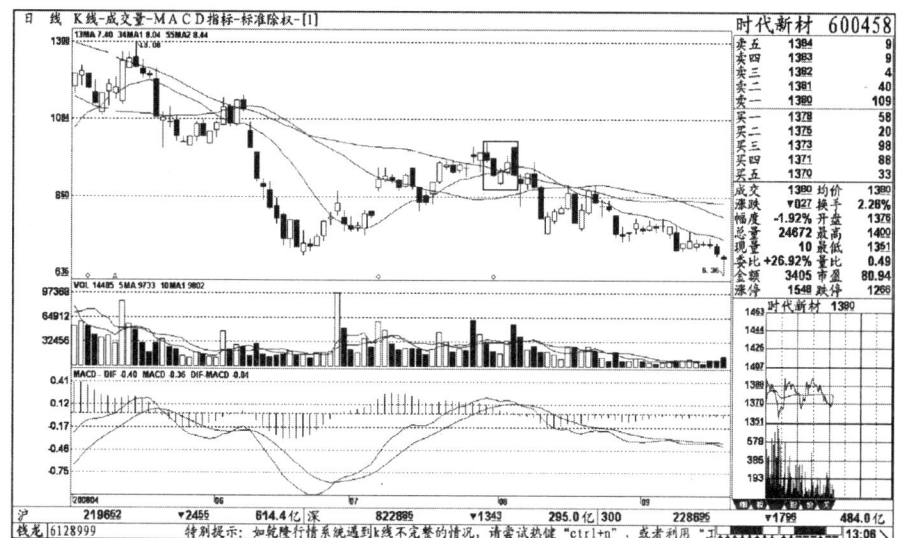

识图不过关的人经常被主力关禁闭，但却把责任强加在形态身上（图十四）

拿破仑说："我有时是狐狸，有时是狮子，进行统治的全部秘密在于，要知道什么时候应当是前者，什么时候是后者。"这是军事家的成功秘诀。那股市赢家的秘诀又是什么呢？"只认指令，不管输赢。"在没有买点出现时，就像一只狐狸，东瞅瞅、西望望。但就是不进场；在卖点没有出现时，不管股价如何上蹿下跳，我就躲在里面装傻，反正是不出来。但是，当买点出现时，就应该像狮子一样，果断前行，当卖点出现后，即使尚未得手，也须果断后退。

买卖股票的唯一依据是形态，但这个形态必须满足五要素的要求，买进时尤其如此。

从图表上看，【一石二鸟】的第二天，股价携量上攻，但量价关系并不健康。有量无价，或有价无量都属于不正常。第三天，股价高开低走，量不减，说明主力在悄悄出货，加上55日均线的继续下斜和【过河拆桥】的出现，宣告原来的形态已经失败。这时候，无论盈亏都应先离场，而不是死等形态的结果，更何况是等一个本来就有缺陷的形态结果，那就更没有价值了。见图十五。

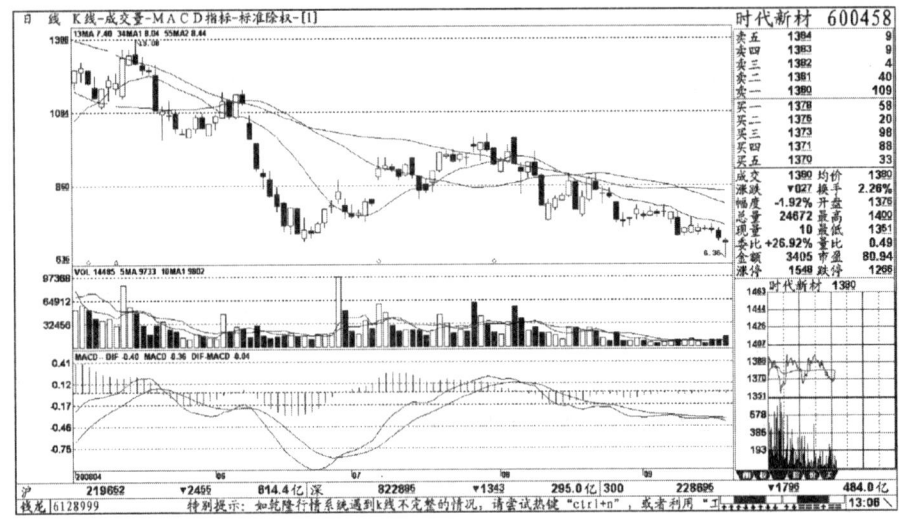

在使用形态上，不委曲求全，不降格以求是走向专业的开始（图十五）

十多年前，刚从学校毕业的她就尝到了找工作的苦头，所以她对来之不易的工作特别珍惜，工作十分努力。那时候，正值青春年少的她，每天的生活枯燥乏味，永远是单位和家之间的两点一线。学建筑的她不仅每天要对着一堆密密麻麻的图纸和工具书，而且还常常要顶着毒辣的太阳在建筑工地上和男同事们一起搜集第一手资料。

她刚参加工作的时候，还有不少朋友拉她一起出去玩。可渐渐地，大家发现她每天都在急匆匆地忙着各种各样的工作，好不容易闲下来，也立刻拿起书充起电来。于是，很多朋友也很少再来打扰她了。本该充满音乐和欢笑的夜晚，她就在昏黄的灯光下，一刻不停地努力忙着工作和学习。她比谁都清楚，在这个男性占主导位置的行业里，如果不付出极大的努力，很容易就会被淘汰。所以，她几乎放弃了一切娱乐活动，休息时间也尽量压缩到最少，把节省出来的时间全部投入工作。

就这样，同事们惊奇地看着这个全集团最努力的女孩儿迅速成长了起来。她先从最底层干起，只用了不到十年的时间，就成了这个庞大集团里的高层人员。

不久之后，她所在的集团公司竞标到了一个庞大的工程，而她很快便成了这个工程的总工程师。当同行们知道这个大型工程的总工程师竟然是一个刚刚30出头的年轻女孩儿时，所有人都不敢相信自己的耳朵。很快，她的周围就响起了一片质疑声，所有和她一起合作参与这个工程建设的同行都对她表达了强烈的质疑。将如此重要庞大的工程交给她这样一个年轻的总工程师，大家的确是放心不下。

她也不解释什么，就这样顶着巨大的压力开始了工作。大家的担心是有道理的，这个庞大的工程每天都会出现一些新的问题，让人忙得一刻也停不下来。每天东奔西走的她感觉时间根本不够用，于是天生爱美的她决定在工程结束之前再也不在工地上穿裙子了。

随着工程进程的加快，问题出现得也越来越多，可大家的质疑声音却越来越少了。同行们被这个为了工作连爱美天性都可以舍弃的年轻工程师感动了。大家也不再去讨论她能不能承担起这个工程，而是全力以赴地帮助她想方设法地解决工程中出现的问题。

就这样，在随后的几年里，她和她的伙伴们几乎天天盯在工地上，一刻不敢停歇。整整3年，她都没有再穿过裙子，而她像从海绵中挤水一样挤出的时间和精力为她的事业带来了巨大的成功。

如今，人们正在为她和她的伙伴们建造的"水立方"体育馆而惊叹不已，她就是"水立方"的总工程师陈蕾。

不放弃身边暂时的安逸和快乐，人就很难有所成就。做一株冲不走的香菇草，人生才能赢得最后的成功。

第三节　变种的形态定遭殃

所谓变种，就是已经脱离了原来的模样，把它归入哪种形态都不合适。复盘时或实战中遇到这样的形态应退避三舍。生活中救助残疾人是一种美德，股市里扶助变种形态是缺心眼。一个变种的形态往往会把一个正常的人弄成畸形。如果你觉得这是危言耸听，那就不妨进入它们的王国，实地考察一下这些丑八怪的众生相。

● 广泽股份（600882），图表上的这根带量阳线是不是【揭竿而起】? 有点形似。但用技术合成一扫描，检测出两个要素不符合要求：一是55日均线没走平，二是股价没有以涨停板报收。因此，买入需谨慎。见图十六。

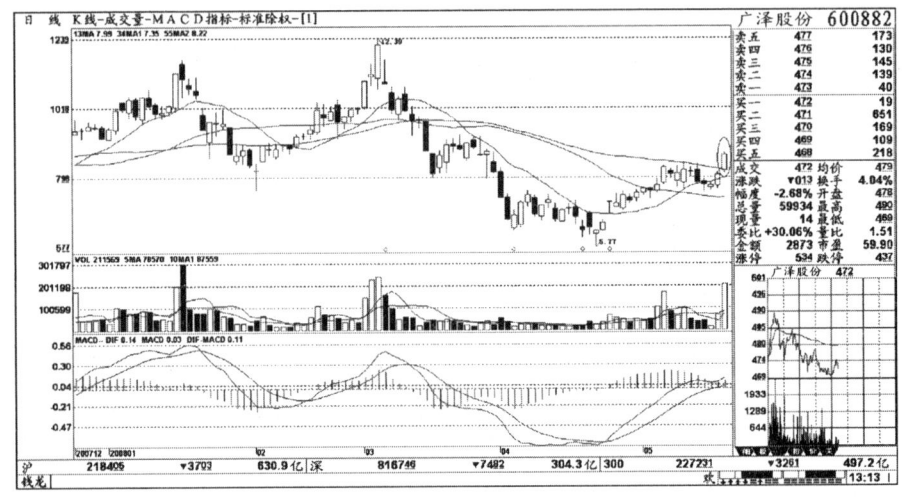

经典的【揭竿而起】通常以涨停板报收（图十六）

如果不认真审视其他要素，只是依据外形去切入，就会吃主力的骗线。有时候，即使我们谨慎再谨慎，实战中，还是难免误吃主力的骗线，但只要是严格按指令进场的，这个骗线就是吃得其所。吃了骗线要认亏出局，万万不可死磨硬扛。因为死磨硬扛的结果只能加大我们的亏损。见图十七。

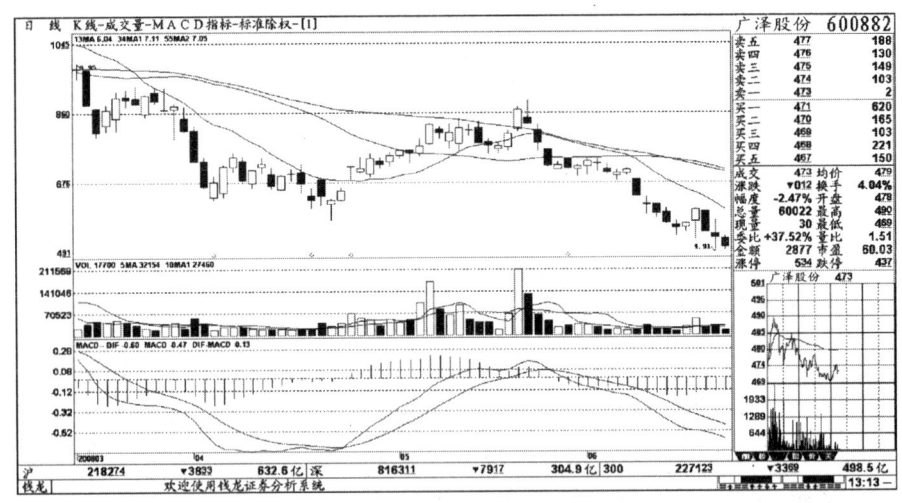

被套后要舍得割小肉，绝对不要奢望主力来松绑（图十七）

从图表上可以看到，【揭竿而起】的第二天，股价低开，瞬间上冲便掉头向下，遇此情况，应立即出局。因为越拖，股价越低，股价越低就越不想走。

第三天，股价继续低开低走。

第四天，股价继续向下探。

实践表明，等反弹出局，往往没有在形态失败当天卖出的价位高。

从图表上我们可以发现，变种的【揭竿而起】出现后，股价根本没有像样的反弹，如果等反弹出局，就会将自己深套其中。

● **中国天楹** （000035），13日均线上穿55日均线，股价吃掉昨天的假阳线。那么，我们能否把这个小阳线视为【红衣侠女】或【海底捞月】？不能。把它视为【红衣侠女】，成交量不够。虽然淑女型【红衣侠女】对量的要求不是很高，但关键是55日均线没有走平。因为，55日均线不走平，什么侠女都不成立。把它视为【海底捞月】也不合适，因为它的肚子太大。大肚子【海底捞月】不但不能把股价推上去，而且还能轻而易举地把股价拽下来。变种的形态只会把事情搞砸。见图十八。

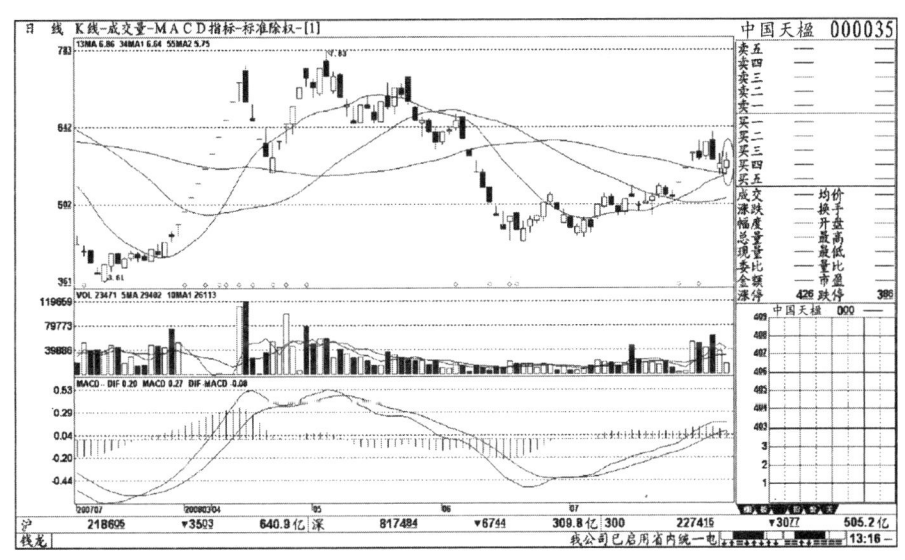

变种的形态往往会失败（图十八）

变种的【红衣侠女】出现的第二天，股价的开盘价成了全天的最高价，尾市差点把股价砸在跌停板上。主力勉强让股价在55日均线上维持了两天，然后摘掉脸上的遮羞布，干起了专业强盗的行当。见图十九。

提高操作质量应从两方面下工夫：一是对形态的正确判断，二是及时

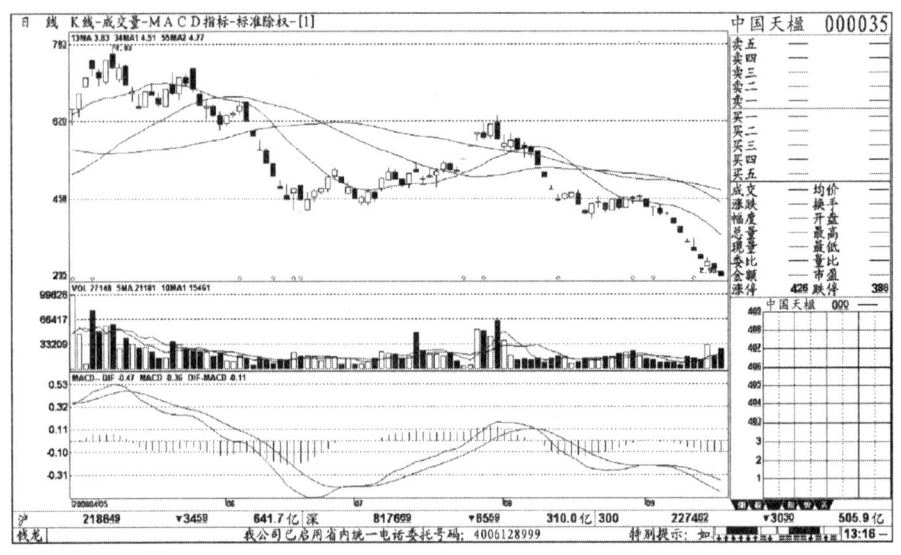

为了你和资金的安全,请远离丑陋形态(图十九)

知错改错。

　　一只凶猛的埃及秃鹫在草原上盘旋,它已经两天没有找到食物了,此时的埃及秃鹫是最恐怖最危险的。它那两只眼睛在草原上疯狂扫描,恨不得把草甸看穿。突然,这只埃及秃鹫远远看见一只鸵鸟卧在草地上,很显然,这是一只准鸵鸟妈妈,它正在满心欢喜地期待着宝宝的诞生。可怜的鸵鸟妈妈并不知道自己的孩子还没有出世就已经被别人盯上了。埃及秃鹫在天空中滑翔了一会儿就悄悄地落在了离那只母鸵鸟不远处,静静等待。不多时,母鸵鸟生完蛋,可能是它也累了,并没有立即起身去寻找食物,而是一动不动地卧在那里,看来是准备小憩一会儿。这可急坏了埋伏在一旁的埃及秃鹫,但经验丰富的它深知"心急吃不了热豆腐",时机尚未成熟时,绝对不能轻举妄动,不然就会前功尽弃。终于,母鸵鸟的丈夫归来,母鸵鸟再也按捺不住心中的激动,一下子扑在了丈夫的怀里,它们沉浸在满满的喜悦中。

　　机会来了!埃及秃鹫立刻竖起身子,用爪子紧紧抓起石块,然后飞到百米高空松开双爪,石头不偏不倚,正中鸟蛋。埃及秃鹫独创的高空"以石击卵"法的命中率几乎是百分之百。陶醉在幸福中的鸵鸟夫妇并不知道它们的孩子已经惨遭不幸。埃及秃鹫一个俯冲就把鸟蛋啄开,站在不远处的鸵鸟这才回过神来,感到孩子有危险,但早已来不及挽回。埃及秃鹫运用以静制动的策略得到一份丰盛的午餐。

以静制动就是以己之"静"制敌之"动"。静不是绝对静止,而是静观、细察、周密思考。猝遇强庄或股价突变,常须此计。

在没有完美的形态出现之前,我们应该紧紧地捂住资金。静静地等待时机到来,不用担心踏空,只要股价上涨,多数都会出现我们期待的某种形态。买进股票以后,密切关注股价的变化,只要没有出现明显的卖出形态,就牢牢地捂住股票不动。

股价时时刻刻都在波动,但多数时候都是处在量变过程中,并不具备操作的价值,只有股价质变的节点才能改变它原来的市场意义。

生活中我们不难发现,门整天不断地关和开,而户枢却常静止着;漂亮和丑陋的面容天天在镜子前"流连",而镜子却常常静止着。唯有"静"才能制动。股价每天的日常波动大都属于例行公事,如果经不住诱惑,就会参与无休无止的盘整,这不但影响资金的运作效率,重要的是无法保证资金的安全。即使在睡觉的时候,如果不能保证心态的宁静,做的梦也会乱七八糟。

盲动不如不动。以静制动也要根据具体情况灵活运用。静不是消极,而是等待时机。静和动不是绝对的,它们既相互关联,又能时时转化。静中有动,动中有静,它们的区别在于股价目前所处的具体位置。以静制动的关键是等待形态,然后攻其要害。

第四节 进取心强的人更容易成功

进取心是实现梦想的原动力。它不需要别人提醒,而是发自内心的,情不自禁地、积极主动地去做自己热爱的事情。人一旦有了进取心,就不会等待事情的发生,而是主动地使事情发生。进取心能给人带来机会,并且能成就人的梦想。

正是永不满足的精神造就了那些股市赢家。只有强烈的进取心,才会促使人们改变现状,只有永不满足的精神,才能激励人们追求更加伟大的目标，这就是人类进步的奥秘。

有三种人在股市里是很难成功的：一种是除非别人逼着他学，否则绝不主动学习的人；另一种是即使别人帮他做，也做不好事情的人；还有一种是花钱买奴才当的人，别人让他买他就买，让他卖他就卖。那些不需要别人催促就会主动去做应该做的事，而且不管遇到多少困难都不会半途而废的人，是不会在失败的驿站里停留太久的。

一个人最可怕的不是失败，而是有了一丁点小成绩，就满足于现状，不再求进取。满足意味着退化，一个满足于现状的人是永无出息的。

我在炒股前连K线图也不知为何物。但三年以后，我在技术、经验和失败积累的基础上，研究总结出了揭示股价运行规律的135系列战法，使我能够坚持下来的原因，是强烈的进取心和不达目的誓不罢休的特质。我夜以继日地看书、析盘，不停地思索，不断地行动，即使股市把我弄得倾家荡产，四处躲债的时候，我依然坚信我能成功，我依然坚信自己有能力从股市杀出一条血路来。当然，十年军旅培养出来的那种军人特有的气质和骨子里那种永不服输的野性，也都暗暗地帮助了我。当一个人把自己的生死都置之度外的时候，什么样的事情都能发生，什么样的奇迹都能创造。

只有目光短浅的人才会在自己取得一点小成绩时就自认为是个成功者，而真正伟大的人物从不认为自己是个成功者。因为这些伟大的人物在取得成就后，他们又向着更高的目标出发了，成功者之所以成功，是一往无前的精神在激励着他们。

如果你在一个没有太大发展空间的岗位上得到了非常不错的收入，日复一日，你就会满足于现状，因为这个工作对你的压力并不大，你只是用很小一部分精力就可以对付，这种情况是非常危险的。在优越的环境中，人很容易丧失进取心。虽然你完全有实力争取一个更高的发展空间，但由于满足于现状，也就没有这种机会了。当你无意中发现自己具备一种把所有可能性变为现实的能力时，发现自己其实是一个非常有能力的人时，就没有任何事物、任何人可以阻止你去实现自己的目标。

永不满足于现状。每当完成一笔操作就应有一番反省：这就是你所能做到的最好成绩吗？如何能做得更好？何不现在就使自己更进一步？是否能够发挥个人进取心,应视你对于每次机会的觉醒程度以及你是否能在发现机会时立即行动而定。

我希望每一个想成为股市赢家的人,要像角斗士一样充满激情与力量,要像身经百战的将军一样,目光永远盯着远方,永远不满足于已经取得的成绩。

第五章　位　置

> 位置指形态目前所处的具体位置。相同的形态出现在不同位置其市场意义是不一样的。考察形态不能脱离股价的位置，运用形态更应把位置放在第一位。从某种意义上讲，位置决定形态，再完美的形态，如果出现的位置不当，都将导致形态的失败，失去其原有的市场意义。

位置，指形态目前所处的具体位置。一般讲，位置低的形态成功概率大，安全系数高；位置高的形态成功概率小，风险系数大。相同的形态出现在不同位置其市场意义是不一样的。考察形态不能脱离股价的位置，运用形态更应把位置放在第一位。从某种意义上讲，位置决定形态，再完美的形态，如果出现的位置不当，都将导致形态的失败。

135战法的最大特点是"以形为主，以线为辅"。形态是主力意志的体现，主力所有的意图都是通过一个个不同的形态来实现的。实战中应坚持没有形态不出手，有形态也要究其细节、观其位置再动手。那种不管股价的位置，见形就打的直板快攻，必将招致主力的闷棍。在实战中，形态是我们的买卖依据，离开了形态，我们就会变得寸步难行，我们的操作也将会变得杂乱无章；而位置决定形态的成败，抛开位置用形态则是犯了操作的大忌。

"位置决定形态，形态服从位置"，这就是两者之间的关系。当我们使用某种形态的时候，一定要把它和目前所处的具体的位置结合起来，不能顾此失彼。好的形态出现在适当的位置，参与价值大，获利空间也相对较大。

第一节　山脚下的形态是块宝

使用某种形态失利的原因，除了形态内在固有的缺陷，还有形态出现的位置不当。完美的形态又出现在相对的低位，成功的概率将会大大提升，获利的可能将会大大增加，被套的概率将会大大降低。因此，在辨析使用形态时，应特别关注形态所在的位置。

● **国栋建设**（600321），这个【梅开二度】出现在股价的长期下跌之后。股价从13.69元一路跌到3.61元。主力撒起野来谁都拦不住，在股价的下跌通道里玩股票，纯粹是活得不耐烦了。在这里，我再一次提醒朋友们，在【红杏出墙】没有出现之前，不要盲目地去抄主力的后路。抄主力后路犹如掘主力的祖坟，被他逮着非把你往死里整不可。

【红杏出墙】的出现，表明股价的底部已被探明，此时方可小单参与。因为在【均线互换】尚未完成之前，股价一般不会马不停蹄地往前奔。只有【均线互换】完成以后，主力才会择机发动行情。

我们看到，【红杏出墙】之后，股价又持续拉出9根阳线，表明增量资金由偷偷摸摸的捡变成明目张胆的抢。主力吃进大批货，表明他想做这单生意，但这并不意味着股价会立刻飙升。因为主力建仓之后的首要任务是洗盘，而不是拉升。当成交量萎缩得不能再萎缩的时候，变盘也就不远了。这时候，如果图表上出现我们的某种买进形态，就应该大胆进场会会它。

股价在55日均线上不厌其烦地折腾了36个交易日之后，终于弄出一个不规范的【金屋藏娇】来，至此我们可以断定，股价的整理结束了，可以考虑进场了。请注意，可以考虑并不表示立即动手，而是耐心等待进场信号的出现。从13日均线下穿34日均线再到上穿34日均线，主力用了13个交易日，正好是一个神奇数字。在神奇数字出现当天，股价以【一石二鸟】的方式完成了【梅开二度】，而这个【梅开二度】就是我们的进场指令。见图一。

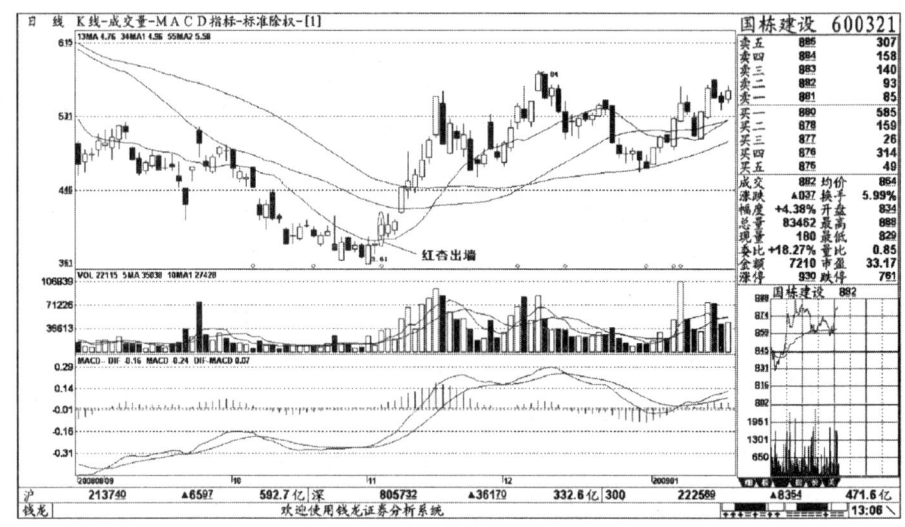

位置低的形态上涨空间大,安全系数也较高(图一)

实践表明,只有一个比较接近股价运行规律的交易系统,才能使人少走弯路。其实,炒股真的很简单,简单到阳克阴买进,阴克阳卖出。但在没有认识炒股本质之前,让一个人去相信一个系统,并运用到实战中去简直比登天还难。由此可见,人生的许多弯路是无法避免的,只有等他吃够了苦头,付出极其昂贵的代价之后,或许才会产生一种顿悟。

在使用形态时,除了量、价、线、形完全满足条件外,更要注意形态出现的位置。从某种意义上讲,位置决定形态。再好的形态如果没有出现在适当的位置,其可靠性将会大打折扣。我们说,低位的形态是块宝,如果再添上一句,"量、价、线、形不可少",这样就完美了。

【梅开二度】出现以后,股价先是沿着13日均线低速滑翔,然后是加速上扬,最后是疯狂拉升。

炒股要有灵气,切忌死钻牛角。如果在一个问题上接连摔跟头,不是主力成心和你过不去,而是你自己的脑袋出了问题。变则活,不变则死。见图二。

做股票既要专注,也要专业。专注,就是致毕生精力做好一件事。只有坚定不移地相信和执行交易系统发出的每一个指令,才能把一件事情做到极致。执行指令的意志是成为股市赢家的前提条件,是提高执行力和获利避险的重要手段。

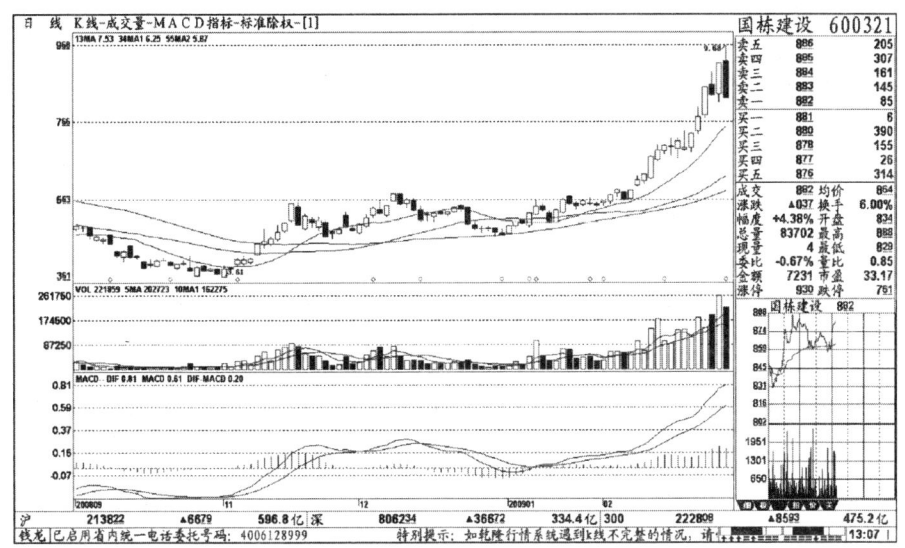

位置决定形态，形态也在寻找着适当的位置（图二）

专业，就是"只认指令、不管输赢"，无条件地执行每一个交易指令，并且坦然地接受任何结果，特别在面对失败的时候，既不怨天，也不尤人，而是深刻地检点自己。

尊重指令就是尊重主力，主力是一只股票里的老大，握着股价的生杀大权，只有发自内心地尊重他、维护他，才能够在股市里生存下去。我们必须明白一个理，我们赚的每一个铜板都是主力提供的，从某种意义上说，主力就是我们的衣食父母，因此我们对主力应该心存感激，绝对不能怀有敌意。如果怀有敌意，主力就会清理门户，按忤逆进行处置。

炒股的游戏规则，就是主力说了算。顺我者昌，逆我者亡。如果你觉得市场不公平，如果你觉得主力太霸道，你可以不玩。如果不想退出，那就请你无条件地尊重主力，尊重主力发出的每一个指令。

有人对我说，主力总是和他过不去，买进就跌，卖出就涨。其实不然，主力为什么要故意为难你，他又不知道你是谁，更没有拿着三八盒子顶着你非买不可，股市里没有受害者，只有志愿者。你想赚钱，却又不听主力的调遣，主力当然要给你点颜色瞧瞧。

形态说明一切，纪律决定输赢。虽然行情不可预测，但形态可以反映主力的意图，只要坚定不移地执行交易指令，就能最大限度地保护自己。

股市里的悲剧人物不值得同情，因为他们不懂得自强自爱，自己本来就不是神仙，却总想揪着自己的头发上天。输不起又喜欢去赌。这种性格上的缺陷不解决，即使你走进金山也只会抱一堆垃圾回来。

● **长春高新**（000661），图表上的这个【红衣侠女】，虽然它的量和线都不规范，但由于出现在相对低位，所以依然可以引起我们的关注。低位的形态是块宝。股价从23元跌到4.88元，做空能量基本消耗殆尽，因此具有一定的参与价值，只是在进场时机上应有所选择。

为什么发现低位出现的【红衣侠女】不立即进场，而要等待时机呢？因为【红衣侠女】出现当天，55日均线没走平，成交量也没有放出来，表明股价还会在55日均线附近整理时日，当然也不排除股价重新下破55日均线的可能，过早切入，势必参与盘整。等55日均线走平或【均线互换】完成后再找点切入，既能提高资金的使用质量，又可增大操作的安全系数。见图三。

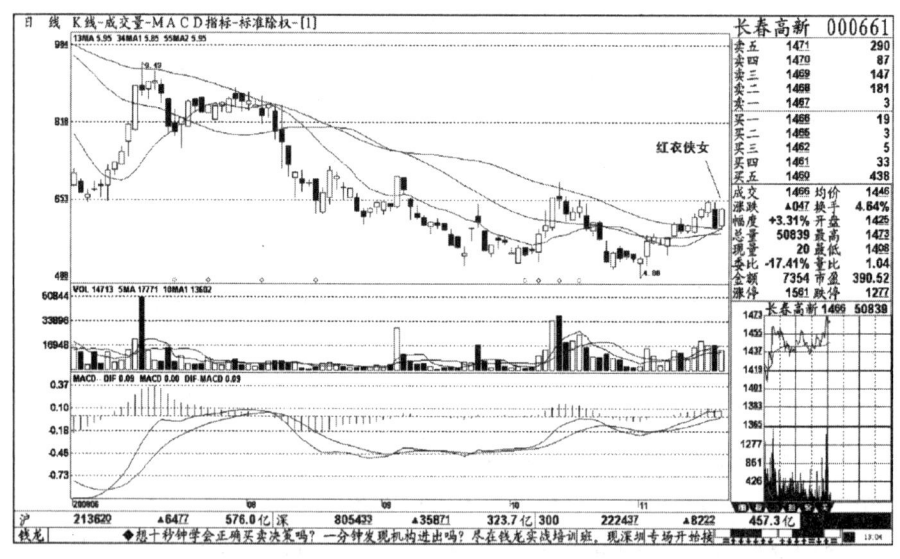

位置低也要等时机，用形态重在找缺陷（图三）

在实战中，应该捍卫什么？放弃什么？应该捍卫的是交易指令，应该放弃的是有缺陷的形态。市场很残酷，如果没有基本的原则和铁的纪律去约束交易行为，我们真不知自己是怎么死的。

【红衣侠女】出现后，主力先用一个阳线【走四方】进行震仓，然后又用一个【一石二鸟】进行清洗。在股价整理过程中,【均线互换】完成了,这就是说,股价上涨前的所有准备工作业已就绪。【均线互换】的完成,标志着股价的上涨空间已经被打开,只待【一石二鸟】确认之后,就可以进场参与。

【一石二鸟】确认后,股价开始稳步攀升,在攀升过程中,主力隔三差五地用【暗度陈仓】【一石二鸟】搞点小动作,但对于一个熟悉135实战交易系统的人来说,主力玩弄的这些小伎俩,正好为我们提供了一个进场时机。发散的均线一直把股价送到【一枝独秀】出现时才罢手。好的形态一定要出现在适当的位置,位置不当,再好的形态也会变质。见图四。

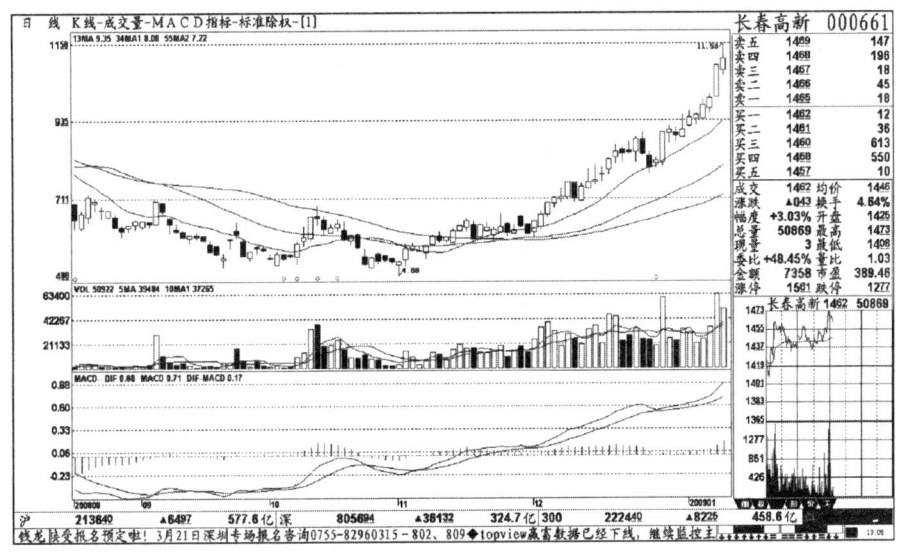

形态位置一起看,免吃骗线还有赚(图四)

炒股是一个孤独寂寞的事业,更多时候需要的是独断,而不是磋商。因为交易系统已经建立起来了,买卖信号也清晰可见,只要严格按照交易系统给出的提示进行适当操作就可以了,用不着征求谁的意见。征求别人的意见,只能说明你对这个交易系统没信心,只能说明你对自己没信心。买进股票以后,如果股价没有朝着预期的方向走,你的家人和朋友都帮不上忙,因为最终的决断还要由你来定。谁都没能力阻止或者改变股价的运行方向,只有"心随股走,及时跟变",才能顺应股价的波动节奏。实战中吃几根骗线是正常的,但我们不能因为吃了主力的几根骗线,从此就耿耿于怀，甚至拒不执行主力的命令。主力是领导，他怎么领，我们就怎么跑。在股市只许主力撒野，不许自己犯浑。

宽容主力，不是软弱，而是为了锁定利润和回避风险，更快地实现自己的人生梦想。宽容是人生难得的佳境，是一种需要操练和修行才能达到的境界。

《卡门》里有这样一句话："财富就在那里召唤，但要小心脚下的路，千万别踩空了。"不管你用谁的投资理念，学谁的操作方法，但最后决定买卖的还是你自己。不接受别人的操作建议，也不给别人提供操作建议，专心致志地把自己经营好，或许是最近的一条成功之道。

进退失据，常常失意。买卖股票与你的想象无关，但与你的行为却密切相关。"只认指令，不管输赢"就是用来约束我们的交易行为的，开始你会把它当成"紧箍咒"，尝到了甜头，你就会把它当成护身符。

● 万东医疗（600055），我们知道，【独上高楼】是经典的出局信号，为什么这个【独上高楼】出现以后，股价不跌反涨？

若想把这个问题弄清楚，首先要分析该股的前期走势。在【一阳穿三线】出来之前，量区里曾经出现过三堆明显的收集量，暗示有增量资金在悄悄进场。这时候所应采取的对策是：大资金适当参与，小资金暂不进场。因为主力收集之后不会直接拉升，而是反手做空，把那些不该挣钱的人清理出去。成交量的逐渐递减，表明该走的都走了。于是，股价开始小幅推高，然后在55日均线附近顺势打压。在冲击55日均线的时候，主力用【一阳穿三线】加大收集力度，当引起市场关注的时候，股价又不涨了。在做盘过程中，主力经常使用疑兵之计，这样可达到两个目的：一是让人看不到事情的真相；二是加紧做技术上的准备。我们看到，当【一阳穿三线】出现的时候，主力的技术准备远远没有完成。首先是均线错位，其次是55日均线没走平，最后是股价没有封住涨停。所以导致【一阳穿三线】形态的破坏。在人们的疑惑中，股价重新小幅推高，量区里的【步步高】与股价遥相呼应，配合得天衣无缝。当人们重新燃起希望的时候，【一石二鸟】劈头而下，低垂的阴线再一次摧毁人们的信心。

主力在完成这一系列动作的时候，【均线互换】完成了。我们知道，【均线互换】是股价上涨之前的最后一个技术环节，也就是说，只有【均线互换】完成以后，股价的上涨空间才算正式被打开。

然后，股价以涨停板的方式完成了对【一石二鸟】的确认。第二天突破整理平台，股价以【一枝独秀】报收，很多人会在这里乖乖地交出手中的筹码，这样做没有错，但却忽略了形态的位置。难道主力把前高点的人统统解放出来，只是为了光宗耀祖吗？绝对不是。主力把前期被套的筹码解放出来，是为了在更高的价位把它卖出去。我们在《黑客点击》这本书中反复强调，创新高必回调。因为股价冲破高点以后，会面临获利盘和解套盘的双重抛压，实力强的主力会在盘中完成调整，实力弱的就会向下调整几天。我们看到，主力采用的是盘中调整，而且第二天用【独上高楼】这种极端手段继续掠夺散落的筹码。我们常说，相同的形态出现在不同的位置其市场意义是不一样的。该股刚刚突破前高就出货，逻辑上行不通，道理上说不过。如果我们只注意形态而不关注它目前所处的位置，就会落入主力精心设置的诱空陷阱。见图五。

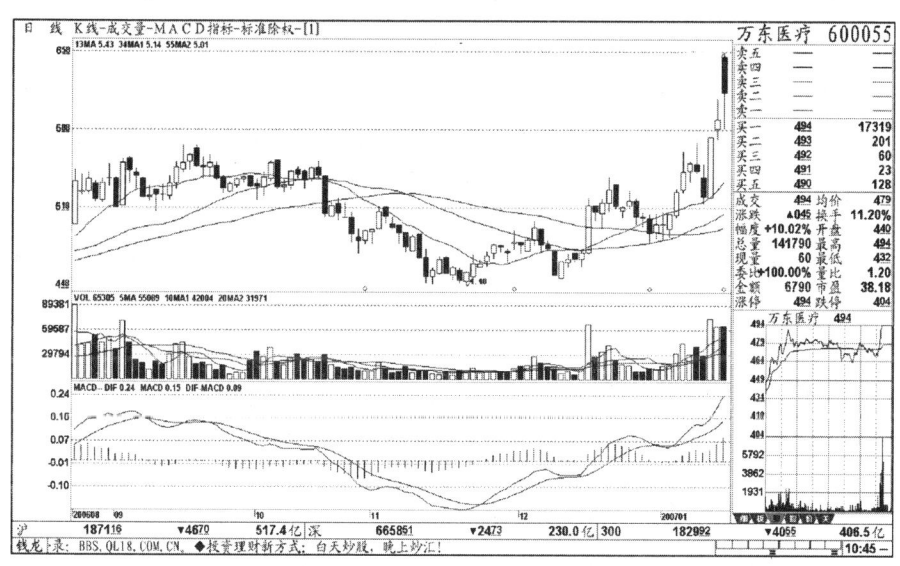

在相对底部，主力常常用【独上高楼】来震仓（图五）

通过以上分析，我们是否可以得出这样的判断，相对低位的【独上高楼】是一种震仓手段而不是出货。从该股后期的发展趋势看，证明我们的这个判断是正确的。见图五。

经验丰富的投资者，对主力玩弄的这些雕虫小技只是会心一笑，但他们绝对不会无动于衷，而是先按【独上高楼】的提示进行减仓，然后在盘中再寻低点捡回来，这样一卖一买，大约有5个点的赚头。如果第二天股价吃掉【独上高楼】实体，再重仓出击，这就是"心随股走，及时跟变"在实战中的具体体现，这就是"只认指令，不管输赢"在实战中的具体应用。炒股的本质就是做差价，炒股的精髓就是及时跟变。

经验不足的投资者，在【独上高楼】出现时抛出后，一般不会在第二天再把股票捡回来，因为他们怕吃主力的骗线。"只认指令，不管输赢"的操作纪律早已被主力的出尔反尔弄得烟消云散。"只认指令，不管输赢"说起来容易，真正把它付诸实战尚需一番历练。它难就难在人们不可能物我两忘，难就难在有利益的牵绊。但对一个经过市场锻炼、真正悟到纪律重要性的人来说，他们已经把自己的得失置之度外，始终把自己放在一个执行者的位置上，以自己的忠诚捍卫每一个指令。技术好学，心魔难去，所以在学好技术的同时，还应加强内心的修炼。

任何时候、任何情况下，都不能把自己的利益放在首位，唯有如此，才算一个合格的执行者。只有忘掉自己，无条件地执行指令的人才能在股市生存和发展下去。股价连拉3个涨停板之后，出现一个【拖泥带水】式的【独上高楼】，说明主力又要清洗获利盘了，怎么办？走。见图六。

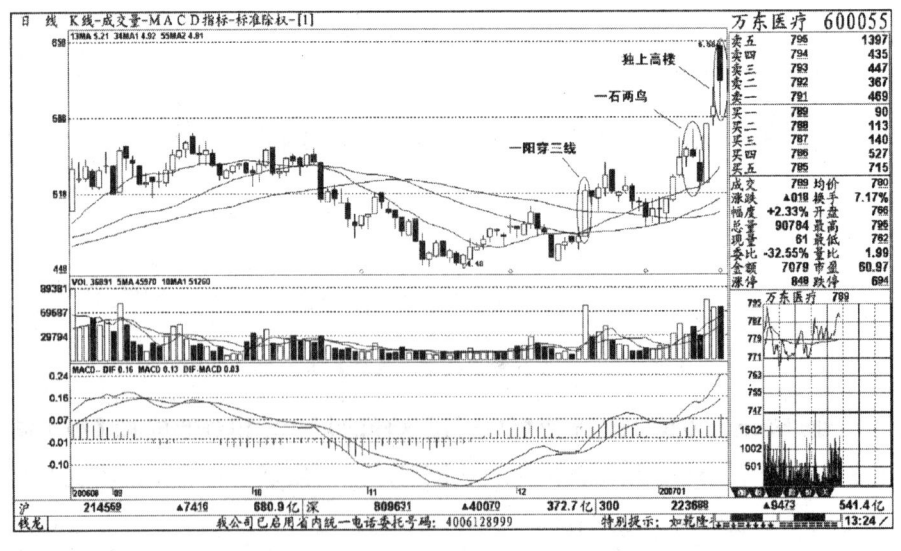

主力又拿【独上高楼】说事，兵不厌诈却屡屡奏效（图六）

实战中判断不准形态的位置会吃亏，股市里找不准自己的位置吃的亏会更大。其实，当一个执行者要比当一个决策者容易得多。因为执行者只需按令行事就成，并不关注事态后果。决策者则要对这个事件负全责任，所以他会瞻前顾后，所以他会犹豫不决，所以他会中途调整或变更计划。很多时候、很多情况下，我们都有意无意地把自己摆在了决策者的位置上。我们为股价设计行进路线，我们为主力制订打压方案，可以说该想到的都想到了，唯独没弄明白自己该干什么。想自己不该想的，做自己不该做的事情，只能是把自己弄得人不人鬼不鬼。

　　在一只股票里面，主力是至高无上的决策者，神圣而不可侵犯。我们必须无条件地执行主力发出的每一个指令，切实做到招之即来，挥之即去。哪怕主力发出的指令是错误的，也要坚决执行而且无怨无悔。

　　如果对该股感兴趣，那就在13日均线附近再悉数把筹码捡回来。什么时候再走？耐心等主力的下一个出场指令。不要害怕被主力逮进去关禁闭，对于沿着13日均线稳步攀升的股票来说，只要股价不出现急拉，行情就不会结束；对于其他个股来说，只要不出现明确的见顶信号，就不用心急火燎地出局，再狡猾的主力，只要他减仓就会在盘面上留下痕迹，我们说的这种留在盘面上的痕迹就是135战法上讲的那些不同形态的出货信号。这些出货形态，就是主力掩耳盗铃留下的证据。从这个意义上说，主力还是蛮可爱的，关键在于你能不能读懂主力的心，读懂之后能不能按照主力的心思去做。见图七。

　　经过10年的沉浮与沉淀，我逐渐摸索出一个比较接近股价运行规律的交易方法，经过长期的股市实战，逐渐形成并建立起135实战交易系统，通过不断地修正，这套系统已经变得日臻完善和系统规范。所以，在我眼里，股票已经没有好坏之分，只有形态规范不规范之别。我是在操作一个实战交易系统，而不是在操作一个自己喜欢的股票。因此，在实战中，我从不去刻意选股，而是密切关注形态的结构和股价的位置，买和卖严格按135交易系统给出的提示进行操作。尽管交易系统有时也会给出虚假信号，但还是无条件地去执行，因为真的总比假的多。股票交易讲的是成功概率，并不苛求每次交易都成功，也不可能次次交易都成功。严格地说，任何交易系统都无法用数学去精确测量。因为交易行为说到底还是人的行为，而人的行为多

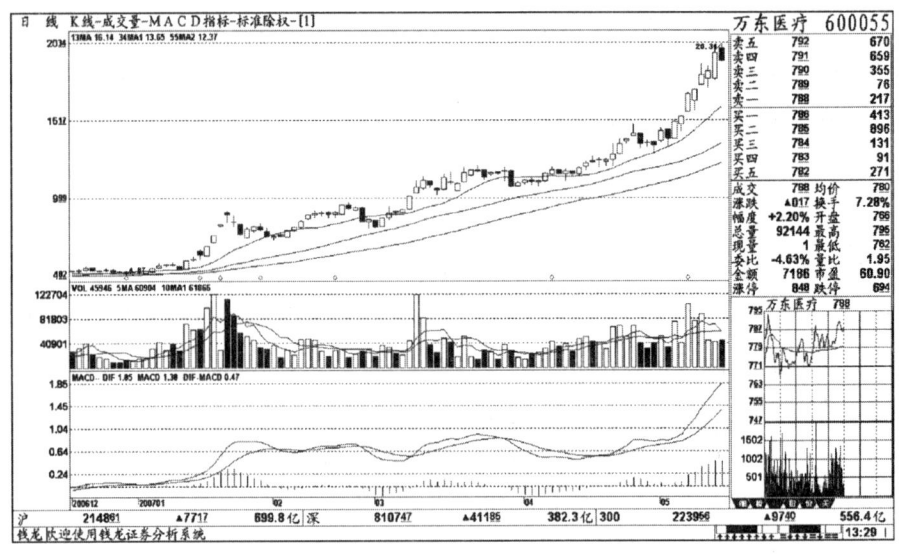

主力出局前都会给我们留下某种信号（图七）

数情况下都是在不同思维方式的驱使下发生的。按交易系统进行操作就能在一定程度上遏制人性的弱点，也相对简单些，但简单不等于容易。因为人经常会把自己的情绪转化为交易行为，这才是最最危险的。

培训中发现一个问题，那些对股市一无所知的人往往进步神速，倒是那些老股民却进展缓慢。我在想，对于一个在某件事情上一无所知的人来说，没有知识储备和经验积累也许是件好事。因为他是一张白纸，是一只空杯子，你怎么说他就怎么做，执行中很少走样。而一些老股民用自己极其有限的操作经历做出的归纳推理，得出的结论常常是谬误的，不切实际的。他们只相信自己的经验，忽略了股市这个客观实在。加上市面上流派甚多的证券书籍，由于良莠不齐，而读的人又不能慧眼识金，结果使本来就迷茫的人变得更加迷茫。

实盘中我要求学员不许交头接耳，把手机定成震动，养成独立看盘习惯。但我发现，平时对人极其谦恭斯文的学员马文胜，只要对着电脑，就完全判若两人，经常是张牙舞爪，喜怒无常，要么兴奋过头，要么忧郁过度，要么烦躁不安，神情极其张狂，极少心平气和地过完一天。这是炒股的大忌，只有具备了心若止水的良好素养，才能做到严格执行交易指令。受盘中涨涨跌跌的影响，说明一个人的定力还不够。收盘后，我对马文胜说，稳定的心态是制胜的保证，如果有一天我从你表情上看不出输赢的时候，说明你就进入专业状态了。

第二节 半山腰的形态别吃饱

当股价脱离成本区进入拉升轨道之后，低位的形态将会变得越来越少。这时候就需要特别注意股价的位置，然后再去寻找合适的切入点位。由于股价先有一波拉升，半路上车自然会增加一定的难度，如果位置判断不当，细节关注不够，即使出现在中位的形态也有失败的可能。另外，从半山腰上寻找猎物，在入货比例上一定要保持适度。

● 神奇制药 （600613），这个【红衣侠女】是股价完成三波下跌之后出现的，因此，具有一定的参与价值。由于主力重新发动行情的目的是继续出货，而不是为了深化行情，所以在入货比例上，一定要保持适度，所谓适度，就是不得超过资金总额的一半。见图八。

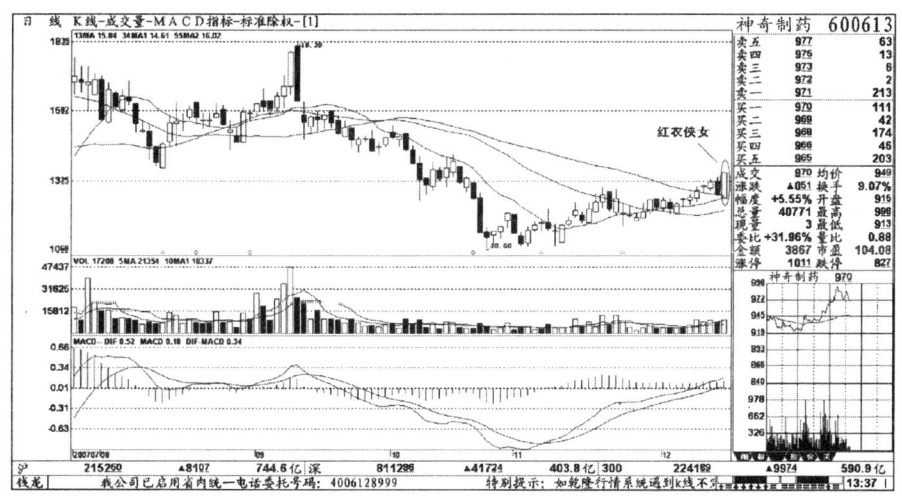

再好的形态也要根据股价的位置设定仓位（图八）

出现在半山腰上的这个【红衣侠女】，经过技术合成后发现有缺陷，主要缺陷就是55日均线没走平。经验丰富的不是当天去追涨，而是在后来的回调中逢低吸纳。凡是55日均线没走平的，几乎所有的形态都不会继续展示它的美丽，而是向人们展示它的另一面——自我毁容。通过清洗获利盘，垫高市场平均持股成本，并对其他技术指标进行相应的调整。

从图上我们可以看到，【红衣侠女】出现后，主力用了一组【一石二鸟】进行铺垫，通过这个铺垫，55日均线被拉平了，获利盘也被进行了清洗。于是，股价在【一石二鸟】的第二天突然跳空高开，然后快速封住涨停。

随后，股价沿着13日均线小步密走，量能虽然很充足，但股价却没有出色的表现，这就是我们常说的放量滞涨。在相对高位，凡是放量滞涨的，主力一般都有出货的嫌疑。这时候，如果有明显的见顶形态，不管是真是假，都应立即清仓离场，千万不能恋战。

实战中怎样判断股价的半山腰位置呢？方法异常简单。先把图形缩小一下，找出股价的最高点和最低点，然后算出股价的中间值，这个中间值就是股价的半山腰。比如该股的前高点是23.53元，最低点是5.09元，把这两个数相加除以2等于14.30元，这个数值就是股价半山腰的标准值。我们注意到，这个【红衣侠女】的收盘价为13.56元，与14.31元的标准值仅差0.75元。因此，目前股价处于半山腰上的判断基本可以认定。

处于半山腰的形态，向上的摸高度，一般不会超过前期高点。因此，在股价行至前高点附近时应特别留意，如果有明显见顶形态，要清仓出局。见图九。

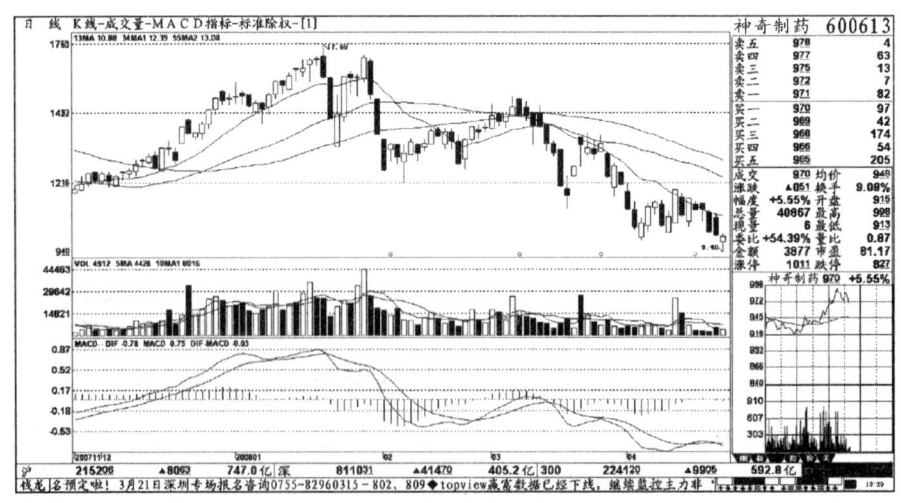

半山腰的形态别吃饱，出现卖点赶紧跑（图九）

比利时有一国鸟叫红隼,在我国叫"红鹰"。它头圆、肩宽、后身细,形体结构犹如一架流线优美的歼击机。红隼在飞禽世界里不是最凶猛的,但却是最聪明的。我们来看看红隼是如何捕食的。

它在一群飞行的野鸭后面伴飞已经好久了,不知哪一只鸭子又要惨遭厄运。红隼选定好一只后就一直追随着它,先是急飞到野鸭的右上方,精确瞄准鸭头,呼啸而下,如同一枚无坚不摧的导弹,当飞到野鸭的身边时,只见它伸出两只强硬的脚掌,对准野鸭的脊梁断然一击,野鸭左右摇晃起来。红隼接着又是一招"九阴白骨爪",在野鸭的背上划出两道血淋淋的伤口。已经迷迷糊糊的野鸭连中两招,再也直立不起来,软绵绵地耷拉下了脑袋,身体不再受到自己控制,翻着跟头栽向地面。可是,不等它落地,红隼就迅速转体追上去将它抓住。奄奄一息的野鸭被利爪抓得浑身麻木,只能任凭红隼摆布,默默地等待着死亡的到来。最后,红隼用凿子般的硬喙往野鸭后脑勺上啄去。野鸭摆脱了痛苦,红隼尝到了美味。

人若想在股市生存下去,必须有红隼一样的专注、耐心和果断。恒心与耐性是所有股市赢家身上的可贵品质。滴水可以穿石,绳锯可以断木。认准了的目标就应该坚定不移地走下去。在实现目标的过程中,要有充分的吃苦和面对挫折的耐力。纵观历史发展,正因为有了恒心与耐力,才有了埃及宏伟的金字塔,才有了耶路撒冷巍峨的庙堂;正因为有了恒心与耐力,人们才登上了气候恶劣的阿尔卑斯山,才夷平了新大陆的各种障碍,建立起人类居住的共同体。"在任何力量与耐心的比赛中,把它押在耐心上。"

一个16岁的俄国男孩打定主意要加入克格勃。他跑到彼得格勒的克格勃办事处问询,一位官员告诉他,他们只收大学毕业生和复员军人,而且最好是学法律专业的大学毕业生。

男孩决定报考彼得格勒大学的法律系,以便日后加入克格勃。

大学入学考试时,柔道教练力荐他去报考列宁格勒金属工厂附属高等技术学校,因为根据他的成绩,他可以被保送,还能免服兵役。

柔道教练特意约见了男孩的父母,男孩的父母听了也有些动心,原先支持他考大学的想法开始动摇了。于是他们一起做孩子的思想工作。小男孩陷入"两面夹击"的境地:训练场上,教练劝他;回到家中,父母也劝他。

但是这个男孩太想加入克格勃了,他说:"我就是要考大学,就这么定了……"

"万一考不上,你就得去当兵。"

"没什么可怕的。"他坚定地回答,"当兵就当兵。"

服兵役就会推迟加入克格勃,但总的来说,并不妨碍他实现自己的人生计划。后来,这个男孩如愿以偿地考上了彼得格勒大学的法律系,毕业后加入了克格勃,他的人生由此跨入了一个决定性的新阶段。他就是俄罗斯前总统——普京。

普京的经历验证了这样一句话:命运不是运气而是抉择;命运不是思想,更重要的是去做——只有把命运看作一个动词,才可以更好地去选择与把握。

● **联创光电** (600363),这个淑女型【红衣侠女】也出现在半山腰上。这个判断究竟对不对?用公式一测便知:

(前期最高点+前期最低点)÷2=半山腰的位置。

股价的前期最高点是 15.32 元,最低点是 2.91 元,两者相加除以 2,得到的数据是 9.115 元。目前这个【红衣侠女】的收盘价是 9.04 元,与标准值只差 7 分钱,所以,股价处于半山腰的位置的判断可以成立。见图十。

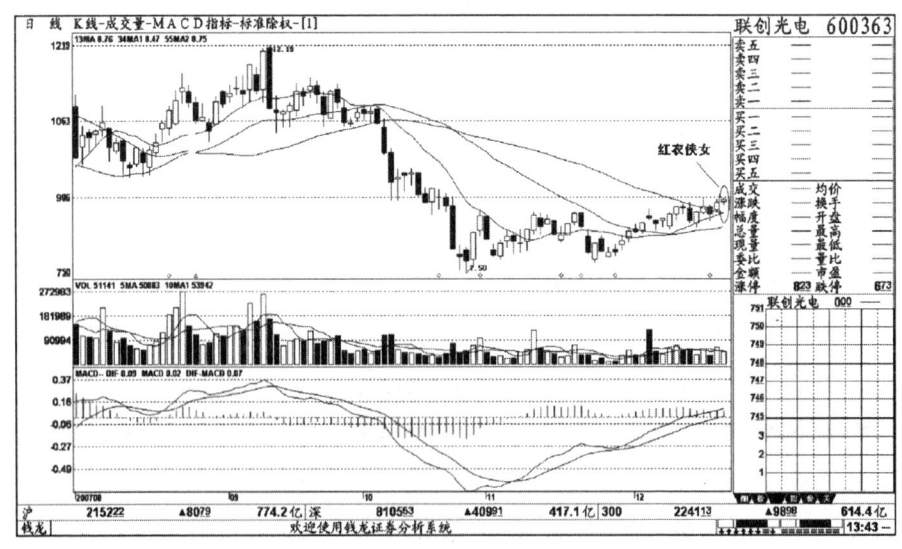

淑女型【红衣侠女】不需要量,因此进场时无须下手太狠(图十)

股价的位置确定以后,接下来就是如何布局资金了。为安全起见,狙击半山腰的目标不必倾巢出动,拿出一半或三分之一的兵力就足够了。道理很简单,该股的主升段已过。除非遇上特大行情,否则,主升段的高点短期内很难越过。

【红衣侠女】出现以后,由于是淑女型的,所以,股价不紧不慢地在13日均线上方迈着太空步悠然自得地溜达着。【均线互换】完成以后,股价开始提速,行进中间,主力经常不断地弄出一些偷鸡摸狗的勾当,念念不忘清洗获利盘是主力的本性。见图十一。

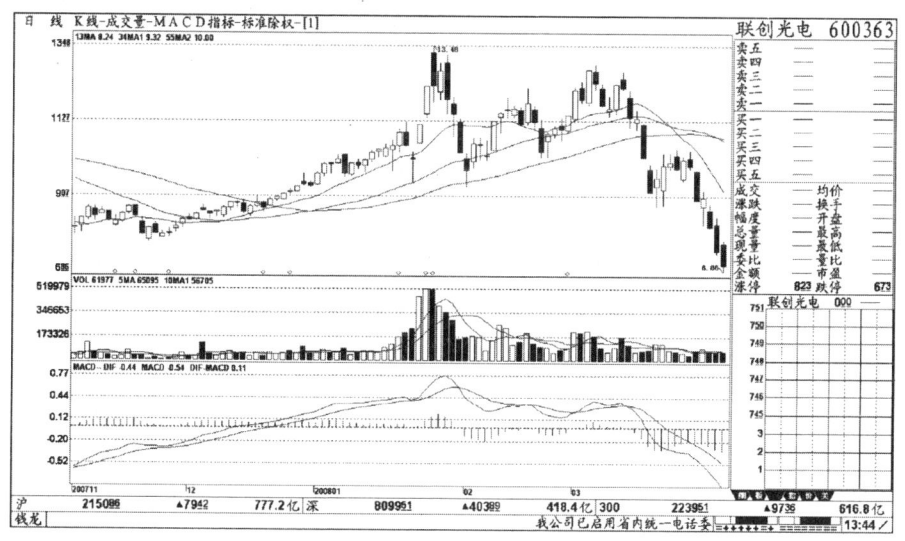

不管按什么形态操作,都必须遵守"只认指令,不管输赢"的铁律(图十一)

而【独上高楼】的出现,标志着此波行情已告结束。不管你有再多的想法,此时此刻,都必须拔腿走人。因为,我们只能在"只认指令,不管输赢"的框架内行走,否则就是违纪,违纪就会受到严厉的制裁。

一天,陪妻子去商场购物。无意中瞥见墙上挂着一块蜘蛛网状的时钟,那只黑蜘蛛不知疲倦地在网上爬行,设计者巧妙的构思令我赞叹不已。那蜘蛛网何尝不是人生奔忙的路,而蜘蛛的路又何尝不是生命的运行轨迹。

小时候见过无数的蜘蛛网。有一次,还把蜘蛛即将织成的网捅了一个洞,蜘蛛没有气恼,而是换个地方继续编织新网,丝毫没有因为意外伤害而丧失斗志,也没有因为失意和疲顿而放松自己的努力。

蜘蛛网是容易破碎的,然而蜘蛛却在顽强地编织,它的成功不在织成的网中,而在于破碎中继续编织新的生活。只要生命之线不断,新的生存之网就会织成。

● 茂业商业 (600828),这个【黑客点击】出现在缩量横盘之后,所处位置为半山腰偏上。半山腰的标准价位应是 12.43 元。这个数据是怎么得来的呢?把该股前期高点与前期低点相加再除以 2,得出的数值就是股价半山腰的标准位置。但这只是一个理论数据,理论数据与实际数据往往有一定差距,但该数据只要在正负 2 左右就有一定的参照价值。

这个【黑客点击】的收盘价是 15.14 元,与标准价差 2.71 元,属于偏高型,因此在入货比例上更要保持适度。不是说偏高的形态上涨空间小,主要还是从安全角度去考虑。见图十二。

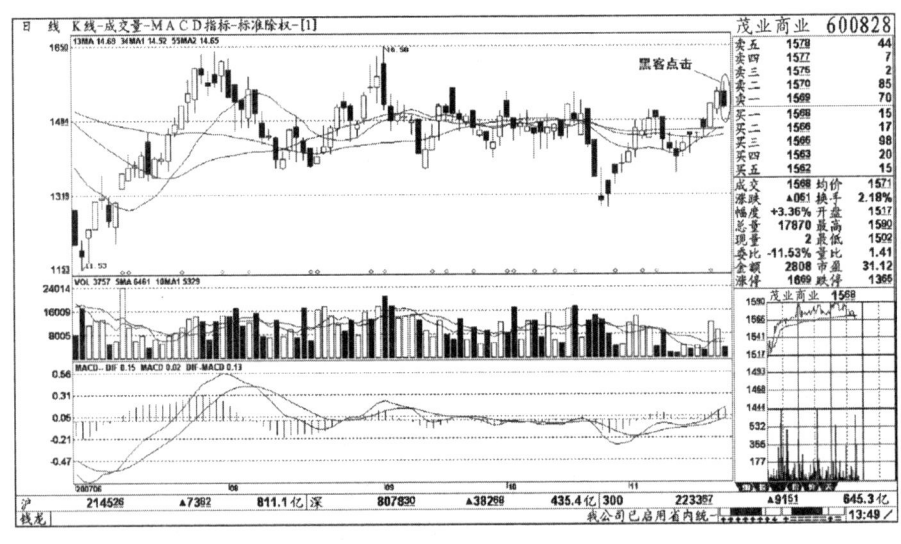

进退有据是本分,执行指令是天职(图十二)

确定股价位置以后,应严格按照进场程序操作。(详见四川人民出版社 2015 年版《黑客点击》)【黑客点击】出现当天,轻仓试探,第二天出现阳克阴,半仓跟进,股价有效突破前期 16.50 元后重仓出击。请注意,这个资金布局是在动用一半资金基础上的布局,不是整个资金的布局比例。

股价突破 16.50 元后顺势回落,图表上出现了【一剑封喉】,明知道股价的行情尚未结束，但也要在这个点上进行减仓操作，然后再从调整的低点把抛出的筹码捡回来，不纯粹是为了做差价，旨在培养和养成"只认指令，不管输赢"的操盘意识。

【一剑封喉】出现以后，主力用了一组【浪子回头】清洗获利盘，在清洗过程中，【均线互换】完成了，标志着股价未来的上涨空间已经被打开，这时候就可逢低吸纳，然后等股价重新开始向上攻击时再加码跟进。见图十三。

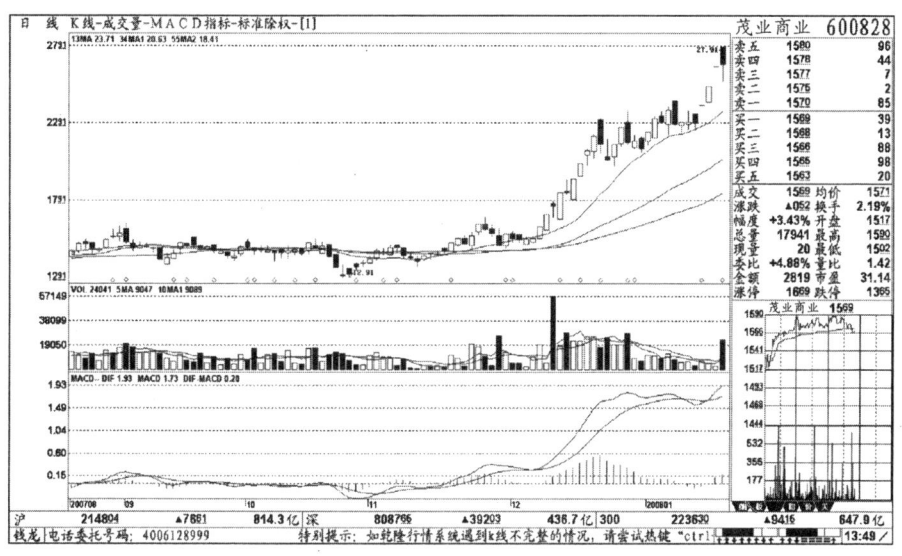

"只认指令，不管输赢"是我们的护身符，要坚决捍卫它（图十三）

价升量增、价跌量缩是主力的控盘特征。比如说，一只长期横盘的个股，如果大的趋势是缩量整理，以至到后来的极度萎缩，这就表明主力已经控盘，但并不意味着可以跟进，因为股价能不能涨，什么时候涨完全取决于后续量能的爆发。一只缺少量能支持的个股，即使在底部区域横上两年，也依然没有参与价值。

对于那些横盘拉升类的个股来说，在股价的拉升过程中一般不会持续放量，因为筹码已被主力高度锁定。对此类个股应注意两点：一是拉升末段，股价携量上攻，技术形态出现【狗急跳墙】时应出脱持股；二是借除权后的巨大缺口放量出货。

量价关系只对主力高度控盘的个股管用，抛开主力控盘这一核心去分析量价关系没有任何意义。

在《动物世界》里曾看到这样一组画面,至今令我记忆犹新:

一群年幼的沙鸥,无忧无虑地嬉戏在绿色的湖水中。

一只勇敢的小沙鸥尝试着,挣扎着,试图展开翅膀,飞向蓝天。

它一次次不停地摔打着,挣扎着,失败着,其余的沙鸥只是看着。突然间,那只沙鸥成功了,自由地翱翔在天际。

在投资旅途中,谁都有过彷徨、迷茫甚至屈辱,但我们应该学习沙鸥的执着与坚韧,只要舍得付出,不怕挫折,坚持下去,也会像沙鸥一样飞向蓝天。

凡是到股市来的人,内心都怀有赚钱的欲望,为了实现这个欲望,他们曾努力过或奋斗过,可是为什么到最后真正能赚到钱的人总是少数?主要原因是这少数人对成功的渴望更坚定,努力更持久。为什么这些人能够数年如一日地坚持不懈?因为他们心中有着明确的目标。

如果把股市喻为股海,那么,每个人就是股海里的一只小船,在股市的海洋中,大约95%的船是无舵船,他们总在盘算着"什么时候才能抵达财富的彼岸",但对风浪海潮的起伏变化却束手无策,只有任其摆布,听其漂流。结果他们满怀希望的小船,要么撞岩漏水,要么触礁沉没。

还有约5%左右的人,他们有方向、有目标,又研究了最佳航线,同时苦练航海技巧。所以,他们的船才能有计划、分步骤地到达成功的彼岸。那些无舵船一辈子航行的距离,他们只需三到五年就达到了。他们的经历像长期在海上漂泊的船长一样,既熟知下一个停泊或通过的港口,也十分明确航船的目的地。如果遇到狂风巨浪,他们既不慌张,也不会束手就擒,而是凭借平时练就的本领,巧妙地躲避风险,然后使船安全抵达目的地。

当哥伦布的船队在汹涌险恶的大西洋上航行时,他在日记上这样写道:"今天,我们继续按西南偏西航行。"他对自己的目标充满了信心和希望,他坚信自己的航线是正确的。

你做股票有计划吗?你是否清楚什么时候买什么时候卖?遇到意外将如何处置?你炒股的目标是一百万还是一千万?怎样去实现这个目标?如果你对这些问题回答得含糊其辞,说明你依然陷在亏损的泥潭里。也许有的人已经找到了答案，但答案只能回答问题，却不能解决问题，解决问题必须用切实可行的行动。

炒股需要目标，目标是人努力的方向。就像跳高运动员，前面有了横杆的提示，才会竭尽全力去跨越，如果没有横杆，再优秀的运动员也创造不了奇迹。

目标不仅使前进方向更加明确，而且还能起到聚焦的作用。一张白纸放在太阳底下不会燃烧，但用聚光镜把阳光聚在一个点上，纸就能燃烧起来。人一旦有了目标，就能聚起你的全部力量。每一个股市赢家都是在目标的引导下，有计划分步骤地实现自己的梦想的。

一个14岁的少年默默地记住了父亲临终时"光宗耀祖，出人头地"的嘱托，幼小的心灵里澎湃着"立志发达，建功立事"的鸿鹄之志，带着"不报父恩，誓不罢休"的决心，坚韧不屈，迎接挑战，攀上一个又一个高峰，成为香港实业界的巨头。他就是李嘉诚。

小时候，老师让我们写下自己将来的理想，有人写"当将军"——于是，他真的当兵去了；有人写"要当科学家"——于是，他真的开始用功学习了。股民朋友，你的理想是什么呢？不会是把自己的全部家当都输掉吧？既然不想输，那就拿出赢家的劲头来。

可惜长大以后，许多人渐渐地淡忘了自己当初的目标，也没人再要求你写下自己的理想了。于是，前进的动力消失了。于是，世上又多了一个平庸的人，于是，股市里又多了一个消费者。行动始于心动，赶紧给自己制定一个目标吧。

他1940年出生在美国三藩市，英文名字叫布鲁斯·李。因为父亲是演员，他从小就有了跑龙套的机会，于是产生了当一名演员的梦想。13岁时，他拜入咏春拳名家叶问门下学习武术，这使他练就了一身好功夫。1961年，他考入华盛顿州立大学主修哲学。后来他又辍学和妻子开了一家武馆，虽然能勉强维持生计，但在他内心深处，一刻也不曾放弃当一名演员的梦想。

一天，他与一位朋友谈到未来时，随手在一张便笺上写下自己的人生目标——"我，布鲁斯·李，将会成为全美国最高薪酬的超级巨星。作为回报，我将奉献出最激动人心、最具震撼力的演出。从1970年开始，我将

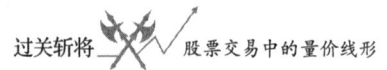

会赢得世界性的声誉。到 1980 年，我将会拥有 1000 万美元的财富，那时候我和家人将会过上愉快、和谐、幸福的生活。"

写下这张便笺的时候，他正穷困潦倒，不难想象，如果这张便笺被别人看到，会引来什么样的嘲笑。

然而，他却把这些话深深地铭记在心底。为实现梦想，他克服了无数常人难以想象的困难。比如，他曾因脊背神经受伤，在床上躺了 4 个月，但后来他奇迹般地站了起来。1971 年，命运女神终于向他露出了微笑，他主演的电影《唐山大兄》《精武门》《猛龙过江》，均刷新了香港票房纪录。1972 年，他主演了香港嘉禾公司与美国华纳公司合作的《龙争虎斗》，这部电影使他一跃成为一名国际巨星——被誉为"功夫之王"。

1998 年，美国《时代》周刊将其评为"20 世纪英雄偶像"之一，他是唯一入选的华人。

他就是李小龙——一个最被欧洲人认识的亚洲人，一个迄今为止在世界上享誉最高的华人明星。

1973 年 7 月，事业刚步入巅峰的李小龙因病身亡。后来，在美国加州举行的"李小龙遗物拍卖会"上，那张便笺被一位收藏家以 2.9 万美元的高价买走，同时，2000 份获准合法复印的副本也当即被抢购一空，以至拍卖会的主持人大叫："这是你以后有必要把想到的事情马上写下来的原因所在。"

写下你的梦想，哪怕，是在一张不起眼的便笺上。

第三节　山顶上的形态像根草

相同的形态，经常会出现在不同的位置，所以它原来的市场意义也会随之改变。如果置股价的位置于不顾，单凭形态进出，就要导致操作失利。位置决定形态不是戏言，应引起高度重视。

判断股价位置有一个非常简单的方法，发现某种形态后先不要匆忙进场，按一下键盘上的收缩键，把图形缩小一下，这样就能看清股价运行的全貌，就可以正确判断股价目前所处的具体位置。

下面我们一起解剖几例高位形态，通过案例剖析，认清高位形态的危害。山顶附近的形态像根草，不参与也罢。

● 华光股份（600475），图表上这根中阳线正好出现在均线系统的上方，我们能否将它视为【揭竿而起】？如果把它视为【揭竿而起】，我们该不该买进呢？见图十四。

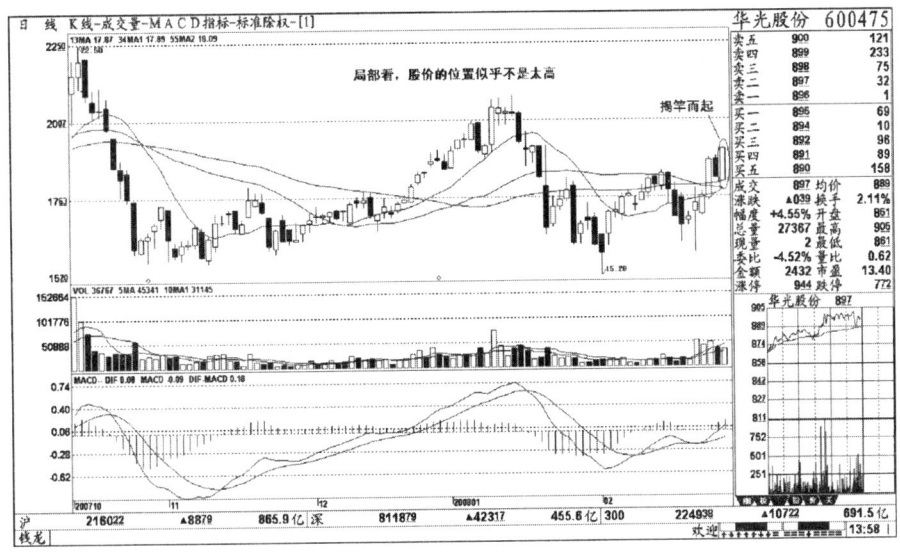

相同的形态出现在不同的位置，其市场意义是不一样的（图十四）

从形态上看，我们几乎看不出这个【揭竿而起】有什么缺陷，经过技术合成以后，问题就出来了。较为明显的，就是它的量没有吃掉昨天的阴量。一般讲【揭竿而起】的成交量应是近期最大的，成交量大说明主力实力大，收集的筹码多。反之亦然。其次是它的价，凡是攻击型【揭竿而起】，股价一般都以涨停报收，而该股差一分钱没涨停，难道主力连这一分钱的力量也没有了吗？再联系到它的成交量，说明这根大阳线是虚浪拉升，说明主力是利用技巧而不是凭实力来做盘，那么，这个形态的可靠性就会大打折扣。再次，也是最关键的，这个【揭竿而起】出现的位置偏高。我们把图形缩小一下就会发现，股价目前依然处于相对高位，因此判定主力不可能在这个位置大量收集筹码。那么，主力如此明目张胆地明修栈道，目的又是什么？目的就是为了暗度陈仓，悄悄地派发筹码。经验不足的人往往经不起诱惑，经不起诱惑就会吃主力的骗线，吃了骗线依然执迷不悟的，日子就会越过越穷。

股市里哪些人更容易成功？那些认准了目标就一条道走到黑，不见黄河不死心的人更容易获得成功。那些视事业为生命，在困难和挫折面前越挫越勇，从不改变初衷的人更容易获得成功。所有的成功都不是命中注定，而是后天努力的结果。有些人是先天适合自己的角色，有些人是后天才找准自己的位置，那些先天适合又经过后天主动磨砺的人最容易在股市获得成功。见图十五。

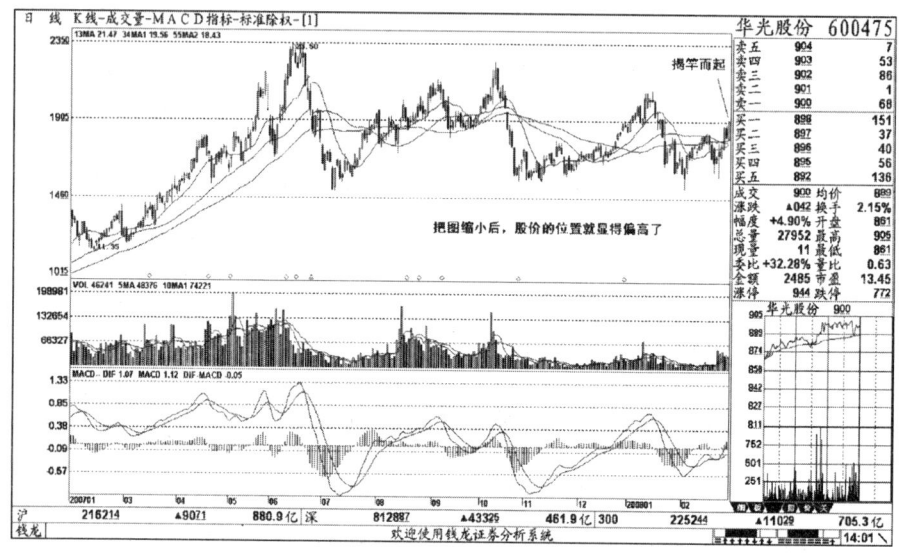

【揭竿而起】一般出现在攻击的初段，是主力资金大规模进场的标志（图十五）

如何看待炒股的成与败？没人愿意看到自己的失败，但别管到什么时候，成功者永远都是少数。失败者之所以成为失败者，是由于不敢面对现实，不能痛下决心彻底改变自己才最终成为失败者的。失败者就是因为无法战胜自己，却总想战胜别人。战胜自己不是一件容易的事情，因为要战胜自己就不能有正常人的七情六欲，这样才能理性地看待一切。失败者总是无休止地抱怨，成功者总是不停地检点。比如说，一次操作失利后，多数人总是为自己的失败寻找借口，只有少数人忍受着失败的煎熬，然后主动去检点，去反省自己。有人做错一次要罚自己跑5000米，做错两次要做500个俯卧撑，做错三次要打自己200个耳光。人之所以犯错，是因为犯错的成本太低，如果做错一次拘留15天，做错两次判两年有期徒刑，做错三次判无期徒刑，我想失误的概率就会大大降低。一个无法战胜自己的人是很难在股市生存下去的。战胜自己就是要克服人性的弱点，战胜他人就是利用人性，不克服人性的弱点就不能无条件地执行指令，不利用人性就无法在股市站稳脚跟。股票是一颗会移动的炸弹，当它漂移到你身边，如果不立即把它推开，就会被炸得血肉模糊。股海漂浮，唯有自悟。悟到这一点，才能把自己忘掉，当理念、原则和纪律融为一体并深入骨髓的时候，实战时才会变得如鱼得水。

你炒股是为了玩还是准备把它当成一种事业？很多人没有认真地考虑过这个问题，他们到股市来的目的就是为了赚钱。可是到底怎么赚钱心里并不清楚，他们就知道买了等着涨，不涨就不卖，就好比把一个刚刚出生的婴儿从产房抱出来，就想把他送到清华大学去读书。如果不懂得炸弹的特性，不知道怎么去安装和拆除炸弹的方法，结果只能有两种：要么被炸得血肉模糊，要么被炸成植物人，堕落成地地道道的股票消费者。至于把炒股当成事业去做更是想都没想，因为很多人有着一份不错的职业，到股市纯粹是为了捞外快，而一心两用者很难在股市里赚到钱。

失去信心的心灵是痛苦的；失去信心的肉体是麻木的；失去信心的生存是无聊的。炒股是一条艰难崎岖之路，它需要坚强，更需要坚韧，只有长年累月、锲而不舍地坚持，才能最终摘取股市赢家的桂冠。

在成功的路上，不管遇到什么艰难困苦，都不要放弃心中的目标，世界上没有绝望的处境，只有对处境绝望的人。

我们接着看该股的后期走势。【揭竿而起】出现后，股价没有延续原来的走势，而是冲高回落，然后是【一阴破二线】，彻底封住了股价的上涨空间，然后是逐步下滑，最后从山顶附近一直滚落到小山沟里。股价从【揭竿而起】出现时的19.17元一路狂跌至4.4元才罢手。如果在【揭竿而起】处不慎误入，然后又死等【揭竿而起】的结果，那么，你的资金就会有77％的缩水。高位的形态是一根草，不要也罢。见图十六。

形态很重要，但比形态更重要的是股价的位置。如果只知其一，不知其二，势必搬起石头砸自己的脚。位置决定形态的成败，这一点一定要清楚。

每一个进入股市的人，都应该揣着一颗感恩的心，感谢股市里所有的

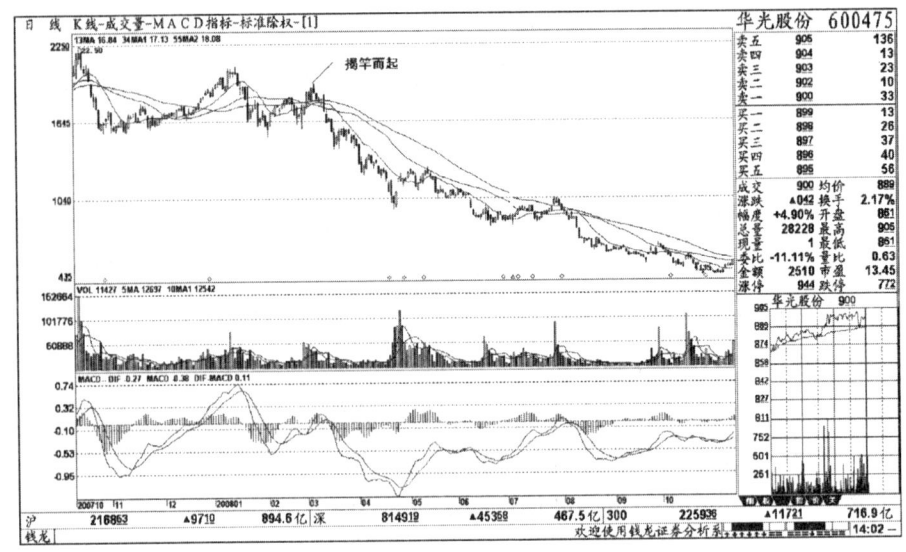

位置决定形态的成败,切不可掉以轻心(图十六)

一切。感谢每一只陌生的股票,每一根陌生的K线,因为它们能促使我们成长;感谢股市前辈、平辈甚至晚辈对我们的每一次提携;感谢每一个主力给我们的磨难,感谢大盘给我们一次又一次的意外伤害。股市给了我们这么多灾难而不给别人,这是对我们的考验,这是"天将降大任于斯人也"啊!没有挫折就没有进步,没有磨难就没有成熟;没有痛苦就没有财富,没有失败就永远找不到成功之路。咀嚼痛苦的过程实际上是挖掘自己量能的过程,经历磨难的过程就是锻造股市赢家的过程。只有懂得感恩的人才会永远处在一种宗教般安详明净的心态中。

在西方国家,每到周末,人们都会到教堂做礼拜。从他们安详而宁静的脸上能感到物质上的富庶和精神上的满足,他们究竟信不信上帝姑且不去论它,我们要正视的是:宗教信仰在缓解人们心理压力方面具有不可替代的作用。中国佛教高僧也说:"佛教等宗教的发展有利于建立和谐社会。"

有人说:"心随股走,及时跟变"只可意会,不可言传。其实不是这样的,这个理念既可意会,也可言传。只是把它的顺序颠倒一下会更好,言传在前,意会在后。谁能把这个理念深入骨髓里,谁就能改变操作现状。但理念通常是间接地融入我们的操盘过程,若想让这个理念在实战中发挥作用，人必须主动地去配合和迎合它，因为理念这东西通常并不直接改变现状，但理念能直接改变每个人的思维方式和操盘模式。

理念，从某种意义上说就是一个人的操盘信仰，一个有信仰的人从来都不会自以为是，有了这种信仰，就不会再去盲目和轻信。

● 东方电气（600875），在55日均线以上，我们把13日均线下穿34日均线再上穿34日均线的过程称之为【梅开二度】。它是一波行情的起涨点，是较好的进场时机。但实战中发现，不是所有的【梅开二度】出现以后股价都会涨，那些按【梅开二度】跟进的，到头来不盈反亏，于是感到很郁闷，也很困惑。怎样看待这个问题？如何解决这个问题？成了困扰人们的两大难题，这两个难题不解决，就很难提高操盘的质量。

怎样看待形态失败？客观地说，任何形态，只要没有出现在适当的位置或内部结构有问题，都有失败的可能。我们知道，135战法揭示了股价的运行规律，只要能够正确地利用规律，基本上都能达到大赢小输的效果。但由于人性的弱点，不是所有的人都能正确地认识并正确地使用规律，他们在认识规律的时候常常不够细心，在使用规律的时候，常常有意识或无意识地把自己的感情因素糅了进去，带着合理的想象预测股价的运行方向，很少想或者压根就没有想过形态失败后应该采取什么措施去应对，总是一厢情愿地期待着形态的结果。这是第一。

第二，一个完美形态通常会给我们带来预期的结果。因为，完美形态是量、价、线、形、位置的高度统一，是主力意志的图化表现。只要严格按照交易系统给出的提示进行适当操作，一般都不会出现大的意外。问题是，不是所有的人都能严格按照这五个要素去审核形态，他们不知道怎样去运用技术合成，他们关注最多的是股价的形态，而对其他四个要素，要么置若罔闻，要么漫不经心，关键是对形态的构成细节没有做到一视同仁，而且形态失败后不是立即执行操作纪律，而是一味地怨天尤人。识图不仔细，指令当儿戏，所有的操作失利都盖出于此。政府没有强制你去当股民，主力也没拿枪逼你去交易，买与卖都是自己心甘情愿的。"自负盈亏"是股市的游戏规则，无论是谁，只要一进入股市，就必须承担自己的行为所导致的一切后果。股市里确实有运气的成分存在，但我更想说，运气是改变不了人的命运的。没有扎实的理论功底和娴熟的操盘技术，没有必要的原则和操作纪律，即使送你一匹黑马，最后你也会从马背上摔下来，弄得满地找牙。因为你不知道什么时候该买，也不知道什么时候该卖，你只知道买了以后等着涨，而且涨了也不卖。

培训时，我经常给学员们讲两句话：第一句，如果你严格按交易系统给出的提示进行操作，亏了钱，就带着你的交割单来找我，如果我发现你确实在买点出来时买进，在卖点出来时卖出，你亏多少我给你补多少。第二句，如果你按135战法操作还不挣钱，就是上帝也救不了你。因为135战法的每一个买卖点都清晰具体，你只需照着做就行了，可是你偏不。一个无法控制自己的人，在股市待的时间越长，最后死得越惨。

我之所以敢这样讲，是因为135战法客观地揭示了股价的运行规律。这些买卖点都是股市里的客观存在，我既没有对它们进行包装，更没有对它们进行改造。我只是给这些买卖点加上必要的条件和原则，从而使操作更加接近股价的运行规律。按规律办事，麻烦自然就会少一些，成功的概率自然就会高一些。说了这么多，目的就是希望大家尊重规律，关注细节，尊重主力，不要自以为是。现在我们言归正传，这个【梅开二度】为什么会失败？见图十七。

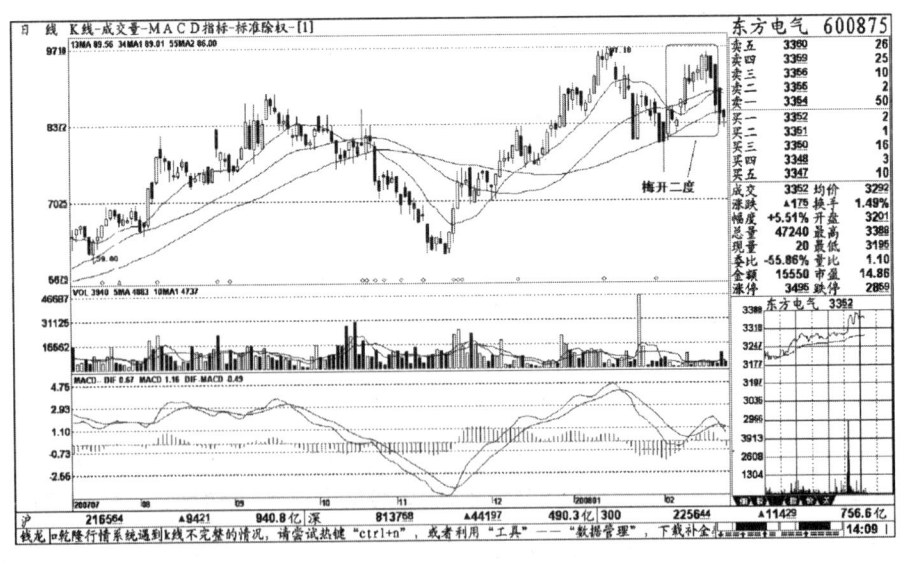

在诸多因素里，位置有着致命的一票否决权（图十七）

这个【梅开二度】之所以会失败，根本原因就是位置太高。股价从最初的 4.4 元涨到 97.18 元，翻了 20 多倍，在股评家眼里，也许它还能再翻 20 倍，碰巧你又一知半解地看到了这个【梅开二度】，于是就不分青红皂白跟了进去，然后开始做着下一个 20 倍的美梦，股市的确能创造奇迹，但想象却不能太离谱。

即使不关注【梅开二度】的位置，起码也要等形态确认之后进场吧，可你发财心切，已经顾不了那么许多。所以，当第二天的【一阴破三线】出来以后，你依然坚信这是股价的正常回调，不但不进行减仓操作，反而开始加码补仓，企图摊低所谓成本。后来主力开始【突出重围】了，你却依然站在断桥边上苦苦地等待日出。后来股价雪崩了，你也被深深地埋在刺骨的雪堆里面。严格地说，你的不幸遭遇，不是天灾，而是人祸。天灾谁都无法躲避，而人祸则是可以躲过的。

生活里的罪大恶极者，法律要剥夺其生命；对股市里的以身试法者，主力会判他个无期徒刑。当一个人被市场判了无期，任何理想与抱负都将化成泡影。

《笑傲江湖》中的风清扬对令狐冲说："剑是死的，人是活的。是人使剑，而不是剑使人。"

135 战法的灵魂是："心随股走，及时跟变。"行动原则是："进退有据，速战急归。"操作纪律是："只认指令，不管输赢。"但在实战中有人把操作纪律给颠倒过来。他们只认输赢，不管指令。按某种形态买进后如果股价没有如期上涨或者掉头向下，他们不是立即采取减仓或清仓措施，而是死等形态的结果。一个大活人要么被主力活活地逼死，要么被自己的想象力活活拖死。见图十八。

135 战法不是什么"独门秘籍"，拒不外传，它的系列丛书面向全国发行，每个人都可以从书店买得到。同样的起跑线，有人远远跑在前头，甚至超过早他们几年入市的老股民。因为 135 战法简单实用，买点就是买点，卖点就是卖点，从来不说模棱两可话，从来不让大家去猜，只要求严格按指令交易，就能收到大盈小亏的结果。

从前有个农夫，死后给两个儿子留下一片田地，兄弟俩平分了土地，从此各自辛勤耕耘。哥哥每天早出晚归，在田边修了小屋子，尽心尽力照看庄稼，秋天收获满满一仓粮食。

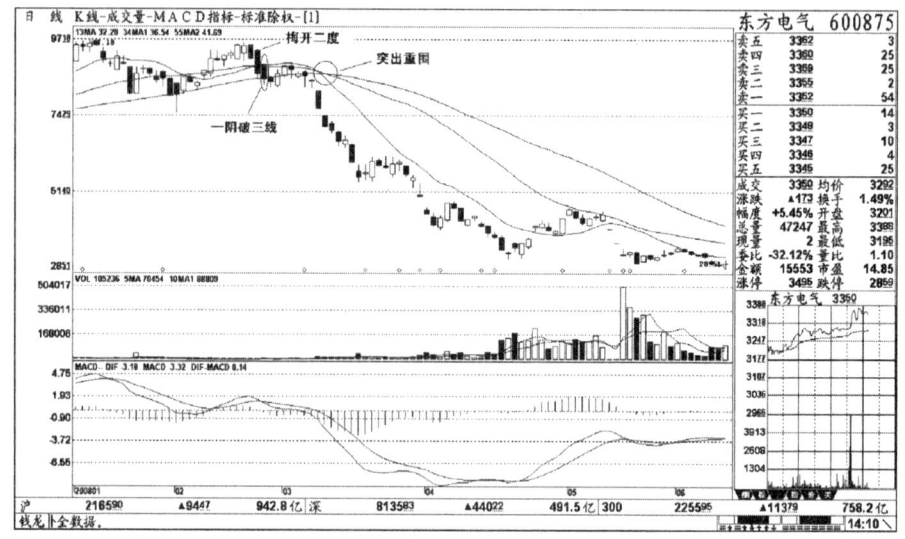

找准自己的位置才能看清股价的位置（图十八）

弟弟没有像哥哥那样买一大袋种子播种，而是仔细观察土壤、水质和气候条件，然后才去买两大袋不同的种子，间隔交错种植谷物，结果把哥哥没有利用起来的谷物的空隙都种满了符合土壤水分条件的农作物，到秋天，弟弟收获两仓粮食，一仓留着自己用，一仓拿到集市上卖。然后盖起一栋小房子，过上舒适的生活。而哥哥则始终都在田边的小屋里住着，每天扛着锄头，早出晚归，依然过着简陋的生活。其实，我们在学习 135 战法的时候，大家都同在一条起跑线上，拥有相同的资源和条件，但是不经过思考就去实战和经过思考后再去实战，就是简陋小屋和舒适小屋的区别。

《古兰经》里说："如果你叫山走过来，山不过来，那你就走过去。"实战中如果股价不按照你的思路走，那就停止抱怨，顺着股价的方向走。

成功需要坚持不懈的努力，需要坚定不移的意志，需要雷打不动的信念，可真正能做到这三点的人却寥寥无几，因为这除了极高的心理素质之外，还需要坚定的执行力和节制力。

股市里的多数人都是随波逐流，并不明白自己究竟在想什么，该干什么，怎么干。没有一个明确的目标和行动准则，懵懵懂懂地混日子，大把大把地浪费金钱，大把大把地浪费时间。实践证明：没有目标的努力绝大多数都会前功尽弃。

心随股走是为了获取财富，及时跟变是为了保全财富。这句看起来平淡无奇的理念，实际上是对股市运行规律的重大感悟，是对股价运行规律的重大发现。股市瞬息万变，别说预知明天，就是下一秒钟会发生什么谁也说不清楚，但只要脑子里有了"心随股走，及时跟变"这根弦，实战中就可以变得从容不迫。

人生中最大的财富不是成功后的巨大辉煌，而是奋斗过程中那段永远也无法忘记的刻骨铭心的经历。

● **太龙药业**（600222），这个【揭竿而起】的量、价、线、形都没问题，盘中发现的，会不顾一切地追进去；复盘后发现，会激动得一夜合不上眼，性急者则会在第二天的集合竞价时抢进去。但是无论是当天追进的还是第二天抢进的，如果没有及时退出来，都会惨遭重套。见图十九。

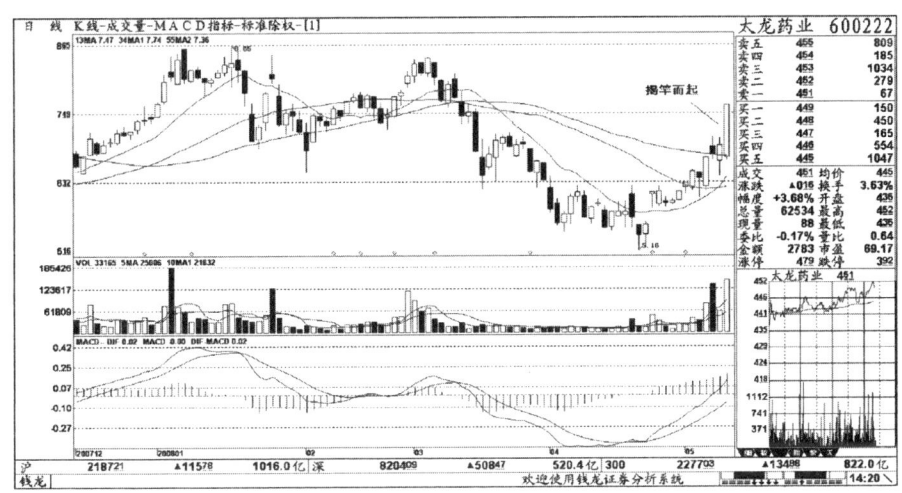

出现在相对高位的【揭竿而起】，十之八九是主力精心设置的陷阱（图十九）

这个【揭竿而起】之所以会失败，就是因为它出现的位置偏高。我们一起回顾一下【揭竿而起】的定义："股价经过长期下跌，长期在底部区域横盘整理，均线系统呈黏合或间距极小的多头、空头排列。突然在某一天，股价从三线上腾空而起，这是主力开始拉升的重要标志。"（详见四川人民出版社2015年版《胜者为王》）

首先，这个【揭竿而起】事先没有经过长期下跌，事后没有经过底部区域的长期整理。其次，均线系统既没有黏合过也不曾是多头排列，它的均线系统是空头排列，而且间距太大。因此，这个形态的失败，既有先天的缺陷，又有后天的营养不良（位置偏高），买一个注定要失败的形态，是自讨没趣。可是又有谁能拒绝这种诱惑呢？拒绝不了诱惑，就要付出相应的代价。见图二十。

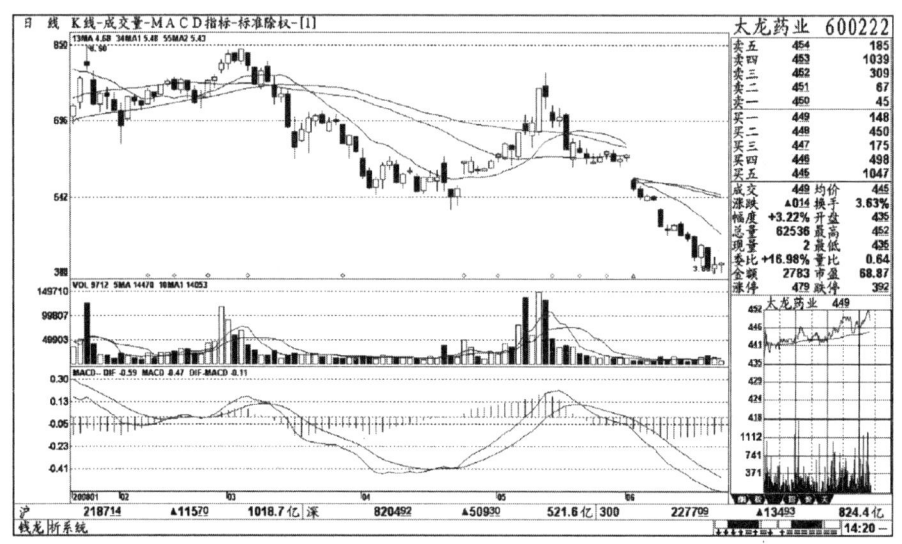

正确使用形态的方法是完整地把握它的五个细节（图二十）

拒绝诱惑的方法很简单，你只需把K线图缩小一下，就会发现股价目前所处的具体位置，是高是低一目了然。还有一个办法，就是死抠【揭竿而起】的定义，如果有一个不符合要求，也坚决不进场。在股市最容易受伤害的有两种人：一种是什么也不懂的愣头青；一种是对某种方法略知一二的半瓶子醋。如果你是这两种人的其中一种，那就应该给自己制定一个限期整改措施。不然的话，你的钱再多，也填不满股市这个无底洞。

第四节　人生总得"爆发"一回

人就这一辈子，如果一直平平淡淡，按部就班，风平浪静，无惊无险，那也很遗憾、乏味。无论如何，总得"爆发"一回两回，即所谓"寻常看不见，偶尔露峥嵘"，以一展平生所学，建奇功，立绝学，创精品，一举成名天下闻。

"爆发",就是一个人在特殊时期,在极短的时间里,迸发出极大的能量,达到自己人生的高峰,作出一生中最重要的贡献,创作出一生最有代表性的东西,就像油田的井喷一样。

据传,老子一辈子默默无闻,50岁那一年,连个小芝麻官也丢了,就骑着青牛,离开家乡西行,到秦国去讲学。过函谷关时,被关令尹喜给截住了,要他留点东西再走,于是就有了函谷关前那一次大"爆发",留下了伟大著作《道德经》。老子的"爆发",用了两天时间。

法国天才数学家伽罗华,21岁就死于非命,在临死前一夜,他有了一次总"爆发"。他知道第二天必死无疑,就一夜无眠,把自己生平的数学研究心得扼要写出,并附以论文手稿。特别是他在天亮之前那最后几个小时写出的东西,为一个折磨了数学家们几个世纪的问题找到了真正的答案,并且开创了数学的一片新天地,提出了"群"的概念,用群理论改变了整个数学面貌。伽罗华的"爆发"用了一夜光阴。

《黄河大合唱》则是诗人光未然和音乐家冼星海共同"爆发"的结果。1939年暮春,光未然躺在延安的医院里,5天写出了全部歌词。接着,冼星海在小窑洞里谱曲,花了6天时间,中华民族音乐史上的不朽杰作,就这样问世了。这既是中国音乐史上的一座丰碑,也是他们自己一生创作的最高峰。

安史之乱时,大书法家颜真卿听到他最喜欢的侄子牺牲的消息后,五内俱焚,痛不欲生,愤怒情绪无以排遣,抓起狼毫,笔走成蛇,一气呵成,写下了著名的《祭侄帖》。悲愤之情,溢于字里行间,抒发得淋漓尽致,被后人誉为天下第二行书,成为颜真卿书法创作的一个里程碑。

芸芸众生,名人和常人的一个重要区别,就是平时看着大家似乎都一样,但是名人一生总有那么一两次成功的"爆发",突然一鸣惊人,突然鹤立鸡群,突然与众不同,"突然一峰插南斗"。

当然,"爆发"看似只有几天甚至更短时间,其实,这可能是一个人数十年努力积累的结果,甚至可能是一生不懈奋斗的一个总结,所谓得之在瞬间,积之在平时。也就是说,"爆发"固然需要灵感,需要激情,需要过人的智慧,需要能把握机遇的机敏,但更需要数十年如一日扎扎实实地工作、认认真真地积累、苦心孤诣地研究。这样，一旦遇到天时、地利、人和，便能"该出手时就出手"，实现自己人生的重要"爆发"，登上自己人生的最高境界。

第六章 答读者问

每当看到读者热情洋溢的来信，特别是看到那些扭亏为盈的陌生读者来信，心情总是异常激动，不是因为135战法有多么好，而是发现大家都开始按规律去操作了。得到这么多素不相识的读者的鼓励，我觉得这些年所有的付出都是值得的。辛苦了大半辈子，今天总算干成了一件"仁事"。

以下这些文字真实地记载了读者们的心路历程和成长轨迹。在通往股市赢家的崎岖山路上，他们一次次跌倒，却又一次次爬起，没有人轻言放弃。因为他们知道，没有挫折就没有进步，没有磨难就没有成熟，没有痛苦就没有财富，没有失败就永远找不到成功之路。值得欣慰的是，他们中间，已经不断地有人登临山顶，叩开了财富王国的大门。

他们在来信中提出的问题都非常专业，也很有水平，我想这些通过深入学习和思考提出的问题应该具有普遍性，因此，每一封信我都认真回复，算是集中答疑，希望对广大读者有所帮助。

怎样判断主力出货完毕

江苏南通　张　法

我叫张法，家住江苏南通，在一所学校任化学实验员。一个偶然的机会进入股市，7月能有幸成为您的学生。半个月来，我一直在读您写的几本书和《训练大纲》。股市的变化规律抽象、难懂、难测，但在您的笔下股市是如此鲜活、简单、易于操作，太酷啦！优美的文笔、幽默的语言和乐观的情绪深深地感染着我，您不仅揭示了股市的运行规律，还指出了许多人生哲理，发人深省，促人成长。我感谢您！崇拜您！

目前，我正在识图，要过三关：一是把K线图中已知形态与未知形态正确区分出来；二是把相似的形态（包括变形）在不同股价位置上的市场意义正确区分出来；三是把经典形态与变形形态正确区分出来。困难不小，但我有信心克服。

近几天，我边学习边实践，体验一下"进退有据，速战急归""只认指令、不管输赢"和"心随股走，及时跟变"的理念和纪律，在弃弱趋强、追涨杀跌中不断提高自己。不是心浮气躁有意违规，而是强迫自己上路，在实战中加深理解，积累经验。由于刚上路，缺乏经验，摇摇摆摆，跌跌撞撞。我感到最难把握的是在拉升途中，出现一些变形图形，使人真假难辨，不知主力是整理还是出货？究竟怎样判断主力出货完毕？我知道解决这个问题，需要一定时间，若能得到老师的指点，就可以少走一些弯路。

知道老师很忙，但还是有个问题想请教老师：中钢天源，7月27日进入急涨阶段；7月30日是变形的【狗急跳墙】，不符合放量滞涨的特征，市场意义有变化，这是不是主力在继续诱多？

7月31日是变形的【独上高楼】，可认定主力在出货，但有控制，主力调的很有节制（未跌破昨收盘）；8月1日是变形的【一枝独秀】（缩量且受大盘下跌影响）。

8月2日阳克阴，但量能不足，给人的印象是主力在护盘但不坚决。盘中发现，当股价接近前期高点附近，抛压明显增多，上涨阻力变大。

从7月30日至8月2日，累计换手率达60.3%，在出货阶段，累计换手率通常达多少，表明主力出货接近完毕？

8月2日，该股有限售条件的流通股1440万股上市流通，这跟当日阳克阴有联系吗？

 回复

识图基本正确，但分析判断与客观情况还有一些差距。首先，目前的

股价不是处于急涨阶段,而是拉高出货。主力出货不仅仅看换手率,重要的是要看形态。一般讲股价经过一波大幅拉升,单日换手率超过10%,就意味着主力在出货,这时候,不管形态上是否有出局信号,都应考虑减仓。主力出货不是一天两天就能完成的,而是一个阶段。如果说拉升用了20天,出货通常需要在3个月以上。我们的操作纪律是"只认指令,不管输赢"。一切以形态为主,并不过多地去区分是出货还是洗盘。因为,不管是出货还是洗盘,卖出形态出来以后,股价都会下调,而且,没有三年功力是分辨不清出货与洗盘的,与其瞎猜,不如见山是山,看水是水。

是不是获利3%就出

浙江上虞 郑建华

老师你好!最近有点迷茫,操作不是很顺。以前按135战法买进次日获利3%以上就出,虽骑不到黑马,倒也积少成多还不错。近阶段我想多赚一点反而被套,最近的操作:601872在8月2日11.26元买入,没出,小套。002129在8月3日15.6元买入,没出,股价又下来了。002084在8月1日30.9元买入,没出,大套。

老师,是我的选股有问题还是操作不对,我以前都买55日均线附近的股,昨天换了方法开始追涨,在23.7元买入002101,理由是放量上攻,第一次买这种股,不知买对了没有?

学135战法以来,最难忘的一次操作是今年1月9日23元买的600406,理由是【金屋藏娇】加阳克阴,在31.4元出的,可每天都是提心吊胆,怕它跌下来。

望老师帮我指点迷津,是不是还是按老方法获利3%以上就出?

 回复

(1) 601872、002129切入正确。既然能按指令买进,也一定要按指令卖出。一手硬、一手软是要吃亏的。

(2) 002084切入点不当,而且形态破坏后就应择高出局。以后不管按

什么形态切入,都不要死等形态结果,发现不妙,先走再说。

(3) 002101 切入点不当,放量上攻不是买入理由,进退的依据是形态。

(4) 600406 切入点、抛出点皆正确,继续坚持。

(5) 卖股票不是看涨幅,而是看有无出局信号。

(6) 存在问题:持股分散,攻击频率太高。

135 战法之浅见

安徽合肥　吴献忠

1. **135 战法到底讲的是什么?**

135 战法从头到尾讲的都是股价的运行规律,不厌其烦强调的都是要按规律办事,苦口婆心地叮嘱我们一定要和主力搞好关系,不要自以为是。主力运作一只股票共分四个阶段,即建仓、洗盘、拉升、出货。135 战法以具体的形态揭示了这四个阶段的拐点。如股价从【红杏出墙】再到 55 日均线,就是主力建仓的结束。【红杏出墙】是底部区域最安全的一个买点。我们可以把 55 日均线设定为水平面,潜艇即使冲过水面,也要回到水面。从而形成【红衣侠女】【黑客点击】或【海底捞月】等股价起涨的临界点。

从哲学角度看,任何事物都有它的普遍性和特殊性。股价一般都在正常的规律中运行。但有时也会表现出它的特殊性,即没有按照一般规律运行。这些没有按照规律运行的个股是否就否定了 135 战法?回答是否定的。135 战法实战至上。只要股价没有按照预期思路走,那就不能固守原来的判断,而是要及时跟变。凡是存在的,就是合理的。这就是 135 战法的精髓所在。

2. **135 战法的实质是什么?**

有人说:"心随股走、及时跟变"是 135 战法的实质;也有人说:形态是 135 战法的实质;还有人说:"阳克阴、阴克阳"是 135 战法的实质。

我的理解是:135 战法的实质就是"只认指令,不管输赢"。

运用 135 战法的【三线推进】把一只股票从 5 元捂到 50 元,是所有人的愿望，但一般人都捂不到底。135战法给我们的提示是，按某种形态买进以后，不是一直抱着不动，而是根据股价的波动节奏，不断地高抛低吸，力争把一波行情做足。只要股价不出现急拉，就不必做清仓处理。从这个意义上讲，135战法的实质就是做差价。

3. 运用135战法遵循的原则是什么？

用辩证的观点看，大和小、长和短、高和矮、左和右、外和内都是对立的统一。有涨必有跌，任何时候都不能把它们割裂开来。

大和小：我们分析一只股票，既要看这只个股的日线和周线，也要从分时线寻找精确的切入点位。例如：中国宝安，2008年10月7日到10月20日，走出一个【十全十美】的图形，10月23日是对【一石二鸟】的确认，10月28日又是对打压型的【黑客点击】确认。10月31日形成了【三剑客】。主力的震仓意图十分明显，难道这就是我们的切入点吗？从分时线看，没有精确点位出现，表明股价的调整仍然没有结束。既然分时交易系统没有给我们发出入场信号，此时根据日线买入就属于抢点。

高和低：就是要看股价的位置，位置有时比形态更重要。股价的位置高了，形态的市场意义就会发生根本变化。如果只顾及形态而不顾及股价的位置，就会落入主力精心设置的陷阱。

左和右：一个形态如果能够把它放在整个板块中去看，成功率要高许多。比如：某一形态在同一板块大批出现或其他板块同时出现，那么这个形态的成功率就极高。而且预示着一波大的行情即将到来。如不是就要谨慎介入。形态十分完美的可出击，但对仓位应有所节制。

外和内：任何一个形态，都会受到两个因素的制约：一是形态受自身内在规律的制约；二是受大盘自身内在的规律制约。只要这两个因素达成一致时，形态的可靠性和准确性才会高一些。如果这两者不一致时，就应谨慎处理。

4. 如何做到"只认指令，不管输赢"？

在与同学交流时，谈得最多的就是纪律。有的说：我的技术已过关，就是执行纪律不过关；也有的说：自己心态不过关。我常常反思：如何才能把135战法的纪律落到实处。究竟是什么东西在阻碍我们对纪律的执行？是该死的想象力。

2008年的8月和9月,我一直在不断抢点,不能克制自己的行为。在和杨宏师兄交流时,他的一句话提醒了我:一只股票的价格理论上可以是万元,也可以是0.1元,为什么我们一定要去抢点呢?我立即把老师的书用一个月的时间又认真地看了两遍。得出的结论是:技术是前提,理念是关键,纪律是保障。比如:不理解从【红杏出墙】买进到55日均线附近采取被动式卖出,就没有纪律可言。没有纪律我们就不知在何处买,在何处卖。尽管每一个形态都明确具体,但我们总是抱着幻想,自我陶醉,想象力早就战胜了执行力。心态来自于自身的素养。毛泽东思想包含了中国的儒、道、佛、哲学、孙子兵法等思想,但它活的灵魂就是"实事求是"这四个字。宁老师把毛泽东的这四个字用在了股市里,变成了"只认指令"。其实世上万物的"道"都是一样的,只是身上穿的马甲不一样而已。在股市光有技术肯定是不行的,因为技术解决的只是一个进出点的问题,重要的是主仓位建立和资金布局问题。要把这两个问题解决好,一是执行指令的坚定力,一是遵守纪律的约束力。只有具备了这两个"力",技术才能发挥出它应有的威力。

5. 如何尽快地消化135战法?

(1)学习:135战法是一个浓缩的战法,它去掉了枝枝叶叶,实战性更强,但要知其所以然,就要看135战法的源头,这样对135的理解就会更加深刻。135的最高境界是:"心随股走,及时跟变。"我们和主力的关系,就是风与沙的关系,风吹到哪儿,沙就落在哪儿。

(2)防震仓:在深刻领会形态级别和主力意图的基础上,建立主仓位,然后拿出部分资金与主力一起滚动操作,力争把一波行情做到底。例如宝石A,从11月4日的【红杏出墙】切入,然后跟着股价的波动不断地高抛低吸,那利润可就大了。又如北京旅游从6月30日的阳克阴进入,中间又能经得住主力的震仓,那利润也大了去了。可是,又有几人能拿得住的?所以,真正地防震仓,不是死捂股票不动,而是跟着股价的波动节奏,不断地高抛低吸,这样也许股票的数量没有增加,但多出了现金。所谓的防震仓,应该积极地防,而不是消极地防。具体说,就是严格按照分时系统给出的提示不断地进与出,力争把手里的股票做到零成本以下。

我觉得,只有把握好分时上的精确点位,才能更加深刻地理解股价的波动节奏和形态上的演变。

6. **必须记住的两件事：**

（1）绝不忽悠他人入市。越要好的朋友越要提示股市风险，由于自己对135战法十分着迷和对未来充满信心，不管别人喜欢不喜欢炒股，一意孤行地忽悠了自己最信任的两个朋友入市。输钱姑且不说，心里那种内疚感恐怕一辈子都无法消除。股市的诱惑太大了！朋友由于亏了钱，无论我怎么劝他们退出，他们就是死活不肯出来，这个人情欠大了。我想把他们解救出来后，再也不干这种蠢事了。

（2）绝不给别人操作建议。不久前买的安泰集团，冲到55日均线附近时，我让朋友卖出，等回调时再介入。事实上，他不会高抛低吸，卖掉的股票再也没有捡回来，结果错过了一段行情。由于操作理念不同，再加上股价的运行有时是不可预测的，懂135的可以及时跟变，但其他人却做不到。所以给别人操作建议，也就等于害了别人。

宁老师，一别半年多，多少次想给您打电话，但又忍住了。主要是辜负了老师的期望，不好意思打扰您。现在我已经上路了，等做出更好的成绩，再风风光光地去见老师。

以上是我近期对135战法的理解，我知道很肤浅，甚至是错误的。但这就是我目前的真实现状。望老师在百忙中，给予批评、帮助和指导。

 回复

在方法正确的前提下，股市里的成功周期一般是3～5年。仅半年时间，你就有如此认识，说明你已经学会独立思考了，这是投资路上第一个质的飞跃，因为不是每个人都能静下心来专注地去思考一件事。所以，可喜可贺。

学了135战法，不仅仅是为了运用其中的几个买卖点，当然这也相当重要。但更为重要的是，要迅速完成一个大的转变。就是从操作一只自己喜欢的股票，转变到操作一个交易系统上来。操作一个交易系统，硬件是熟悉系统的每一个环节，软件是执行力和节制力。以后应多在这方面下些功夫。没有执行力，机会总是抓不住；没有节制力，无法拒绝美丽的诱惑。

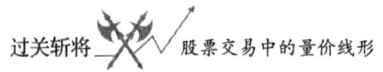

135 软件是否有用

陕西西安　李健全

宁先生，您好！我是西安的一位股民，从部队转业后选择了自主择业。在朋友的推荐下进入股市，20万资金五年下来，只剩下5万多元，资金严重亏损。后来，看了您的《巅峰对决》后，稍有盈利，但对您的操作理念、技术形态还是不能熟练掌握和灵活运用，我想亲自登门拜师学艺，请您在百忙之中抽出时间给予回复，深表谢意。

另外，在网上看到有人用您的135战法编写的大智慧软件，也一同发给您，请您看一下不知对我们这样的新手是否有用？

drawtext（ar6，l-0.09，'红杏出墙'），coloryellow；

stickline（ar6，h，l，0.5，1），coloryellow；

stickline（ar6，o，c，6，1），linethick2，coloryellow；

……

回复

现在网上出现了各种版本的135战法公式和软件，这些软件就像套在人们脚上的"魔鞋"，在被商业利益拧紧发条后，人们只能按照软件给定的节奏飞快地旋转。中央电视台《经济半小时》就一些不法商人编制短线是银和135软件坑害投资者的利益进行过专题报道和抨击，相关部门已开始进行追查。有人学了135战法以后，把他花五万元买的一个软件送给了别人，我知道后就让他把东西要了回来。道理很简单：你自己都不用了，为何还要让别人用？

要说开发135软件，我们的条件比谁都充分，且不说我们握有135战法的核心技术，我们还具有开发软件的人才。有个朋友留学日本五年，学的就是软件编程，目前他的公司就是专门搞软件开发的；还有个朋友就在微软公司专门写软件。我之所以至今不做这件事，就是怕误人子弟。因为软件只能提供设计者输入的数据，是对存储信息的反馈，它反映的是设计者的思路，面对上蹿下跳的股价，既不能事先确立攻击目标，更无法辨认哪些目标具有攻击价值。软件是静止的，股价却是不断运动的，拿静止的东西去捕捉运动着的目标，岂不是对着影子开战？

135 战法名称术语太多

四川成都　汪理行

宁老师您好！看了您的《巅峰对决》以后，就按照书中指点试着操作，盈利有所提高，失误大大降低。春节期间再读此书，梳理了一些想法，感慨颇深，想与您交流。我认为本书的特点有：

1. 时效性好。书中的实例大多是近期的，有些就是我跟踪过和操作过的。令读者感受强烈。主力的操盘手法时时在变，时效性好可使读者快速掌握其要领。

2. 操作性强。书中避开了烦琐的理论，结合实例讲操作。不仅能够使人快速入门，而且对于多数文化不是很高的中国股民至关重要。

3. 理念新颖。书中强调技术和纪律相结合，行为和指令相结合；不研究公司只研究形态，主动和主力配合等理念，令读者耳目一新。

此书不足是：形态名称术语太多，使没有把135战法系列丛书看完的读者要花很多精力去理解，或者根本不能理解。中国的散户特别是老股民，文化程度并不高，建议老师再出版新书时能考虑到这一点。

回复

书上的每个买卖点都是股价发生质变时的临界点，识图是炒股的基本功，这一关谁都无法逾越。接受您的建议，适当时候出一个135战法综合读本。但这样也各有利弊，利在便于查找，弊是不能精确把握每个买卖点的细节。其实，135战法的精髓就是"阳克阴、阴克阳"。中国有13亿人口，实际上就是由一个男人和一个女人组成的；股市里的数千只股票，实际上就是由一根阴线和一根阳线组成的。把复杂的东西简单化，有时更容易把握事物的本质。

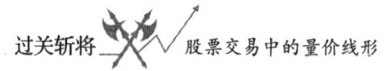

盲目操作让我找不到北

山东威海 王 志

宁老师您好！我是山东威海的一名小散户。本来我是一个比较保守，不喜欢冒险的人，由于股市的高风险性，使得我一直与它保持着距离，也从没想过靠它来改变生活。年初，一位据说有消息来源的朋友说可以做一做股票，在利益的驱使下，今年5月，没有多少准备的我，纵身跳进了翻着滚滚波涛的股海，即刻被随之而来的"5·30"和"6·20"呛得晕头转向，陷入一种孤立无援的境地。盲目操作让我找不着北，如果再不学习，真的要被股市活埋了。

由于我的性格还算沉稳，对学习也比较认真，因此决定先退而结网，等把握一些规律以后，再交易也不迟。买了几本股票书籍，也只是知道了一些股市基本知识，对于如何具体操作，仍是摸不着头脑。

就在我看股市像雾像雨又像风的时候，《黑客点击》似一盏明灯，让我眼前为之一亮，有一种顿悟的感觉。因为它不讲空洞的理论，而是通过大量的图形来揭示股价的运行规律，可操作性强，我兴奋极了。那几天下班以后，我跑遍全市的大小书店，终于买齐了老师的全部著作，然后闭门谢客，潜心研读，大受启发，这极大地提高了我的自信，也坚定了跟着宁老师在股市打拼的信念。宁老师，虽然我们未曾谋面，但我仍要对您说声：谢谢，您是我一生的良师益友。

135战法系列丛书引经据典，行文流畅，讲析透彻，字字珠玑。字里行间浸透着宁老师深厚的素养和对散户的无限深情，若非如此，断然不会有这样精辟的分析和苦口婆心的叮嘱，这一切很是让我仰慕和感动。

或许我有些认真，在读书的过程中，也发现了书中小有瑕疵，影响了书的完美性，我冒昧地把它罗列出来，请宁老师指正。

另外，有两个问题想请教宁老师：1.【走四方】一定是四根K线吗？这一点《黑客点击》里并没有说明。2.《巅峰对决》63页中讲我们把股价平台上这三根持续阴线称之为【三剑客】；而在71页中最后一段讲"【三剑客】由三根错落有致的阴线或阳线组成"，似有冲突。

 回复

(1)【走四方】有阴阳之分,但必须是四根 K 线。

(2)【三剑客】也有阴阳之分,也必须是三根 K 线。

(3)谢谢你的艰辛劳动,你挑出的这些瑕疵在改版时会得到改正。

一定要在财富王国里找到您

江苏张家港 杜 斌

宁老师好:提笔之际,心情激动,千言万语,不知该从何说起。知道您平日操盘、监盘、教学任务繁重,时间紧迫,不敢打扰。看了您的《胜者为王》《巅峰对决》《下一个百万富翁》后,被书中的投资理念、操作方法,以及对主力的做盘意图的准确描述所深深吸引。《黑客点击》我在张家港买不到,迫不及待地从培训部邮购了一本。打开书我惊呆了:您写给我的两句话和亲笔签名,我受宠若惊,激动的心情无法用语言来形容。晚8点下班后,我急不可耐地打开书一直看到深夜2点。也许是白天累了,合上书就进入梦乡,我梦见自己竟成为您的得意大弟子。在您的亲自指点和自己的不懈努力下,终于成为一代投资大师。早上被叫醒,手里还拿着《黑客点击》,那天特别开心。

在不是打电话就是发电子邮件的今天,已很少有人动笔写信了,当我看到您那遒劲有力、舒展大气的字体,真的非常羡慕,那是您长时间练习的结果。所以不敢偷懒,动笔给您写信。在决定写与不写时,我矛盾、挣扎了好几天,但这并不影响我对您的崇拜和敬仰。有道是下棋找高手,弄斧到班门,最后还是鼓起勇气给您写信,说说心里话,和您聊聊天。

读小学时就有一个梦想:长大后一定要成为一个富人。步入社会后,为了梦想的实现做了各种努力和尝试,结果都以失败而告终。其中的人情冷暖、世态炎凉我都深有体会。时至今日,虽说功名利禄,四大皆空,可心中梦想之火一直在熊熊燃烧没有熄灭,对成功的渴望一直让自己保持高昂的斗志。

关注股市是几年前的事,那时并没有把它当回事。随着对股市的逐步

了解和社会商业活动的不断认识,才意识到股市是一个人生大舞台,在这里完全可以实现自己的人生价值和梦想。看了您写的选择炒股的11个理由,更是热血沸腾,更加坚定了我今后征战股市的决心和信心,您的书给了我莫大的鼓舞和勇气。

凡事都有两面性,正如您所说,中国股民已超过7000万,可是赢利的只占10%左右。而靠过硬技术长期持续稳定地获利的人更是屈指可数,真正经得起市场考验的短线高手更是万里挑一。绝大多数的投资者都处于不同程度的亏损当中,备受煎熬,有苦难言。也有极少数人炒股失败后,不惜铤而走险,最后走上了不归路。对此我一直有清醒而深刻的认识。要想在这个危机四伏、风险莫测的股市生存、发展、壮大,乃至实现自己的人生梦想,必须练就一身过硬的本领,付出别人难以想象的代价。

很多股民,在K线图一窍不通的情况下就开始买卖股票,结果被主力打得鼻青脸肿,严重者则被拦腰折断。"出师未捷身先死,长使英雄泪满襟。"但多数人不是从自身找原因,而是抱怨上天不公,抱怨自己运气不佳。

残酷的现实告诉我:股市不相信眼泪,不同情弱者。物竞天择,优胜劣汰。当成功者驾驭股市这头猛兽纵情疆场时,失败者却在被人遗忘的角落里低声哭泣。这种巨大反差,不得不令人深思。

在进入股市之前,只有经过严格系统的残酷训练,才能在实战时少受伤害。于是我开始研读有关证券书籍,可我发现真正具有实战指导意义的并不多。我经常去证券公司看盘,散户大厅人太多了,几台电脑,你敲过来,他按过去,几个人围在一起,你一言,我一语,争得面红耳赤,激烈时更是唾沫飞溅,根本没有机会静下心来细致观察和分析。2007年行情火爆,市场牛气十足,散户大厅人满为患,每天开户的新股民更是排起长龙,都想沾点牛市的光,分一杯羹。我凭着自己掌握的一些知识,认为这是千年等一回的大好时机啊!于是蠢蠢欲动,但结果还是没有如愿。因为自己没钱投入,只好先看书,打基础,只要股市在,机会有的是,错过初一还有十五,我这样安慰自己。

一天,中午下班后依旧去新华书店看书,偶然看到了您的《巅峰对决》,被书中的投资理念深深吸引,我合上书再也不忍往下看了。好像品一位超级大厨做的一道名菜，让人只愿意静静欣赏而不忍用筷子去动它。我深吸一口气，没想到《巅峰对决》带给我心灵的震撼和思想上的冲击竟然如此大。站在那里，目视前方，心情久久不能平静，隐隐约约中感到这本书，不，是135战法将会彻底改变我的人生命运。随后在书架上找到您著的另外两本书《胜者为王》和《下一个百万富翁》，没看定价，跑到收银台付款。

在没有看到您的书之前，我还没看到哪一本书能系统、全面、完整地阐述股价运行规律，市面上一些证券书籍、理念、技巧多是零零散散，不成体系。看过135战法系列丛书之后，我暗暗庆幸自己没有实际操作，否则也难逃亏损的厄运。

135战法系列丛书，我已经看过几遍，虽然只是大致了解，但以前很多百思不得其解的问题有了答案，很多困惑被解开了，真有一种云开雾散之爽快。135战法的理念、每一个买卖点都经过血雨腥风的检验，这里面包含着您多少心血和痛苦回忆啊，我为您的无私所感动，也为四川人民出版社和余其敏老师的慧眼识金而折服，感谢余其敏老师为中国散户做了一件功德无量的大善事。

您的135战法好学易懂，看得见，也摸得着。这不由让人想起苏联生产的AK-47自动步枪，正因为该枪具有操作简单、可靠、有效的特点，所以在越战期间，很多美国大兵扔掉手中所谓的高端武器转而用AK-47。至今该型号的枪在轻武器库中的霸主地位仍没有动摇。

135战法的问世，对于每一个有志成为股市高手的人来说，在建立交易系统，形成自己的操作方法方面都有着极大的好处，是一本真正的股民圣经。它普度众生于水深火热中，必将是功德无量。有一次和朋友聊天他说了一句话："佛度有缘人。"我当时不解，佛不是以慈悲为怀普度众生吗？佛自己也承认，一切众生皆有佛性。佛只度和他有缘的人，与他无缘的人他就不度了，那不是太小气了吗？朋友说："所谓有缘人，是指相信他的人，不相信他的人，佛也度不了。"碰到135战法是我的缘分。我坚信它一定能够改变我的命运。

以上只是我对135战法的一些肤浅理解，要从实质上掌握它，知道自己还有很长的路要走，但我决心已定，不管这条路多么艰难，我一定要在

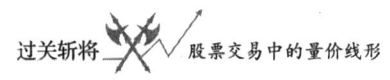

财富的王国里找到您。

剑不如人,但剑法要超过别人,别人手里是一把削铁如泥的宝剑,而我手中只不过是一根烧火棍,只有苦练剑法,别无他路。春节以后,先买一台笔记本电脑和打印机。沿着您的足迹,一步一个脚印地、永不停止地走下去。

数年前,一个连K线也不知为何物的您,数年后竟研究出揭示股价运行规律的135战法。这简直是个奇迹!我能想象得出,在探索股市的过程中,您度过了多少个不眠夜,付出了多少鲜为人知的艰辛,承受了多少不敢想象的痛苦,但您不弃不离,最后终于百炼成钢,浴火重生,如今已成为证券界的知名人士和令人敬仰的大师。您的伟大在于不独自享受自己的研究成果,而是把它毫不保留地奉献给依然在股市挣扎的股民朋友。不知道别人看了135战法有何感想,对我来说,它就是我走向成功的灯塔!

宁老师以一颗博爱之心,一颗"地狱未空,誓不成佛,众生度尽,方证菩提"之心,必将赢得更多人的敬仰。如今对您而言,自己有多成功已不是很重要,重要的是有多少人因为学习135战法而取得成功。相信追随135战法的人越来越多,相信您的弟子一定会桃李满天下。

弟子不才,不知道您的学生中有没有像我这样只有初中文化的人,我认为学历是一个人走向成功的重要条件,但不是决定条件。所以我向您保证,我这个只有初中文化的人,一定会干出许多大学生所干不成的事。

最后有几个问题向宁老师请教:

1.【红杏出墙】【蚂蚁上树】【红衣侠女】怎样才算符合"量、价、线、形"4个标准?

2. 我特别喜欢书里面的实战案例,您今后能否专门编写一部实战案例的书?

3. 您能否为我写一封简短的回信?太想看到您鼓励的话语了。

在春节来临之际,衷心祝愿宁老师身体健康,我会站在太阳升起的东方为您及家人祈福。

 回复

135战法的问世,应该感谢股市前辈、同辈和晚辈们的长期探索,因为我从他们身上学到了许多许多。如今公布自己的研究成果,完全出于一种感恩之心,没有这"三辈人"的艰辛努力和无私奉献,我至少还要在股市的黑暗中探索10年。

在英国的许多教室里都铭刻着这样两个词:思考和感恩。我一直把这两个词刻在自己的心里,思考我们应当感激的一切,感恩生活所赐予我们的一切。

关于量、价、线、形、位5个要素,请参见《巅峰对决》第17页上的阐述。

关于实战案例集册成书的想法目前还没有,但以后出版的新书中会陆续公布我们曾经操作过的案例。

我的心情一下子到了冰点
上海　陶丽敏

宁老师:您好!我是上海的一位新股民,刚刚开户不久,当时我对股票一窍不通,就跟着别人瞎买,瞎卖。

5月初一个偶然的机会,我在网上看到《黑客点击》的书籍摘录,顿时有一种茅塞顿开的感觉,立即在五一长假里面收集了您出版的所有书籍,当时还只有三本,最新的这本《下一个百万富翁》是前两天才买到的。

因为我本身就是理论数学专业毕业的,再加上您的书写得通俗易懂,实用性极强,我先是在五一长假里面把书都通读了一遍,然后又开始一字一句地精读,收益真的非常大。

我在"5·30"大跌之前按照您书上说的做了两周股票,收益30%左右。"5·30"大跌的时候,前两天我没有任何损失,而且还有收益。在6月1日收盘的时候,由于我太过自信,忘了您在《黑客点击》里就谈到的最重要的政策这一条,买入600271航天信息这只股票,我的理由是它前一

天【一阳穿三线】，当天处于整理，而且是基金重仓股，前期又调整很充分，结果6月4日它跌停，6月5日又破位下跌，我的心情一下子到了冰点。

我没有斩仓，又在39元附近继续补仓，我相信还有机会，最后在6月22日50.5元附近卖出，虽然我还是看好它，但是6月22日那天，是个不规范的【一剑封喉】，我觉得有点不妙，所以上周五全部清仓。

尽管遭遇了两次大跌，但我的损失不算很多，运用老师的135战法，我在"5·30"之后大盘的反弹过程中做了一只连拉6个涨停的股票，3到6月份，总体利润基本实现翻番，当然主要是"5·30"大跌反弹中获取的。

今天写信给老师，首先表示深深的谢意。其次，希望在十一长假的时候，直接到邯郸当面请教。还有呢，想问问老师我在6月19日买入000715中兴商业，当天这只股票放量涨停，并且【一阳穿三线】，可第二天股价就直线下跌，而且有非常明显的主力出货痕迹，200手以上的大卖单非常多，当天大盘二八现象也非常严重，我心存幻想认为它会不会在震仓，但是到了第三天也就是上周五上午，大卖单继续大量出现，我当时把手头所有的股票都斩仓出局了，这个000715让我亏得相当厉害。

现在看来，我当时的决定还是正确的。只是想问问老师，为什么000715的【一阳穿三线】没有成功，是因为它除权以后的均线不准确了吗？谢谢老师！

回复

000715操作失败，属于识图有误，6月20日不规范的【独上高楼】出现以后没有果断出局，是导致这次亏损的根本原因。

识图很重要，识图关过不去，以后的路简直没法走。实战中应密切关注股价的位置，再好的形态，如果没有出现在适当的位置，可靠性都不高。从某种意义上说，位置决定形态。形态只是股价涨跌的临界点，这个临界点是否成立受股价所在位置的制约。

我想听听您的高见

广西陆川　周文君

宁老师：您好！那天收到培训部寄来的《黑客点击》和《下一个百万富翁》，迫不及待地翻开浏览。在《下一个百万富翁》的扉页上看到您给我的题字，很是激动。字写得极漂亮，若不是看见有我的名字，还以为是印刷的。

我是一个赋闲在家的主妇，以前做会计，后来因故辞掉了工作。在无所事事、又穷得没钱花的时候想起炒股。以前做过长线，由于不懂股票知识，在2006年9月行情起来时，卖掉了五粮液，12元多卖的，6000多股。卖错后在14元老公不肯再接回来。19元就更不敢跟了，可它一直不回调，后来肠子都悔青了。从此，我想专心做股票，买了20多本股票书，看后也不是说全没用，但就是没有我想要的那种关于K线的书。这次回重庆探亲，在书店买了您的《胜者为王》和《巅峰对决》，看后真的觉得太好了，所以马上与培训部联系购买了《黑客点击》和《下一个百万富翁》。如果一开始就买到您的书，我会少走多少弯路啊！您的书让我着迷的不仅仅是您的研究成果，还有您的语言，既富有哲理，又诙谐幽默，经常让我忍俊不禁地笑起来。一句话，太喜欢您的书了。以后再出书，千万别忘记通知我，我已经成了您的"粉丝"了。

《黑客点击》说的选股的五个条件有点不明白。为什么基本面好的要让位于基本面差的、业绩好的要让位于业绩差的、盘子大的要让位于盘子小的？

既然炒股是个生意，我想做个职业投资人，因为我不想上班。在家炒股既能赚钱又可以做家务，太适合我了。唉，早认识您多好，回家探亲前花了一万多买了个软件，看了您的书，知道自己又乱花钱了。

上周才静下心来重新做股票，这次一直用您的战法，确实如您所说，形态越好的，后市走得就越让人满意。有几个问题请教老师。一是关于【见好就收】。有的股票Y值还未达到10，形态上就出现了卖出信号，股价就开始回调。有的股票Y值已20多了，股价还一个劲地涨，让人捉摸不透。怎样才能把握好这个卖点？二是关于【双蹄并进】。我是按照书上的图例来看的，发现书上的那四个数值与我用的大智慧软件上的数值不一样。所以无法正确理解这一节的内容。

现在到书店，不是看到什么书都买了，而是有选择地买。我准备系统看完135战法后先参加函授班，一年后再转入面授学习。听说您的特训班是针对大资金的，但我是小散，眼下只好先退而结网了。

股指期货随时都会推出，很想知道135战法是否也适用股指期货？如果适用，对均线参数要做哪些调整？盘中是看日线还是分时线？书店有一本关于股指期货实战的书，我说它又在忽悠。股指期货还没有推出，关于股指期货的实战书籍反倒先出来了。这就好比父亲还没结婚，儿子却满地跑了，岂不是咄咄怪事，所以没买，我想听听您的高见。

回复

基本面好的大家都捂着不放，主力难以收集筹码；业绩差的散户都不敢买，主力便于建仓；盘子大的升势凝重，盘子小的升势轻盈，这些都是一孔之见，仅供参考。而且这些情况也会随着环境的变化而变化。135战法的第一要务是形态，第二要务是纪律，因为，形态说明一切，纪律决定输赢。

【见好就收】这个卖点是在熊市中研究出来的，带有一定的局限性，一般讲，Y值超过10，意味着股价进入了顶部区域，这时候如果有相应的见顶形态，出局信号就较为准确。在牛市行情中，Y值有时会超过20，甚至更多，但由于没有出现卖出信号，所以依然可以持股。有时候Y值不到10，但形态上出现了卖出信号，这时候也应主动回避。Y值只能做参照，不能把它当作卖出依据，配合形态来使用，效果会更好一些。

研究【双蹄并进】时，使用的是钱龙软件，参数是默认值。

135战法适合一切有K线的地方。由于股指期货尚未推出，别说高见，现在连低见也没有呵。

我已经开始有所收益了

广东广州 郭 杰

宁老师你好,我是一名广东的新股民,以前对股票知识了解得比较少,一次偶然机会在书店看到了你的《实战大典》,立即被书中的精彩讲解所吸引,后来又把你的另外几本书收集全了,基本上都看了一遍,当然以后还会读很多遍,相信每读一遍都会有新的收获。读后我最大的感受就是既简单又实用。虽然对书中老师所阐述的各个指令理解得还不够深刻,但按书中的指点操作了几次,我已经开始有所收益了。感谢宁老师的付出!

另外在书中还有一些问题不明白,希望老师在百忙当中给予解答。

1. 老师书中所描述的量、价、线、形、位觉得有些抽象,麻烦老师解释一下。

2. 135战法是否可以去判断大盘的涨跌,135战法是否只要形态具备就可以抛开大盘不管呢?

3. 【黑客点击】和【红衣侠女】的落点是否一定要在13日均线与55日均线的节点上呢,如果悬在节点上面或离节点较远,该形态算成立吗?

4. 【见好就收】的公式,如果Y值为负值说明什么?这个公式是否可用来判断大盘呢?

我是极其渴望成功的人,希望老师一定要帮我解答。

 回复

(1) 量、价、线、形、位在《巅峰对决》第17页中有明确的阐述。

(2) 135战法适合一切有K线的地方,抛开大盘不是135所倡导的。

(3) 规范的【黑客点击】和【红衣侠女】,股价都应该落在13日均线与55日均线的结点上,不规范的应慎重。

(4) 【见好就收】如果Y值为负值,说明均线处于空头排列,操作要谨慎。

（5）建议你把已出版的 135 法战系列丛书读上 5 遍之后，再考虑自己是否适合做股票。

俺修行去了

上海　车岩朝

俺在前些日子推荐 002109，没人喝彩，是高人不愿意说？或者是没有读懂她？或者是这个票不好？老师说股票没有好坏之分，只要功力到家有形态的个股都能做。既然如此，俺就在各位学长面前耍一回大刀，旨在抛砖引玉，共同进步。

前不久，兴化股份的图表上出现了【揭竿而起】，第二天，收了一个星阳线。形态有点像【节外生枝】，可是股价刚刚【揭竿而起】，主力就班师回朝？没有道理。莫非是【小鸟依人】？但量不是小鸟的量，价比主人的个头高，形态不够规范。难道是老师说的【换挡十字星】？各位学长，随俺一起查查它的历史——

3月4日，主力在 27.79 元附近误吃巴豆以后，导致股价一路狂泻不止。当股价行至【海底捞月】中部的时候，出现了【红杏出墙】，我们知道，【红杏出墙】表明股价的底部已被探明，由于 MACD 尚未金叉，说明股价还有反复之要求，只能小单参与，不可重仓出击。这时候，俺感到脚底板有点发热，低头一瞅，量区里的红柱在不断增高，说明有人在倒腾它，俺得盯紧点。

5月16日，股价以【黑客点击】的形式完成【海底捞月】。这个【海底捞月】用了 31 个交易日，时间上比较充分。那堆量是谁放的呢？散户？摇摇欲坠的大盘早已把散户修理得不吱声了。是主力出货？在这么低的位置上出货，情理上又说不通。主力既不是雷锋也不是慈善机构，他才不会干利人损己的事呢！那是谁整出这么大的动静呢？

请各位学长再往前看，从它上市那天起，就有资金在一路收集，等手里有了足够的筹码以后，于是就反手做空，一路把股价打了下来，主力的真正意图是抖散筹码，清洗获利盘！对了，老师说只认形态。我们姑且不去盘问它的出身，重点看它的现实表现。

第六章 答读者问

5月16日，13均线上穿55日均线，【黑客点击】出现，既然图表上出现这个形态，俺就认为主力有闹事的嫌疑。庄大爷你要是有种就给俺弄个阳克阴瞧瞧，小样儿，看俺怎么收拾你。也许俺的声音大吓着他了，股价一直蹑手蹑脚地向后撤。【均线互换】完成了，但13日均线还在往下掉，成交量也极度萎缩，由此可以判断这个【均线互换】很可能会演变成空头陷阱型。后来的走势，果然被俺不幸言中。分析归分析，但交易系统一直没有发出进场信号，没信号俺就傻等。这时候，俺发现主力在故意玩深沉，大盘中了风，他也跟着瞎哆嗦。瞧他那个德行，摇头晃脑地从牙缝里蹦出一句唐诗"飞流直下三千尺"，左顾右盼，发现没人附和，怎么搞的？连这么简单的句子都对不上来？不是对不上来，是没雅兴，慌啊，心里没有底啊。但也有人颤抖着双手往主力口袋里塞筹码。此时光记得老人家最伤感的一句话：汽笛一声肠已断，从此天涯孤旅！却忘了老人家还有一句更加富有激情的语句：前途是光明的，道路是曲折的！心里一慌理智就不清了，看看脚下那点可怜的成交量，说明只是散户在抛。但也有人端着洗脸盆在接，如果没人接盘，股价早就屁滚尿流地躺在跌停板上不动了。"在恐慌中散落的筹码统统被那双沾满散户鲜血的黑手尽收囊中，那张阴险狡诈的脸上才露出一丝不易察觉的奸笑。"（老师语）真是：苍山如海，残阳如血！悲壮！哎，这些可爱又可怜的人啊！

几个【马失前蹄】滚落下来，又引得无数英雄竞折腰。老人家说"惜秦皇汉武，略输文采；唐宗宋祖，稍逊风骚。一代天骄，成吉思汗，只识弯弓射大雕。"此等豪迈还真不是一般人能具备的啊！更不要说老人家"不管风吹浪打，胜似闲庭信步"的潇洒了。真是可怜之人必有其可恨之处，为什么早不抛，晚不抛，偏偏在倒垂头这里抛呢？此时的股价已经是跌无可跌，应该小单跟进才是啊。

翌日，股价一反常态，冷不丁地拉出一个涨停板，这个涨停板值得思考。因为它是一个不规则的【日月合璧】，是股价见底的标志。散户早已套牢，已经没有心情和能力在这里抢单。那就只有一个可能，是庄大爷在加大收集量，结果一不小心把股价推上了涨停板。第二天的那根阴线是主力玩的"此地无银三百两"的鬼把戏。主力就是主力，故意让黑客败走麦城，引诱恐慌盘出局。那个底部小阳线可是俺当初的小妹妹？幻觉，纯粹

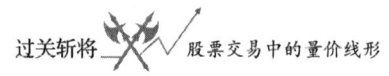

是幻觉。她的小孩早会打酱油了，不可能。胡思乱想一通，也没找到答案，索性不想了，俺光看行不行？

从整个趋势看，股价有形成【海底捞月】之势，难道这个海底下面真的有尿？不然主力为什么要来个二进宫呢？老师说过，对失败的【黑客点击】更应引起足够的注意。股价多整理一次，就像衣服又多洗一遍，说明该走的都走了。不瞎琢磨了，赶紧看看盘面吧。此时的主力正背着手，不阴不阳地迈着小碎步往55日均线上爬，同时13日均线已被扭平并且开始上翘了。老师说13日均线从下跌到趋平再到上翘是什么来着和什么来着？惭愧，俺得翻翻书去，等俺重新坐到电脑前，股价已站上了55日均线。庄大爷你累不累啊？先歇歇脚，顺便看看是谁浑水摸鱼一路跟着听解说又不付费？然后把他们清理出去。慢，连导游费都不想掏的人，肯定不是什么大人物。那就用对付一般人的手段吧，太深奥了他也整不明白。那就让【浪子回头】去办这个事吧，于是图表上出现了三只乌鸦——绰号：暴跌三杰。一般书上都有描述的。这小子恶习不改，执行任务也不忘风流，三天时间差点整出个【金屋藏娇】来，只是他还不够老练，开盘稍高了点，形态也整得不够规范，但意思都到了。正是他们这个拈花惹草的毛病才让135战法的勇士们抓住了把柄：主力洗盘结束了！在明白主力意图的同时一定要好好看看《色戒》，旨在引以为戒。现在就看【浪子回头】能不能把"娇"藏住，藏住了，我们就大开一把眼界；藏不住，我们就耐心等下一个买点的出现。

7月18日，一个阳克阴结束了股价的整理，【浪子回头】回来复命：障碍已被清除，可以进攻了。老板重重地拍了一下桌子，操盘手心领神会。于是在7月21日【揭竿而起】，也许是操盘手准备不足，抑或是功力不够，股价的起跳点不高，而且34日均线有点步调不一致，行动大大落后于13和55日均线。伟人就是伟人，老人家早就料到：天要下雨，娘要嫁人，大势所趋！34日均线的头领一看，毛主席的话不听，那听谁的？你看人家13野战军的攻击多有力！55集团军的沉着稳健，深深地感染了量区里的喽啰们，他们开始欢呼雀跃起来。要跟上时代的潮流，咱坚决不能扯大部队的后腿。34日均线迷途知返，不再抵抗了。13军的军长说话了，我在海底闷了28天，度过了江恩的4个周期，都快把我憋死了。边说边往上挪,在没有得到成交量的配合,更不管股价悬空不悬空就浮出了水面。13军的军长显得闷闷不乐的样子,第一次我在海底待了31个交易日,上岸18天,狗屁事没干成,就被【马失前蹄】重重地踢到海底,这一待又是28个交易日,心里窝火啊!根据老师讲的对称原理,这个【海底捞月】在未来的28个交易日里肯定有好戏看。但老师还说股市里不需要创造力和想象力,俺怎么老是爱瞎猜?扇一下脸,长点记性。任何时候都要记住"心随股走,及时跟变"!谨慎加油,随时刹车。小心驶得万年船。缩小K线,对照盘面日期,突然又有新发现:小幅推高,缩量回调,放量拉升,小样,难道你也想玩一回【山舞银蛇】不成?你四两豆腐烩一锅——你会的可真多啊。最后用老人家的话鼓舞一下:与天斗其乐无穷!与地斗其乐无穷!与人斗其乐无穷!与庄斗呢?《天下无贼》里葛优说了:各圈各的羊。所以答曰:不斗。俺听老师的话,与主力和谐生财。

你对眼前这个身材苗条、风情万种的【红衣侠女】怎么想?柏杨在《倚梦闲话》里感叹:"少女、少妇(每根K线,都是主力精心设计的,犹如打扮得花枝招展的女人)们把自己打扮得流光溢彩,光彩照人,难道不是给男人看的吗?女人却偏偏要骂盯着她看的男人是色狼!但是,你如果心中无色,目不斜视,女人也一定受不了。"女人表面上佩服柳下惠式坐怀不乱的男人,心里却不喜欢他。所以我想,"英雄难过美人关"这句话是有道理的,如果谁愣说我就能过得去美人关,那只能说明你现在还不是英雄。不过,请各位学长放心,俺在这个问题上是有尺度的,俺讲究进退有据。我们总不能像布什说萨达姆把大规模杀伤性武器藏在他的大胡子里面就出兵吧,一伞强,二失民意。可是据呢?有了,老师说过,在生活中当采花大盗属于违规操作,在股市里当采花大盗属于各显其能。既然师出有名那就干吧!更何况,此时的主力,不但需要人气,而且需要轿夫。老师还说过一句话:跑步跟进方显英雄本色,这话俺记得太熟了,总是想找个由子跑步跟进,可老是找不着喜欢的对象跟进。有时跑步跟进一回,不但没有显出英雄本色,还被美女抓得满脸花。本色本色,什么意思?本来就色?这可不是俺说的,只是引用。因为俺一直把自己当作英雄,所以一直在找机会显本色,但这次能梦想成真?俺还是别老想当英雄了,最后变成狗熊了岂不被人笑话?所以,学长们,快来帮俺分析分析。老人家还说过一句话：军民团结如一人，试看天下谁能敌！所以，135 的战友们，我们没有理由不在老师的带领下重仓出击它一把。没有学习 135 战法之前，俺不埋怨你，亏损不是你的错；学了 135 战法之后，如果再不好好用就是你的不对了。话说到这儿，如果哪位学长有高见还继续保持沉默，那就真的不够意思啦。

以上是俺对 002109 的分析，请各位学长予以评判，去掉一个最高分，去掉一个最低分，看看俺究竟能得多少分？接下来给各位学长汇报一下学习 135 战法以来的心得和感悟：

俺自学习 135 战法以来，开始的时候总是踩不对点，目前基本上能够踏上主力给出的节奏。现在郑重宣告：俺已经走出了亏损的泥潭，正在向股市赢家的目标跑步前进。6 月份每周盈利超过 3 个点。7 月 1 日以 27.20 元的价位小单攻击 002107，理由是【梅开二度】，然后又分三次追击性扩建。7 月 10 日的涨停板打开后，由于没有重新封住，所以在尾盘清仓出局。当天晚上我们园子里有人在讨论 002107 是不是【明修栈道】的时候，俺正躲在家里偷偷地数钱呢，哈哈哈。8 个交易日 20 个点，有点臭美吧。这中间还和学友成功狙击了 002186 全聚德，7 月 4 日复盘时发现这个【揭竿而起】后激动不已。不办它愧对俺学这么长时间的 135 战法，愧对老师对俺的培养！第二天在集合竞价挂单买进，第三天在【一枝独秀】上卖出。时至今日，俺才真正理解什么叫"心花怒放"！目前俺正和几个"臭味相投"的学友一起狙击 002124。老实说，俺的战绩不算太辉煌，但也说得过去。当然，也有败走麦城的时候，这个就不说了，因为俺已经知道自己错在哪了，保证今后不再犯。说点成绩和大家分享一下 135 战法"只认指令，不管输赢"的乐趣！

老师看到这里，肯定会摇头，车岩朝啊车岩朝，看你小子这点出息！做到了"心随股走，及时跟变"，在股市挣点小钱还不是张飞吃豆芽！可俺知道，俺还没有从真正意义上把 135 战法运用得得心应手，等真正掌握了，在股市里取钱犹如探囊取物！老师看见俺写的东西，一定要原谅我的狂热，因为俺还年轻，需要自我陶醉一下。也请你原谅俺的沾沾自喜，因为在没有 135 战法指导之前，俺一直和套牢是铁哥们，割肉是俺的强项。现在俺终于摆脱了贫困，开始用 135 战法挣钱了，实在按捺不住内心的激动，这个时候俺特别需要老师表扬和鼓励几句！当然，俺还是希望老师以后多骂着点，这样，俺就会更快地成龙！因为普天下的父亲都有望子成龙的心愿，一日为师，终身为父！说这话请老师不要嫌弃，俺早日成材，老师早日桃李满天下。俺把老师选拔操盘手的六个条件贴在床头，目前已经具备前3个，后3个我会一个一个攻克。请老师放心，有大纲的指引，俺不再像以前那样盲人骑瞎马了，俺正在按照《训练大纲》的要求苦苦修行……对老师的崇拜，对135战法的崇拜，不，是顶礼膜拜！用这个词还是不能表达我的全部意思……学长们帮我想一想，用一个什么样的词才能完全表达我的感恩之心！

看到留言栏里有人对135战法说三道四，俺不埋怨他，因为他还不知道啥叫135战法，但俺为他遗憾：抱着金饭碗你偏要讨饭吃！悲哀啊悲哀。有人说，有的票没有135战法的买点，股价照样疯涨。我认为，135战法的每个指令，犹如后宫里的三千佳丽，如果你用好了135战法，就好比你拥有了整个后宫，对大街上的美女你就养养眼，欣赏欣赏算了，毕竟，你的精力是有限的，弱水三千，我只取一瓢饮。股市里的钱是挣不完的。

顺便感叹一下：前段时间，媒体对中国联通炒得沸沸扬扬，热热闹闹，92.9亿成交额背后究竟隐藏着什么，说得要多复杂有多复杂，到了俺老师这，四个字揭穿谜底：【独上高楼】。完了？就这么简单。是买是卖，是走是留，135的战友们清清楚楚，因为股价已经【独上高楼】了，所以俺要寻找【揭竿而起】去。不了解135战法的人，还在认真研究和探索故事的起因，说不定还真有人去杭州湖墅路找什么敢死队问个究竟。为已经拥有135战法而骄傲！为有缘成为老师的学生而自豪！再次感悟老师的话：形态说明一切，纪律决定输赢。真理啊！能成为老师的学生算俺八辈子烧了高香，能遇到135战法是俺十辈子修来的福分！有了135战法，俺也从此变得有底气了。

这些天又有人对《实战大典》说长道短，这些人好可怜，他们连135战法的皮毛还没有摸着，就对其评头论足了，也不怕闪着舌头。这样说来说去对你的解套有意义么？还有人说支持老师的都是他的学生。不尽然吧。我统计了一下，写支持帖的大部分是读者。因为老师的学生看到那些吹毛求疵者只是嗤之以鼻并不愿意搭理。然后在心里说，佛度有缘人，让他们亏去吧。再说他的学生出来说明一下实际情况也无可厚非。因为你们没有近距离地接触过老师,不了解老师的肚量和境界。我们毕竟和老师共同生活了七八天,因此有着更多的发言权。不是因为是老师的学生才支持老师,而是我们比你更了解老师,更了解135战法。伟人的话应该有说服力吧:你要知道梨子的味道,就需亲口尝一尝。这个话大家没有异议吧?请问你真正了解宁老师多少?请问【马失前蹄】倒过来叫什么?本来,同一首诗,有人读出豪迈,有人读出凄凉,有人读出诗情画意,有人读出雄心壮志……本不想说什么,但总有种如鲠在喉、不吐不快的感觉。

俺的心得:字字珠玑,句句宝典,经典中的经典,精华中的精华;用老师的话说:就是功夫外的功夫。俺觉得这既是对55个买卖点的补充,又是对135战法的整体梳理。读懂了,说明你和135战法有缘,是你的幸运;读不懂说明你与135战法无缘,是你的不幸。在和老师相处的日子里,老师的言传身教印证了他在《训练大纲》里说的一句话:"与人相处起码要宽容,从宽容到理解到欣赏到愧对到感恩,这五个境界的进化会让人感到友人的增加和亲情的深邃。"为什么我说这些,老师不说?因为俺正在修行中,境界还不够,还达不到任你红尘滚滚,我自清风明月的境界。

说完了,也就痛快了,俺修行去了……

 回复

文章写得非常好看。祝你投资顺利。

感恩 2008
上海　吴　灏

随着函授的即将结束,依依惜别的心情,如同日益加厚的云,罩在心头,而最终凝结成一种发自内心的感激之情,积聚在胸际。在此,我想借这个交流平台,说出我的心声:感恩 2008。

2008,对中国,对世界,都是一个多灾多难的年份。然而,即使如此,我仍然感恩 2008。

在这一年里，继2007年牛市的波澜壮阔后，我们又经历了2008年熊市的浊浪滔天。尤其是，飞流一般的狂泻，跌而再跌的痛心，让初入股市的我，得到了刻骨铭心的教训。而这教训，虽然不是我希望得到的，但事后回想，却是正常情况下难以得到的。因此，感恩熊市，让我知道了市场的凶险，进而为今后踏上胜途奠定了基础。

在这一年里，我有幸参加了135战法的函授学习。宁俊明先生的理念、技术和不倦教诲，让我对如何认识股市，如何完成一次完整的交易，如何确立操作依据的唯一性，如何建立适合自己的交易系统，如何真正做到心随股走、及时跟变，有了一些感悟，有了尽管慢，但却是明显的进步。也许，衡量成功的标准，不是达到的高度，而是抵达目的地前翻越的障碍物。虽然，到目前为止，我还没有获得大利，但至少控制了亏损。以近期为例，在大盘下跌之际，空仓观望。这在以前是不可能做到的。学习的过程中，随着对股市认识的深化，更加深切地感到，宁先生是智慧的，他能够总结出135战法证明了这一点；宁先生是善教的，他培养学生的方法是得当的；宁先生是无私的，他把自己的所感所悟无保留地坦陈于书中。因此，感恩宁先生的135战法，感恩宁先生的指教，感恩宁先生为我们搏击股市提供了利器。

在这一年里，因参加135战法的学习，而与许多的同门结识交流，不仅丰富了投资的知识，更使自己在人生的路上，多了一些可结伴而行的朋友。生命是一种缘，全球数十亿人，能够直接交流者是非常有限的。而许多135同学给了我鼓励，给了我支持，给了我帮助，更与我共享了一段生命的时光。因此，感恩135函授区，感恩所有与我一同学习的朋友们，更感恩为了选股比赛的正常开展而做了大量工作的周敏、寿金永、刘远征、陈大为、邵刚、高丽华等同学，感恩你们为大家付出的辛劳。

在这一年里，我自己一直保持着昂扬的状态。虽然屡遭挫折而不颓废，始终坚信，只要刻苦学习，深刻感悟，最终一定可以成为胜利者。而这份坚定，相当部分来自于135战法的给予，是这一战法，让我慢慢地品尝了胜利的滋味。而且，股价的波动一如人生，起起伏伏。而135战法告诉我们的要心随股走，及时跟变，对在生活的道路上顺势而为同样有重要启示作用。因此，感恩生活中的一切遭际，感恩酸甜苦辣提供的滋养，感恩这个世界的全部给予，因为，那是我真实的生活，我在学习135战法的时候，享受着过程，丰润着心灵。

2008年开始的学习将会延续，2008年开始的投资探索不会终结。经过一年的学习，我虽然有了一些进步，但与优秀者相比，还有非常大的距离。生命需要成长。愿在函授结束后，能够得到宁先生继续的指教，也愿与有缘的朋友们继续交流和探讨。因此，感恩函授区这个平台给了我与有缘的朋友们进一步交流的机会，感恩这样的机会可以帮助我多一分胜算地走向未来。

在即将结束函授学习之际，我还有机会在这里说出我的感激与感恩。古希腊哲学家爱比克泰德说："如果你感到不幸，那必定是你自己的过错；因为上帝赐予了所有人以快乐。"我在学习135战法的过程中，一直享受着一份快乐。这或许是学习有所收获的象征吧？

我非常羡慕那些有机会去面授的同学。由于工作原因，我无法在近期当面去接受宁先生的指点，但愿将来有一天能够有这样的机会。

人是习惯性动物。对今后不能进入函授区，心中既有不舍，也有一种失去依傍的感觉。在此，建议宁先生是否可以考虑，在将来您认为适当的时候，给曾参加过函授而又愿意继续深入学习的同学以进入函授区观察的机会，方法上可把握一个原则：可浏览但不可发言。这或许可能算作是对以往学生的关爱，也可以给所有真正热爱135战法的学生提供一个持续学习不断提高的平台，进而为135战法可以更持续地造福热爱者创造机会。

祝宁先生健康快乐，祝同学们天天进步！

 回复

一年的学习不算长，但你能有如此的感悟，说明你是认真的，用心的。有了这些沉淀，相信在以后的岁月里，无论是在股市，还是在工作岗位，都能以一颗赤子之心去面对生活中的风风雨雨。你的建议我会认真考虑。

离别感言

河北秦皇岛　窦京平

　　行色匆匆之间已经走过一年，在农历新年即将到来之际，我也结束了一年的函授学习。这真是一个圆满的结局，结束在农历年的最后一刻，一切的遗憾、不快都将留到过去，而迎接我的是崭新的充满希望的2009年。

　　一年多来虽然我没有给宁老师打一个电话，但通过135战法的学习其实每时每刻都和宁老师在一起，和同学们在一起。本来是想好好总结一下的，也确实有好多话要说，但由于工作的原因没能完成。还好，虽然以后不能再进入论坛，但我们还有135同学群，大家还是可以在一起学习，一起交流，这多少减轻了我离别的伤感。

　　一年来的收获是巨大的，135战法系统的理论学习，可操作的实战技法，特别是其先进的理念都将让我们终身受益。

　　在过去一年，我几乎没有完整地参加过选股比赛，只是最近三个月才关注到选股比赛，但我的成绩一般。这从一个侧面反映出自己的观察、判断、分析能力上还有待提高，真的非常恭喜取得优异成绩的同学。

　　对我而言，学习135战法只是一个开始，而不是结束。在掌握135战法精髓的同时更应当活学活用，特别是要在"心随股走，及时跟变"上面多下功夫。面对变化万千的市场，我们怎么能不与时俱进呢？

　　理论的学习已告一段落，实战的路途也已经开始。虽然选股成绩不尽如人意，但在最近的实盘中还是有所收获。通过实战我深深体会到实战与模拟的差距和不同。值得高兴的是我已经连续两个月完成了每周3%的目标，而且是超额完成。在实战中才体会到每周3%其实也不是轻易就能达到的目标。而在市场中还有那么多的东西等待自己去学习、去破解。开弓没有回头箭，我们将勇往直前。

　　当我们专注于一件事情并且倾注自己的热情、智慧和汗水的时候，其实我们离成功已经越来越近。如果时间允许，年后我将会去邯郸参加面授学习。

　　最后祝宁老师以及135战法全体同学牛年吉祥，万事如意！

回复

每每看到同学们的离别感言,心灵上总会受到一次彻底的洗涤。虽然我对每个人都一视同仁,尽心尽力,但不是每个人都能达到我所期望的效果,真的很遗憾。

作为老师,我不愿意任何一个人掉队,面对现实,又感到自己非常渺小,如何使每个人都尽快把握135战法,我一直在努力。也许我的这个想法是徒劳的,但为了这个徒劳的想法,我一定会继续努力下去。

一年的学习虽然结束了,但我们建立起来的师生友情却刚刚开始,希望以后常联系。

成功失败靠自己

海南儋州　何发辉

敬爱的宁老师:您好!我是个热爱135战法的股民,愿意用135战法在股市操作的人。

135战法确实厉害,只要按照135战法中的"量、价、线、形、位"提示进行买卖,都能做到大盈小亏。我在今年全年的股票交易中遵守135战法的理念、原则、纪律,并取得了与大盘相反的成绩,获利65%。我知道这个成绩在您看来也许算不了什么,也不值得拿出来说,比我成绩好多少倍的师兄大有人在,这点我相信,但我要说的是,我只学了一年的135战法,而且还是业余的,自我感觉进步明显。按过去的想法,熊市里能保本就不错了,根本没想过熊市里还能挣钱,所以我只能口夸135战法千百个好,没有让人失望和值得怀疑的地方,千错万错都是自己的错。

我承认,有的时候自己存在违章违规的操作,但那都是过去不良习惯造成的,每当我违背135战法操作,几乎都以失败收场。每次违规之后,我都会竭尽全力去批判自己,处罚自己,比方说,三天不许吸一支烟,并买上一包高档烟放在自己电脑前,只许看不许吸的处罚,对于一个有20年烟龄的人来说,确实难忍,这么做,目的很明确,就是纠正自己的不良习惯,让自己早日能跟上135战法的步伐。每当我按照135战法操作挣钱时,我也会奖励自己两盒高档烟，也算是奖罚分明吧。

别人都说"十年磨一剑"，可我在股市十几年没能"磨"好一把剑，回想起来，根本原因就是没有学到一个正确的操作方法、理念、原则、纪律（可以重复获利的方法）。所以我这把剑多少年来一直都是粗糙的。自结识135战法后，我很专心地学习，用心地练习，也一直在自我鼓励。比方说，写几个大字放在电脑桌上时刻提醒自己："人争一口气，树争一张皮"，"有苦才有甜，有悲才有喜"，"英雄不怕出身低，万丈高楼平地起"，"人家休息我努力，成功失败靠自己"。

每读一遍书，信心就大增一倍，学习热情也高涨一倍。现在的我很有信心走好炒股这条路，用不了几年，我用135战法这块"磨刀石"很快就会磨好自己人生中的第一把剑。我有信心把135之剑磨得非常锋利，然后用它在股市杀出一条成功的路来。获得这块"磨刀石"我不得不万分感谢您，是您的135战法拯救了我，给了我巨大的力量，让我提前从黑暗摸索中看到了光明，看到了前途，还做起了"超级"梦想。

我知道今后的股市征战中还有许多沟沟坎坎，但我相信一个有战法、理念、原则和纪律的人一定会闯得过去。为了把心沉下来学习135战法，今年以来我没到过证券营业部坐过一天屁股，以前几乎天天都在那里混，结果都输了。现在把自己"封闭"起来，把心沉下来认真学习每一招，每一个理念。当我操作失败时不再问别人，而是细心分析自己操作失败的各种原因，就像您所说的在实战中学习实战，积累经验技能才来得快，现在我终于明白只有远离市场喧闹的环境，人的心才能平静下来，才能有冷静客观地分析，才能熬得住一个多月不交易一次的冲动……

今年年尾这波行情我本可以做得更好，只因工作繁忙，没有时间顾及，每当我收工回来看行情涨跌板一大片红艳艳时，心里真不是滋味，期待近一年的行情，却因自己没有时间和自由而错过了。人在干活时心一直系着股市，满脑子135战法，还把电路接错，工友发现后问我怎么搞的，我说这活没法干下去了，我就像一个"坐牢"似的人一样，"身在曹营心在汉"。尽管我知道每年都有行情可做，用不着急于此轮行情，可我学习135战法就是为了有用武之地，不能老是"纸上谈兵"。经再三思考，我决定明年起做全职股民，并向妻子讲述自己的想法和理由，妻子也同意我把炒股当事业去做,并在资金上多少给点支援,让我感激万分。原来我账上只有1万多元,可以说是散户中的散户,我还是很有信心地去努力。以前我有一种想法:1万元,一年翻一番,10年就是1000万元,正因为这种强烈的"梦想",我才能在股市维持至今。但我学会135战法后,只要不贪,一年抓七个涨停板是不成问题的(保守的考虑),我要把炒股当"生意"来做,没有行情时坚守空仓忍住自己,尽量做级别大点的行情,小行情可以少做,只有这样才能早日实现自己的愿望。

宁老师,邮寄来的《训练大纲》和《黑客点击》实战教程我已于12月25日收到,非常感谢您给我这个学习机会!我一定会按照您的教学安排一步一步做下去,学好用好"进退有据,速战急归","只认指令,不管输赢","心随股走,及时跟变"。

我有一事恳求老师指点:实战中怎样才能把"买进或卖出"指令更快输入电脑交易程序,怎样才能在几秒钟内操作完毕?怎样训练自己的指法?希望老师能答复,如果老师没有时间写信答复,就给我发个短信。以后条件成熟,我还要当面向老师请教。

回复

提高击键速度的有效办法就是多练,亦可向熟练者讨教。

我能有幸成为你的弟子吗
重庆　胡晓阳

我叫胡晓阳,是重庆人。我想把股票作为自己的毕生事业来做,所以非常想成为您的亲传弟子,但又不知自己有没有这个资格。

先说一说我的炒股经历吧。2000年我就办了股东卡,当时自己什么都不懂,办完后存了钱就将账户交给一个值得信任的人操作,自己啥都不管。我记得当时他给我买的是600068葛洲坝,买入价格在9元多。买入后股市就进入慢慢熊市。2003年我再关注时葛洲坝只有5元多,我觉得不对劲了,让他卖掉,他说不急,再等等,我看没办法,只好自己卖掉了事。

虽然亏了几乎一半，但是投入的资金不多，所以也没吸取教训。

在2006年底到2007年初，正是我国股市牛气冲天的时候，我再次于2007年4月入市，但是当时自己啥子都不懂，根本不懂买什么股票，为了保险一点，也是为了走所谓的捷径，加入了一个收费的咨询QQ群。通过群主介绍买过一堆股票，由于当时处于牛市，鸡犬升天的时候，所以资金翻倍，也就飘飘然起来，认为股票也就这么回事。殊不知，天有不测风云，2007年底到2008年上半年，股市从6124点一直往下跌，每天看到市值在缩水，内心开始恐慌起来。而且，怎么操作怎么错，有时买在高位接过主力的最后一棒，有时到了阶段性顶点，又不知道风险正在逼近，还在盼望上涨。最后还好下了好大决心，斩仓出局，保住本金！所以经过一年多的操作，最后从哪里来又回到了哪里去。

在这段炒股期间最大的收获就是看到了老师的几本书，从《黑客点击》到《胜者为王》，再到《巅峰对决》。其实证券书我也买了不少，但是看过后还是云里雾里，不知道如何操作，也就是说实战性不强。但看了您的这几本书之后明显有豁然开朗之感，而且每看一遍就有不同的收获，特别是在实战篇中如何通过股价波动把握主力的意图分析得很细致，真是越看越爱不释手。所以我于上半年清仓之后不再进行任何操作。目前，我按照《训练大纲》上教学安排，系统地学习，偶尔做一下模拟训练。

再来说一说我目前的情况，我是中兴通讯（000063）的员工，在公司工作刚好10年。目前主要从事售前商务谈判等工作。说白了就是搞好和电信等运营商的关系，让他们买我们的设备。其实这工作非常不适合我的性格，但是没办法，为了生活还能说什么呢，这一干就是10年啊。但是现在越来越感觉到都快没有自己的生活了，每天想的都是如何与客户搞好关系，琢磨他们的爱好，了解他们的需要。我的性格不适合这种所谓的"三陪"，没有自己的生活，没有自己的时间，没有自己的爱好。我属于那种比较静的人，喜欢静静地思考，静静地分析，做出自己的判断，是个喜欢独立思考、独立决策的人。

后来你的另一本书《下一个百万富翁》出来后，写了炒股的11个理由，然后认真分析了自己的喜好和性格，我感觉自己非常适合做股票，非常希望将它作为我的毕生事业来做。

现在我处于识图和选股的学习阶段，在明年上半年之前肯定到邯郸来面授，听宁老师的教诲。但是我现在担心和疑惑的是，面授完成后要怎样成为您的弟子呢？怎样才能成为其中的幸运儿？

如果一定要问我为什么非要这么做，我有三个理由：1. 我非常喜欢股票，喜欢上下跳动的 K 线，喜欢分析 K 线背后的玄机；2. 我想将股票投资作为毕生事业来经营；3. 我的性格适合证券投资。

宁老师，我能有幸成为您的弟子吗？

回复

晓阳你好！只要你达到一定操盘水平，培训部会给你提供一个展示自己的机会。这段时间，先沉下心，然后把已出版的 135 战法系列丛书系统地看上一遍，遇到问题先记下来，待学习时一并解决。有关事宜，请与培训部联系。

懊恼的我连杀自己的心都有

黑龙江哈尔滨　尚义海

老师您好！我是新学员，先把我的"辉煌"炒股经历向您做个汇报：我是从 2007 年 8 月买基金然后才涉足股市的。当时考虑自己对股票一窍不通，就干脆让基金公司的理财专家代劳吧。当时投入 10 万，那时真挣钱，美得我啊连上月球的计划都做好了，这钱挣得太容易了。可自 10 月后开始回落，基金也跟着缩水。当时也不知是怎么回事，就在那死挺，就是希望它再涨回来。

今年春节以后，看着急速萎缩的资金，心里急那个啊！怒骂基金经理是白痴，把钱交给你怎么又挣不到钱了呢？一群笨蛋！你们不行我自己炒，咱也四肢发达，头脑也不算简单，有啥啊！于是又拿 6 万买股票（基金没卖）。

2 月 28 日买了两万北京城建（600266）；2008 年 3 月 10 日买了两万中鼎股份（000887）；2008 年 3 月 13 日买了两万方大炭素（600516）。第一

个是瞎买，后两个是ST摘帽利好买的！当时真的是啥也不懂，什么多头排列空头排列没听说过。这回好，这顿大嘴巴扇得我两眼冒蓝光，啥感觉呢？就像您书中说的：被无形的狗狠狠地咬了一口，想还手，看不见摸不着。摔东西吧，坏了还得再买，赔得更多！真是打掉牙往肚里咽。每天都度日如年，盼着早点涨回来吧！看着半死不活的股票，渐渐地冷静下来，为什么呢？噢！炒股不能治气，得弄得明白些。

于是，就跑到书店，在万花丛中选了一本冯钢著的《技术分析精解与实战操作》一书，开始认真学，一遍两遍地看，看完了忘，忘了再看，总记不住，咳！毕竟扔下书本已20多年了，要不是股票闹的，这书恐怕是再也捡不起来了。还好，起码知道点股票的基本知识，为后来学135战法打点基础。收获最大的是：学习量价关系、天量出天价的知识后，所以，方大炭素（600516）在反弹放量后跑了出来，赔了不到100元。（现在看就是【狗急跳墙】【拖泥带水】【一剑封喉】三不像。）可转手就补仓北京城建（600266），真是屎窝挪尿窝啊！股价反弹到18元附近时又开始放量，现在看就是【独上高楼】。当时没解套，卖了就赔了的思想左右着我，什么天量天价都忘了，就希望它涨了再涨，结果股价一落千丈直到现在！这中间我根据通道线买点进了两万元的万科A，可当股价触上轨卖点时又贪了，下场一样！蒙了，傻了我！不但不会买，更是不会卖！

后来在网上游荡时，偶尔看见135战法，进去看看，觉得挺适用，就打印出来装订好开始看，因没图解只能理解个大概（不知还有原著），后来在网上一查才知道这是根据《黑客点击》这本书改编的。于是到书店把它买了回来，接着《胜者为王》《巅峰对决》《下一个百万富翁》和《实战大典》都陆续买了回来，最近又从培训部邮购了《黑客点击》实战教程，的确受益匪浅！但看花容易绣花难啊！

8月27日，中鼎股份在12元把它斩了，为啥呢？是看好万好万家了，哈哈哈！不是半生不熟的学了点135战法吗！9月26日该股从新开盘且重组利好，10月7日我按【浪子回头】后【破镜重圆】买了两万元，可后来直跌到两元多才止住！没把我气死算我命大！气归气，总得找找原因吧。才发现，不是135战法不好，而是自己理解与执行能力太差，一瓶不满半瓶晃的结果。135战法的理念、规则、纪律看着区区几个字就概括了，但真的做到、吃透那可是难上加难——真难！不刻苦地学，不认真地悟，永远也不会做到"只认指令，不管输赢"。做不到就会付出血的代价。要改变个人的理念、贪婪更是比登天还难！但并不是无药可医。只要真正做到了"只认指令，不管输赢"，就自然改变了原来的理念。我相信这一点，但需要时间和努力，需要汗水和泪水。

135战法给我指明了方向，路怎么走全靠自己，中途不要总对路标持有怀疑态度。自古华山一条路，真的没有捷径可走。

老师，现在我的投资很乱很杂，"敢买不敢卖"是我的老毛病，我该怎么办？什么都知道，做起来不会了。就像万好万家吧，2月24日，日线上出现了【一枝独秀】，是调整信号，可到时就是下不去手。总认为还能涨，即使下调也跌不了多少，结果连吃两个跌停！懊恼的我连杀自己的心都有。

中兴商业（000715），11月13日我按【梅开二度】进场的，随后走势两阳夹一阴，这种形态算不算【晨钟暮鼓】？我发现此形在各股中常出现，后期走势都向下调，调整两周后上攻。12月9日出现【一枝独秀】，晚上我在本上写道：明天清仓。【一枝独秀】是股价见顶信号；它不是【星星点灯】，成交量可以，但位置过高。【星星点灯】应在起涨初期的第一个涨停板之后，所以判定它是【一枝独秀】，明天必须出局。老师，看我分析与决定正确吧！可第二天那种想法又来了，愣是没卖，怨谁？好不容易挣的点钱还没捂热乎呢，退回去不说，还参与长达30多天的盘整！我把脸都扇肿了，有啥用呢？更可气的是，2月9日【蚂蚁上树】之后，出现了【笑里藏刀】和【晨钟暮鼓】，也都没出手，看它现在跌得简直就没法看了！老师，您说我行不行？我都不知道再往哪打才感觉痛！才能长记性！"心随股走，及时跟变"做起来怎么就这么难啊？！

我现在是越理越乱！头痛。是让2月25号那根阳线闹的。

回复

义海你好！你的经历是中国股民的一个缩影。所不同的是，有人已经觉醒，并且开始用技术武装自己；有人仍然在执迷不悟，继续在股市过着痛苦的高消费生活。觉醒者，过去所有的痛苦与磨难都将以货币的形式对你进行回报；执迷不悟者继续玩着拿英镑换日元的游戏，直到把自己烧烂拖垮为止。一个人只有当他自己想彻底改变自己的时候，才会催生出一种积极奋发的力量。

"只认指令，不管输赢"是135战法的纪律。技术过关后，纪律就是决定成败的关键。请严格按教学计划去做，夯实了基本功，股市有的是机会。下面这篇文字是面授区唐成同学写的，有分析，有感悟，值得一读。全文如下：

高手与散户的区别

高手与散户的区别在哪里？我认为：一流高手用境界，二流高手用趋势，三流高手用技术，普通散户用盲目。境界高的人凭理念和良好的心态赚钱。他们在走过盲目阶段，洞悉市场结构，穿越技术壁垒后形成了一种知行合一的心境。用趋势的人耐心极佳，没有机会他们会一直等下去，直到趋势明朗，他们才拎着麻袋进场捡钱。用技术的人只相信形态，然后凭自己的交易系统赚钱。唯有散户在瞎忙活，他们既没有自己的理念，也没有自己的方法，技术知道一点点，但哪个都不精通，什么都敢用，又什么都用不好。稀里糊涂地买稀里糊涂地卖，吃的苦头不算少，可总是不长记性。高手与散户的区别主要有五点：

一是高手追求的是确定无疑的涨势，杀的是明白无误的跌势。散户则经常自作聪明，在股价尚未开始涨跌之前便提前行动，结果主力没逮住，反把自己给逼疯了。

二是高手在行情不确定时选择离场观望，趋势明朗后快速进场。散户一年四季耕耘不止，颗粒无收不说，还要赔上大把的种子。

三是高手善于空仓，散户则天天寻找机会，尽管不断地损兵折将，却死不认输，精神可嘉，可你的钱呢？手上一天没有股票，一天不操作，晚上就睡不着觉，直到买进套住了，才会勉强安稳两天。

四是高手善于等待大机会的来临，然后全力出击。散户则认为天天都有机会，一天都不想让资金闲置。没机会时，他们上蹿下跳，到处寻衅滋事；当机会真正来临时，他们却又找不着了北。

五是高手看盘水平比散户要高，出错的概率比散户要少，而且改正错误的速度比散户快。高手错了就是错了，绝对不找任何借口；散户错了死不认错，而且会找出一堆理由替自己辩护。

高手与散户的区别，实际上就是技术、心态、功力和境界上的区别。缩短与高手的距离，唯有学习、学习、再学习；思考、思考、再思考；执行、执行、再执行；克制、克制、再克制。只有这样才能不断提高自己的技战水平和综合素质。

中国自有股市以来，多少高手叱咤风云，笑傲股海，现如今却难觅踪影，能在股市里生存十年的极其少见，股市的残酷性，由此可见一斑。赢家没有终身制，你不努力，你不进步，股市就会毫不留情地将你淘汰。我想成功者必然有成功者的必备素质。一个人适合干什么，不适合干什么，应对自己有一个清醒的认识，只有找准自己的位置，才能发挥出自己的特长，才能走在竞争者的前面。股市虽然是个开放性场所，但这并不意味着每个人都适合炒股。你在其他行业里也许很优秀很出色，但这并不代表你在股市里也一定能够获得成功。

在中国除了农民多，就是股民多，农民的生存现状有目共睹，股民的生存现状也难登大雅之堂。可喜的是，农业税已经取消了，种地还会有补贴。股民的印花税早晚也会取消，炒股者也应享受补贴。因为，在中国经济发展壮大的过程中，中国股民付出的代价并不比中国农民少。

要想成为高手，就一定要向高手学习。散户多数没有什么好的经验，有些所谓的经验，也很难把自己送入高手的行列。只有高手才能总结出符合市场规律的经验和方法，他们才是散户追逐的对象。向成功者学习，能少走许多弯路，加快成功的步伐。一个失败者或一个失意者，是很难培养出股市高手来的。当然，我们也不要太迷信高手，高手的经验和方法不是天生就有的，而是经过长期实战积累之后对股市的一种感悟，对规律的一种认识。也可以说，所有的股市高手都是赔钱赔出来的。高手多数经历过较大的亏损，承受过常人所不能承受的磨难，他们在探索股市的道路上付出了极其高昂的代价之后才修成正果。虽然散户付出的代价并不比高手少，但由于不善于总结经验，不善于从失败中吸取教训，所以一直没能甩掉贫穷落后的帽子。

《卖油翁》的故事对渴望成功的人有着深刻的启示：古代有个叫陈尧咨的人，擅长射箭，以此自矜。而卖油翁只略表赞许。他把一个油葫芦放在地上，用一个铜钱盖在葫芦口上，然后将油通过钱孔灌入葫芦中，钱孔却不曾溅上一滴油。真可谓妙哉。陈尧咨的超人本领和卖油翁的绝技，是天生的吗？卖油翁曰："我亦无他，唯手熟尔。"

股市高手能辨别股市风云，清楚个股涨跌，善于抄大底逃大顶，获得令人羡慕的业绩。散户也许经常扪心自问：我什么时候也能如此。其实，高手之所以能成为高手，完全是长期实战积累、日夜思考的结果，是精力和心血的结晶。有些散户不专心钻研股市，又想获得好的收益，恐怕有点不现实。成功者的本领都是经过长期的勤奋努力才形成的。此所谓："业精于勤。"散户只要肯下功夫，潜心研究，经过长期不懈的努力，一定能够弄明白股市里的所谓奥秘。通过勤学苦练，也一定能够熟练掌握炒股的方法与技巧，达到炉火纯青的程度。我坚信这一点，因为我已经开始有所收益。

不要羡慕高手，高手也不过是"唯手熟尔"，"临渊羡鱼，不如退而结网"。天下所有的成功者，他们的道路上都洒满了汗水和心血，坚持是唯一的捷径。要相信自己，只要你能比别人多付出几倍的努力，锁定高手这个目标，然后一直向前走，别朝两边看，你也一定能够成为股市高手。

做股票光是喜欢还不够，还要发自内心地热爱。喜欢只是兴趣，热爱才有动力。如果炒股不是发自内心地热爱，而只是为了追求金钱，那么，你很快就会败下阵来，因为挣股市里的钱绝对不是你想象的那么容易。如果不是真心热爱，遇到困难和挫折，你很快就会因亏损而失去信心。股市大炒家杰西力莫说："炒股是极其艰难的行业，想在这一行中立足，你或者全心投入，或者很快就从这一行消失。"只有真心热爱炒股的人才能全身心地投入，只有全身心地投入，才有可能成为股市高手。

炒股的人千千万万，如果你想出类拔萃，盯满4个小时的交易时间是远远不够的，更多地需要4个小时以外的努力。不愿再亏损的人们，赶紧醒悟吧。当然方法要正确，方法不对，努力白费。

指令是操作的唯一标准

陕西西安　石哲旭

昨天夜里，窗外下着淅淅沥沥的小雨，也许，这样的小雨给我们北方人带来的是泥土般的清新，而给南方却带来了洪水的灾害。彻夜未眠……

脑子里全是一幅幅的价格走势图，我在思考，因为我感觉到了市场是那样的可以容纳百川，而我却是那样的渺小。我是个喜欢独处的人，我喜欢在静静的地方看着美丽的市场，它总是那样的神奇，总是在【红杏出墙】时上涨，总是在【过河拆桥】时下跌，为什么呢？

为什么非要【红杏出墙】出来才上涨呢？暂且说是巧合吧。但是为什么外汇市场也是这样呢？只要你在【红杏出墙】的时候开多，找个相对高点平了。等到【过河拆桥】的时候开空，也可以有不小的利润。当我看到这些的时候，我恐惧了，这样的恐惧来自莫名的，来自内心的深处。也许就跟我们小时候在乡下的夜晚看到天上的繁星一般，感觉到了世界是如此之大，而自己如此的渺小。

一根根的K线跳入我的眼睛，一根根行云流水般的均线在我的面前闪现，一个个的MACD的火焰与冰山在我的身影中划过。我想，很多人，同样是这样一张图，结果却是不一样的。就如同开车的朋友很重视交通标志，而不会开车的朋友却满不在乎一样。在股市，尤其是在汇市，每获得一个铜板，都是那样的艰辛，毕竟在零和博弈下，你的所得就是别人的所失，也许，在我挣钱的时候，背后有很多人在诅咒那个挣钱的人，而在我亏损的时候，总有一个人在我背后数着钞票，这就是市场。一个凭实力说话的地方。

没有技术就没有发言权，同样适用于金融市场。而唯一能保护我们的就是理念，就是指令。我们唯一可以相信的除了指令之外，不会再有其他什么了。有时候就连自己都会因为过五关斩六将的折腾而使原本清明的内心变得丑恶起来。所以，没有指令，我们将会死得很惨。这个在股票交易中也许还体会不出来，但是在保证金下的外汇市场，一个指令的当天就会出现爆仓的情况，那意味着灭顶之灾！忠于和捍卫指令吧！我想在麻将桌上，每张牌是你的朋友，那么在金融市场，请你学着和指令交朋友吧。因为它们可以为你提供你所需要的一切。

当你在市场中迷惑的时候，问问你的好朋友，看它们能不能给你提供帮助。当大顶来的时候，你的好朋友就会给你提示【一剑封喉】【过河拆桥】【一枝独秀】等。它们就站在那里看着你，期待着被你发现，就如同你在玩斗地主时，底牌就像双王一样在等着你叫它们，它们会为你赢得胜利。而我们的见顶形态同样在等你减仓或者是沽空手中的筹码。这个就是指令。其实，有的时候不需要把指令想得那么的军事化，我想，把指令当成好朋友，也许效果会更好。

最近对中国武术产生了浓厚的兴趣，发现中国武术分为外家功和内家功。外家功最厉害的当属少林武功了。自达摩祖师开始，少林的功夫可以说是以刚硬著称，比如金刚掌。少林硬功它在最开始练习的时候，是要用人的肉体去不断地撞击那些刚硬的东西，以达到一个可以去打击的境界。内家功，最著名的就是武当太极拳了。讲究刚柔并济，柔中有刚，刚中带柔，这个就是武当拳法的精妙所在。有一个问题出现了，武当的拳法很注重内功的修为，它要求练习者要会打坐，不断地调整自己的内力。提高自己的内力，这样才可以达到一个很高的境界。

说到这里大家都会去想，我们学习135战法很可能就是属于"内家功"。其实，135战法并不是严格意义上的"内家"。为什么这样说呢？在一般人看来，这个交易系统很简单，就是在该买的时候买，该卖的时候卖，这样不断地重复下去，就可以达到重复获利目的。那么这个人在修炼的时候，就是把135战法练习成了外加功，因为所练习的人追求的是利润，追求的是攻击。而并不是很在意内功的修为。另一种人在学习135战法的时候，先追求的是内功的修为，比如理念的修为，纪律的修为等，然后再去学习55个买卖点，那么这个人就把我们的交易系统练习成了内家拳。

经过面授的人对已公布的55个买卖点都印象深刻，而且能脱口而出，为什么在临盘实战时还会失手？追其原因，应该追溯到少林的拳法，少林的硬功练习到了一个境界的时候，师傅就会让弟子去学习佛法，很多武侠电视上都说，要用佛法去化解什么什么狠招。这个其实就是让弟子去学习哲学，学习理念，在理解了哲学、理念的基础上再去学习武功，那么这样的武功才是一个完整的。少林功夫一个比较高的境界，也是追求内力的修为，比如打坐等。所以，当我们对55个买卖点都记得非常清楚的时候，我们应该抽出专门时间去修炼一下理念，把十大操盘原则认真地研读和修炼一下，把自己泡在澡盆中，放在浴头下，在所有肌肤都放松的状态下去想想理念，想想纪律，把所有的招式都化解在"心随股走，及时跟变"上，先得心，后应手。有了这样的感悟之后，操盘水准才会快速提升，操盘业绩才能持续稳定。

外面的雨还在下着。窗外传来一阵阵汽笛声，那声音是如此的悲壮，像眼下的大盘一样，躺在地板上痛苦地呻吟，仿佛是一个个套牢者在悲伤地抱怨。其实，市场就是市场。明天该怎么走还怎么走，没有办法去预测，只能及时跟变。我想，只有你和指令成了知己，跟起变来才会如鱼得水。一个不知道尊重指令的人，指令马上就会反过手来惩治他。

 回复

理解得非常深刻，希望落实到实战中。

致 "输得很惨" 先生

福建厦门　钱保文

"输得很惨"先生：午盘休息，在摩卡圆润丰满的咖啡香味中，看到你的留言，一开始感觉有点搞笑，哦，来了一个踢馆的。尽管宁先生已经像今年所有的时尚杂志告诫我们的一样，低调，再低调，但是，你还是像窦娥一样，无限委屈地来了。窗外是我们南方冬天令人嫉妒的暖阳晴空，何况还有共长天一色的清水，活色鲜香的生活，气势如虹的580989，一转念，或许，你并没有抱着其他不可告人之目的，那么，你愿意安下心来，听我谈谈我的感受吗？

首先，你也肯定是读了先生的书才参加面授的，先生的书纵横捭阖，机警冷峻，章章直指人心，令人拍案叫绝，欲罢不能，读后大有"生不愿封万户侯，但愿一识韩荆州"之感，我和其他7个同道中人参加了11月初

的面授。我不知道你是什么时候面授的，但是，我仍然为我们因为对好东西同样地敏感和喜欢而感到欢喜。你我算起来也是同道中人。

你的留言我看出来，如果不是出于更加不可告人的目的，那么你确实处于严重的亏损当中，此时你的心情肯定不好。但是，心情不好不可以成为你攻击别人的理由，更加不能成为造谣诽谤的原因。你说对吗？

我并不知道其他学员的盈利状况，但是我可以跟你说说我的情况。就说说这两天的580989吧，这是老师最近一直提醒我们注意的一只权证，我也一直关注着，但昨天上午，忙着出002079，把它给忘了，到10点钟，我们同期的朋友同学提醒我注意，我一看，天啦，长了20%多了，我冷静地看了当时580989的所有技术指标，然后在11点24分以0.57元的价格入场，如果你确实是面授学员，你肯定会赞同我的入场理由。下午收盘，如期狂涨了59%，我在胜利面前又详细查看了各项指标，皆符合135战法继续持股的理由，所以，就抱着580989大胆过了一夜。今天上午可谓触目惊心，三个点低开，走还是不走？135实战交易系统并没有出局信号，耐心等待，然后，你也看到了，580989还是继续冲高，我在0.863元的价位上全部出掉，大获全胜。这只权证我在买进，过夜，早上加仓至满仓，到最后卖出，我都放在面授区的QQ群上，如果你是面授学员，想必你也看到了。而且，你也一定看到，我并不是这波580989做得最好的，在我们的群里，有人入场比我早，出场的点位比我更加高，对吗？我不知道，你看到我们的操作，你作何感想？我不是想向你炫耀，更加不想批评你，你一定要好好想一想，你的失利到底是什么原因，愿以一句名言与你共勉："以责人之心责己，则寡过，以恕己之心恕人，则全交。"如果你愿意，可以将你的股票放到现在的留言网站，或者我们的群上，或者我们的学员区，大家都会愿意，尤其是我愿意帮助你分析。沮丧，抱怨，甚至攻击和诽谤并不能让你走出亏损，"心随股走，及时跟变"才会让你尽快地加入我们的队伍。你说对吗？

"输得很惨"同学，今天的580989的盘中气势磅礴，王者之风之涨势，这让我特别想念在邯郸面授时看宁先生作盘。如果你真的曾经面授过，想必你也有同感。烟始终在先生的手指燃烧轻舞，多少次先生手击键盘，买进就涨，卖出就跌，我们在一旁羡慕得很，先生淡淡地坐着，并没有太多的欢喜。他的安静、沉着、笃定，让人不能想象这个曾经被股市彻底击毁的人又是如何从自己的死亡中站起来的？是什么给了先生勇气、力量和智慧？我不知道。但我知道，我们都比他幸运，他用他的痛告诉我们心随股走，及时跟变，我们只需站在巨人的肩膀上进退有据就可以海阔天空。

最后，谈谈我对先生这个人的看法。去邯郸之前，全家人以为我疯了，上海高手如林，用得着辗转反侧去邯郸吗？自古燕赵多悲歌，那里出出剑客还差不多，会出股市高手吗？我去了，见到先生，浓眉，方面，笑声如钟，其操盘千山万水在胸中，凌厉大胆，笑傲江湖。我知道没有去错，只是先生此等人中凤凰，何以一直屈居邯郸？先生淡淡地回答我们：父母在不远游。心中的所有疑问立刻释然。是啊，百善孝为先。"输得很惨"同学，我想你在邯郸面授多日，先生诲人不倦，不遗余力，其诚恳平实之作风你也感受得到，只是你现在被亏损冲昏了头，说出了那些极不负责任的话，我替你感到羞愧。常言道：情令智昏，实际上，利一样令人智昏！

无论如何，股票始终是我们喜爱的事业，新的一年，但愿你能改变理念，用135战法的利器在股市有所斩获。

 回复

秦人不暇自哀而后人哀之，后人哀之而不鉴之，亦使后人而复哀后人也。

我力争成为股市中进步最快的人

湖北仙桃　胡卫国

宁老师，您好！我是一位湖北的股民，我与宁老师一样，当过兵，是在离邯郸市很近的邢台市。这几年写写文章，是一名业余的作家，仅去年我就阅读了一百多本经典图书，发表了一百多篇文章。我是今年在同事的引导下才进入股市的，是一位地地道道的新股民。从今年的行情来看，我的成绩是可想而知了，就像宁老师书上说的：没有经过任何的培训，我就上岗了，再加上是绝对的下跌通道的行情，我的亏损达到了50%。

我是最近才开始阅读证券书籍的,一共才读了十几本,包括杨百万的《要做股市赢家》,唐能通的《短线是银》1、5、7等。我昨天用了一天的时间读完了宁老师的《下一个百万富翁》,今天买了《胜者为王》《黑客点击》两本书,我觉得宁老师书上讲得非常实用,真是相见恨晚。宁老师书上讲的有买点、有卖点,判断图形几乎全部都是一根根单K线,如【破镜重圆】【立竿见影】【日月合璧】【梅开二度】【绝处逢生】等买入点,我就觉得比其他老师讲的要清晰,可操作性强;【一枝独秀】【节外生枝】【笑里藏刀】【拖泥带水】等卖点,也非常明确,比其他证券书籍讲的卖点精确许多。另外,读宁老师的书,我觉得不仅在读股票的操作技术,而且是在读哲学、读兵法、读人生,宁老师不仅有丰富的股票知识,还有丰富的文学、哲学、心理学、成功学知识。这种哲学,是《易经》的变化,孔子的仁、孟子的义、墨子的兼爱、庄子的浪漫、老子的无为而治、韩非李斯法家的纪律,是孙子兵法的奇正、先为不可胜,以待敌之可胜,是六韬三略的天下非一人之天下;这种成功学是陈安之、尚致胜的潜意识,张锦贵的拼对才会赢,李强的铅笔哲学,余世维的文化哲学……

我今年才加入股市,就对股市产生了强烈的兴趣,即使目前我还是亏损。我爱上了证券,我也认同李驰、但斌等私募的观点:中国应该有十年的牛市,目前只是调整。我坚信自己通过投资能改变命运,改变贫穷。

我现在肯定不是最会买卖股票的人,但我力争成为在股市中进步最快的人。

 回复

谢谢您的信任和鼓励。看得出您是一个善于思考和不安现状的人,不管是谁,只要具备了这两点,都可以获得预期的成功。

人对自己的认识有一个过程,很多时候,我们从事了一辈子的工作不一定是自己喜欢和擅长的,或为了工作而工作,或为了生存而工作,处在这种状态下的人们,很难将自己的潜能发挥出来。不管是谁,只要能在人生的坐标上,找准自己的位置,然后围绕着自己的人生目标坚持不懈做下去,即使资质平平也能变得出类拔萃。遗憾的是,人认识自己是很难的,

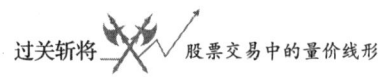

超越自己更加不易，这才是各行各业里成功者总是少数的真正原因。

如果您对股市真是发自内心地热爱，而不是一时的冲动，建议您先把135战法系列书籍先看一遍，有感觉再继续深入，没感觉就再找其他方法试试。

在没有形成实战能力之前，不主张轻率辞职。因为，喜欢和适合毕竟是两码事，望三思。祝进步。

我想缩短从失败到成功的距离

上海 华放

宁老师你好，从无意识进入股市，到真正地将它作为改变命运实现理想的手段，中间要经历很多阶段，从小盈到大输再到反思以及想迫切提高自己的技术能力，需要相当长的一个过程。或许我比别人幸运一点，那就是我在书店找到了《胜者为王》这本书，其与众不同的理念和朴素无华的人生哲理让我倍感亲切，于是《巅峰对决》《下一个百万富翁》成了不释手的经卷。但是寻觅《黑客点击》却异常艰辛，在上海的各大书城难觅其踪。一天，当我在旧书摊上看到陈旧的它时顿时欣喜异常，也在心底暗暗责备曾经拥有过这本书的主人太不珍惜它了。同时也在想它的主人是否已经进入百万富翁的行列，是否对技术的运用和理念的坚守已经达到了炉火纯青或固若金汤，或已经断臂自残从此离开股市而忘却了曾经的信念与誓言。

拥有了135战法系列丛书并不代表拥有了综合的实战素养，尽管有小赢，但始终无法控制股价上涨和盘整时候的恐惧，经常为从黑马上摔落在地而懊恼不已。我知道135战法已经让我提升了一个层次，可是眼下无论我怎么努力，却始终无法再向前迈进一步，这就是我想参加函授的原因，我渴望在宁老师的点拨下，缩短失败到成功的距离。

宁老师，在这里我想谈点个人的感受。在大盘单边下跌的情况下，真正的高手是捂住资金不动，没有趋稳的大势即使再好的形态也会有失败的可能，面对泥沙俱下的大盘，如果不是高手很难获利，一般人在这种环境下操作，本身就带有很大的赌博性质。我虽然不是老师的正式学生，但我能理解这点，我们只赚最保险的那段利润而不是跟随大盘死拼。

在大盘寻底的时候能捂住资金不动就是胜利。很可惜我没有经受住诱惑，在昨天轻仓进入600117，理由是形态有点像【金屋藏娇】，不等形态确认就急急忙忙买入。我知道自己错了，所以今天在13.55元止损出局，我的教训印证了老师说的："任何形态如果没有出现在适当时候，其可靠性将会大打折扣。"看来我对这句话理解得还是不够深刻。比如600117的主力，在昨天想做多的情形下看到大盘不配合就选择了继续盘整，如果我们不及时跟变，吃亏的肯定是自己。

我不再抱怨知识没有给我力量，而是深刻反省自己能够在多长时间内完成知识与能力的对接，这个对接老师花了三年的时间，完全能够想象老师在这中间经历了怎样的磨难与艰辛。"长捂资金短捂股，强做弱休常空仓"，这话包含多少次失败的积累和孤独难挨的辛酸。

刚接触股市的人或者老股民都难以逃脱一个心态：在手里有资金时总是有买股票的冲动，只有控制住这种蠢蠢欲动的欲望，才算是走上了专业操盘的第一步。

 **回复**

135战法的精髓就是："心随股走，及时跟变。"看来你已经悟到了，在实战中要严格遵循"只认指令，不管输赢"的操盘原则。忘掉自己之日，就是主力对你表示友好之时。

后　语　　想做事一定成

到 2009 年 8 月 19 日，我进股市就整整十年了。

十年间，我顶着风，冒着雨，拖着两脚泥一路蹒跚而行。泪水已被磨难榨干，血水也已被股市荡涤得不留一丝痕迹，只有腿上的两脚泥散发的泥土气息，证明着我还活着。

感谢股市给了我这么多的磨难。没有这些磨难，我顶多是一个训练有素的高级公务员；没有这些磨难，我不会知道人的潜能竟有这么大。感谢股市给了我一个坚实的生命。

十年前，因工作变故，误闯股市。没想到炒股这么难。早知如此，打死我都不会进来。可既然进来了，又不想就这样不明不白地出去。这口气一赌就是十年，这一赌竟然彻底改变了我后半辈子的人生走向。

刚进股市那会，不知 K 线为何物，先是把家里的钱输完了，接着又把借来的高利贷也输完了。但已经倾家荡产的我还是没有搞清股市是个啥东西。后来被人追得四处躲债，有家不敢回。再后来同学帮我租了一个八平方米的小屋。我拿着欠账单对他说：三年后，这个小屋里一定会走出一个百万富翁。

就这样，从那个早晨开始，我便与这个小屋朝夕相处，日月相随。盛夏，它蒸笼般地闷热，我的汗水浸透了它的每一寸房基；严冬，它冰窖般地酷寒，我只好"围被而看"，"席被而写"。膝盖上的棉裤都磨开了花，可手里的股票就是不发芽！

股票呵，伴随着你，我曾牺牲了多少假日与工余；伴随着你，我曾失去了多少亲情和友谊……然而，我依然爱你，眷恋你。

股市呵，你曾亲眼看见我在投资之路上怎样地挣扎，怎样地跋涉；你曾目睹我的每一次触礁，每一个失败；你当然也见证了我的不屈与坚韧……

一年、两年过去了……费波纳奇来了，格兰威尔来了，道琼斯、江恩、艾略特也来了；后来，毛泽东领着孔子、孟子、庄子、老子、孙子也都来了，在他们的点拨下，135战法终于诞生了！

就这样，家里不翼而飞的钱又完璧归赵了。

就这样，以前对我恨之入骨的债主们又重归于好了。

就这样，有着一双慧眼的余其敏老师又把135战法变成铅字出版了。

解决了一生的财务问题之后，我觉得应该让更多的有缘人早日摆脱亏损的泥潭，于是，开始陆续公布135战法的研究成果……

我的经历说明了一个浅显的道理：不管什么事，只要你想做，然后坚持做下去，最终都能做成。

2017年8月修改于北戴河

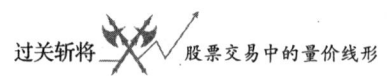

交流电话：0310-2038773　15830008880
电子邮箱：tnjlmf@sohu.com　tnjlmf@126.com
网　　址：http://www.sq135.com